Tá na história Brasil

Thiago Gomide

Tá na história Brasil

Um almanaque nada convencional
sobre a história de todos os estados
e do Distrito Federal

GLOBOLIVROS

Copyright © 2025 by Editora Globo S.A. para a presente edição
Copyright © 2025 by Thiago Gomide

Todos os direitos reservados. Nenhuma parte desta edição pode ser utilizada ou reproduzida — em qualquer meio ou forma, seja mecânico ou eletrônico, fotocópia, gravação etc. — nem apropriada ou estocada em sistema de banco de dados sem a expressa autorização da editora.

Texto fixado conforme as regras do Acordo Ortográfico da Língua Portuguesa (Decreto Legislativo nº 54, de 1995)

Editora responsável: Amanda Orlando
Editora de produção: Viviane Rodrigues
Editor-assistente: Rodrigo Ramos
Revisão: Aline Canejo e Theo Cavalcanti Silva
Diagramação: Abreu's System
Capa: Estúdio Insólito
Imagens de capa: iStock e Wikimedia Commons

1ª edição, 2025

CIP-BRASIL. CATALOGAÇÃO NA PUBLICAÇÃO
SINDICATO NACIONAL DOS EDITORES DE LIVROS, RJ

G621t

    Gomide, Thiago
        Tá na história Brasil: um almanaque nada convencional sobre a história de todos os estados e do Distrito Federal / Thiago Gomide. – 1. ed. – Rio de Janeiro : Globo Livros, 2025.
        272 p.; 23 cm.

        ISBN: 978-65-5987-275-6

        1. Brasil – História. 2. Curiosidades e maravilhas. 3. Almanaques brasileiros. I. Título.

25-97945.0
                CDD: 036.902
                CDU: 94(81)(059)

Meri Gleice Rodrigues de Souza – Bibliotecária – CRB-7/6439

Direitos exclusivos de edição em língua portuguesa para o Brasil adquiridos por Editora Globo S.A.
Rua Marquês de Pombal, 25 — 20230-240 — Rio de Janeiro — RJ
www.globolivros.com.br

Sumário

Acre..7

Alagoas 15

Amapá 21

Amazonas.. 33

Bahia 41

Ceará.. 53

Distrito Federal 61

Espírito Santo 73

Goiás 85

Maranhão.. 91

Mato Grosso 101

Mato Grosso do Sul..................................107

Minas Gerais..115

Pará 125

Paraíba...133

Paraná..141

Pernambuco 153

Piauí..163

Rio de Janeiro 171

Rio Grande do Norte 191

Rio Grande do Sul..199

Rondônia 207

Roraima 217

Santa Catarina 223

São Paulo...231

Sergipe 249

Tocantins 257

AGRADECIMENTOS 263
REFERÊNCIAS BIBLIOGRÁFICAS 265

Acre

Os animais e o Acre

Cobra Grande engole o Monstro do Lago Ness

Os escoceses que me perdoem, mas o Monstro do Lago Ness, com aqueles registros que nos transportam ao período jurássico, é quase um bebê de colo quando comparado à Cobra Grande, um símbolo do Acre e da Amazônia. No ufc dos bichões, a serpente também se destaca por uma característica improvável: a relação com a fé.

Tem gente em Rio Branco que jura de pés juntos que a Cobra Grande mora debaixo da Igreja de Nossa Senhora da Conceição, na curva do rio que dá nome à capital do estado, ao ladinho de um dos pontos turísticos desta, a Gameleira — uma árvore centenária que se acredita ser o marco zero da cidade. Qualquer coisa de diferente que, porventura, acontecesse com o modesto mas charmoso templo religioso, logo a culpa recaía sobre a inocente Cobra. Ouviu a madeira estalar? Culpa da Cobra. Acabou a luz? Foi a Cobra.

São incontáveis os relatos de quem ficava — e ainda fica — na beira do rio, bebendo uma, jogando conversa fora e tentando avistar algum rastro que torne a lenda realidade. Uma foto seria suficiente, mas nunca apareceu nem uma cauda para contar a história. Provavelmente cansado da espera, um grupo tomou uma atitude: pintou uma cobra enorme na escada que dá acesso ao rio. Ficou o registro.

Conta ainda a lenda que a Cobra Grande pode se transformar em embarcações ou outros seres. Ela está presente em diversos contos indígenas. Um deles conta que, em uma certa tribo, uma indígena, grávida da Boiuna, como muitos chamam o anfíbio mitológico, deu à luz duas crianças. Enquanto a gêmea boazinha vivia de se relacionar bem com os animais e dar "bom dia", "boa tarde" e "boa noite", a gêmea má atacava os barcos, naufragando-os. A história tornou-se célebre no poema narrativo "Cobra Norato", do escritor gaúcho Raul Bopp, que foi transformado em uma peça de teatro e encenado em vários países.

Em 2022, brigadistas tentavam, a todo custo, conter o fogo no município de Feijó, distante trezentos quilômetros de Rio Branco. De repente, viram uma cobra-cipó, de quarenta centímetros, que lutava contra a morte. Cansada e desorientada, parecia estar nos instantes finais. Nessas horas, é importante resfriar o corpo da cobrinha. Quanto mais molhavam, mais ela parecia se animar. Eis então que acontece um chamego que chega a dar inveja a pai de pet: o brigadista percebeu que ela estava com sede e molhou a boca da bichinha, que ficou parada. Cena de cinema. Hidratada e transferida para um lugar seguro, pôde crescer e se tonar uma... cobra grande.

É um gatinho ou uma onça?

Em 2014, uma senhora, que não teve o nome revelado, estava passando pela estrada e viu um bichinho acuado e machucado. Pensando em salvar a vida do gatinho, não restaram dúvidas: levou o bicho para casa. Cuidou dos ferimentos e deu mamadeira. Aos poucos, foi percebendo que litros e litros de leite não eram suficientes para saciar a fome do pequeno felino. Quanto mais leite colocava no pratinho, mais o gatinho bebia. Mesmo sem a alimentação adequada, os dentes e as garras cresciam e já faziam alguns estragos, como furos em lençóis. Alguma coisa estava errada. Ela chamou as amigas, que olharam o felino e tiveram certeza: o gatinho da senhora estava se transformando em uma... onça. O Batalhão de Operações Especiais da Polícia

Militar teve que ser chamado para resgatar o filhotinho, que, de animal de estimação, não tinha nada.

O jegue que virou zebra

Vendo que podia fazer dinheiro, o fotógrafo Benedito Rodrigues teve uma ideia: pintar umas listras pretas em um jegue e falar que era zebra. Para cada foto, ele recebia uma grana. Muita gente posou com o bichinho fake como se estivesse em uma savana no sul da África.

O DIABO FOI DANÇAR NA BOATE

Na trajetória humana, há vários relatos do diabo atentando contra os templos da fé, mexendo os pauzinhos para criar guerras, e ele também é figurinha carimbada em representações artísticas, mas, no Acre, o inimigo de Deus inovou. Foi visto dançando e bebendo na boate Lua Azul como se não houvesse amanhã. Para tampar os chifres, pôs um chapéu que imitava o panamá — o original é caro até para o Príncipe das Profundezas. Algumas pessoas garantem que estava todo de branco. Outras dizem que andava como um galã dos filmes de Hollywood. No bar, a figura pediu um drinque em sua própria homenagem, um "capeta", uma mistureba de várias bebidas alcóolicas que garantia dias de ressaca.

Não demorou para que o diabinho ultrapassasse Carlinhos de Jesus nos passos coreografados. Lógico que as senhoritas quiseram interagir com o John Travolta das Selvas. Dança aqui, dança dali, até que, em um passe de mágica, ele sumiu, deixando um cheiro de enxofre no ar. As moças que interagiram com o rapaz desmaiaram — há quem garanta que uma delas bateu a caçoleta em seguida. Naquele instante, não havia mais dúvidas: todos tinham presenciado algo de outro mundo, ou melhor, do inferno.

Como em todas as lendas, cada um que conta aumenta um ponto. Já ouvi até que o diabo saiu com uma moça e, depois de uma noite quente, ela cantou pra subir. Há ainda quem defenda que o coisa-ruim era como ilustrado nas histórias em quadrinhos: tinha rabo, que, em um instante de total desatenção, acabou deixando à mostra.

A boate Lua Azul, segundo muitos relatos, era um ponto de encontro de jovens evangélicas que ainda não estavam firmes na religião. A história do diabo, além de trazer um desconforto natural, também servia como exemplo para quem pulava o muro da fé.

Não preciso nem dizer que essa notícia correu a cidade rapidamente, chegando a igrejas na velocidade da luz. No entanto, com tanto zum-zum-zum por causa do visitante inesperado, a boate Lua Azul não aguentou a pressão e faliu. Depois disso, muitos empreendimentos tentaram se erguer naquele espaço. Diversos faliram também. Será uma maldição eterna?

Tinder da selva

Se os jovens acreanos buscam as redes sociais, os aplicativos de relacionamento ou as boates para, quem sabe, encontrarem um par, os mais experientes, em especial aqueles que vivem em seringais distantes, recorrem ao programa da Rainha do Rádio do Acre, na Difusora FM. A radialista e poetisa Nilda Dantas é o mais eficiente cupido do estado. No programa dela, há um correio da paquera, no qual pretendentes dizem como são e o perfil que buscam. O pessoal do marketing digital não teria a menor dúvida de que Nilda bomba no engajamento.

Enquanto a radialista informa as características do pretendente (dificilmente há mulheres que tomam a iniciativa), o próprio fica sentadinho na varanda da rádio, onde há duas cadeiras produzidas a partir de pneus antigos. As horas de programa passam rápido para quem está à espera de alguém ouvir, gostar e se despencar rumo à emissora.

"O sr. Espedito está em busca de uma companheira entre cinquenta e sessenta anos que queira ter uma vida conjugal", dizia Nilda Dantas ao microfone no dia em que presenciei essa história. Dona Francisca, mãe de oito filhos e viúva há oito anos, escutou, se emperiquitou com o melhor que tinha e seguiu para a rádio. Ela era a segunda a aparecer. A primeira disse que ele morava muito longe e deu um não ao homem, que já estava solteiro havia vinte anos. Só quando há uma demonstração de interesse Nilda para de anunciar os dotes do candidato.

Como acontece normalmente, a conversa entre Espedito e Francisca atravessou os dramas familiares e os interesses para o futuro. Enquanto batiam papo de um lado, um outro senhor esperava atento do outro. Era mais um pretendente que estava sendo anunciado na rádio. A conversa entre os pombinhos durou cinquenta minutos até que entrou em cena a secretária da Difusora. De maneira prática, ela precisava saber se Francisca queria algo ou não. Caso a resposta fosse negativa, Nilda continuaria a divulgar os interesses do moço. "Mas já agora, maninha?", Francisca retrucou. No entanto, empossada tal qual um imperador no Coliseu, era dá ou desce. O polegar, felizmente, apontou para cima, para alívio desta "vela" que vos escreve.

A própria rádio tem um espaço disponível para os casais que querem partir para as formalidades. Ao fundo do prédio, existem áreas destinadas a cerimônias de diferentes fés. Não raramente acontecem casamentos coletivos, mais baratos e extremamente populares.

Indígena atira em óvni e toma descarga elétrica

Em fevereiro de 2016, uma notícia chamou atenção: um indígena não pensou duas vezes ao ver um objeto voador não identificado. Munido de uma espingarda velha, ele deu dezoito tiros tentando atingir o troço. O problema é que ele recebeu em troca descarga elétrica. Estava criado o mistério. Será que os extraterrestres responderam com um choque? Por que ele não foi abduzido? O fato é que, desacordado, o indígena teve que ser socorrido — e o medo se espalhou pelo município de Feijó.

Após recuperar os sentidos, narrou o que tinha presenciado para um jornalista do portal ContilNet: "Era uma máquina pequena, com luzes vermelhas, azuis e verdes. Exalava um odor de pneu queimado". Da mesma maneira que o óvni apareceu, desapareceu. O homem ficou bem.

Soldados da borracha: até hoje não são valorizados

O Brasil entrou na Segunda Guerra Mundial em 1942. Uma das promessas do ditador Getúlio Vargas aos Aliados era que lhes entregaria muita borracha, um material de extrema importância para a fabricação e a manutenção de várias armas e equipamentos, entre eles os veículos de combate. Mas como produzir uma quantidade enorme da matéria-prima sem mão de obra? Eis, então, que as lideranças políticas e militares tiram da cartola a ideia de levar soldados para o Acre. Eles deveriam se tornar seringueiros e, na teoria, teriam os mesmos direitos dos seus pares que se despencaram para a Europa. Campanhas foram feitas. Os membros dessa tropa acabaram ficando conhecidos como "soldados da borracha".

Mesmo sem entender lhufas sobre o manejo de seringais, conseguiram produzir o necessário para colaborar na luta contra o Eixo. Foi um novo *boom* da borracha, que trouxe vastos recursos financeiros para o país. Em 1945, a guerra terminou, com vitória nossa e dos nossos Aliados. No Rio de Janeiro, então a capital do país, os pracinhas eram aplaudidos em tudo que era canto. Já no Acre, os militares foram esquecidos — e, pior, não tiveram nenhum de seus direitos reconhecidos. Morreram sem receber nem um obrigado.

Juvenal Antures, a estátua que aumenta a temperatura

Juvenal Antunes era inimigo do fim da noite. Fundador da Academia Acreana de Letras, o poeta vivia na boemia. Perto do hotel onde morava, no bairro da Gameleira, existia o "Beco do Mijo", reduto das meretrizes. Juvenal era figurinha fácil por lá. Sempre bem-vestido, recitava poesias para todos e todas. Era um conquistador. Não demorou para que o cearense se tornasse o "Príncipe dos Poetas Acreanos". Virou símbolo da intelectualidade, dono de uma importante produção que servia de estímulo e inspiração para novos pensadores.

Com uma vida tão instigante, acabou recebendo uma homenagem: virou estátua bem em frente ao Hotel Madrid. Não é que, à noite, moçoilas e rapazes iam beber com a estátua? Tinha quem jogasse um pouco de cerveja aos seus pés, como se fosse "para o santo". Tinha, ainda, quem fizesse saliências com a estátua. E, infeliz e obviamente, tinha quem roubasse alguma parte da representação de Juvenal Antunes. Resultado: migraram a estátua para o interior da hoje Fundação de Cultura Elias Mansour, ligada ao governo do estado.

O Acre era a Sibéria brasileira

O Rio de Janeiro virou um verdadeiro caos em novembro de 1904. Houve uma tentativa de golpe militar, um ataque da Marinha à Escola Militar e inúmeros conflitos entre policiais, soldados e manifestantes. Para completar, o cientista Oswaldo Cruz, responsável pela pasta da Saúde no governo federal, pôs em prática o plano de sair vacinando todo mundo contra a varíola. Era obrigatório. Não tinha saída. Quem não se vacinava não podia se matricular em escolas, viajar ou, até mesmo, casar.

Ironicamente, no bairro da Saúde, reduto de homens e mulheres vindos sobretudo da Bahia, a resistência à vacina foi enorme — alguns por questão religiosa, outros por não entenderem os benefícios e havia até quem contestasse a possibilidade de um homem encostar a agulha na sua esposa. Políticos que queriam desestabilizar o governo colocavam ainda mais fogo escrevendo informações falsas nos periódicos. O líder mais importante da comunidade na Saúde era o estivador e capoeirista Prata Preta. Munido de navalha, pistolas e garruchas, ele liderou centenas de pessoas nessa oposição.

Onde hoje está a praça do Estivador, bem em frente ao Jardim Suspenso do Valongo, uma barricada foi erguida. Homenageando o porto que era símbolo da resistência russa ao ataque japonês realizado em fevereiro de 1904, aquele muro improvisado ganhou o nome de Porto Arthur. Por vezes, a polícia tentou ultrapassar, e nada. Prata Preta matou um soldado e feriu outros. Sem alternativas, o Exército teve que enviar um grande contingente de soldados. Os rebeldes precisavam ser vencidos em um dos principais núcleos daquilo que entraria para a história como "Revolta da Vacina".

Essa situação durou três dias até que finalmente Prata Preta foi preso e, como muitos outros considerados criminosos, enviado para o Acre, um local distante, conhecido na época como a "Sibéria brasileira". Não há notícias do que aconteceu com o rapaz em terras acreanas. E, como tudo no Brasil acaba em Carnaval, existe até hoje o tradicional Cordão do Prata Preta, na Saúde.

Alagoas

Capa preta em túmulo atrai turistas em Maceió

No dia 27 de novembro de 1921, o jornal *O Índio*, de Alagoas, abria espaço no obituário para informar que tinha falecido Carolina de Sampaio Marques, esposa do "ilustre dr. Sampaio Marques, conceituado médico" naquela capital. Apesar de toda a dor natural da perda, a história poderia se encerrar aqui. A questão é que Carolina se transformou em uma das mais conhecidas lendas do estado. O túmulo dela, no cemitério Nossa Senhora da Piedade, no tradicional bairro do Prado, virou ponto turístico, com direito a excursão escolar.

Uma grade enferrujada com dimensões pequenas afasta o público do contato mais próximo com o jazigo. Acima do tampo, é possível ler o nome de Carolina e as datas de nascimento, 21 de março de 1869, e de falecimento, 22 de novembro de 1921. A atração não está aí, lógico. Compondo o sepulcro há uma escultura em mármore: uma capa preta pendurada sobre um dos lados de uma cruz. Caso o observador se afaste um pouco, é possível observar com ainda mais nitidez a distinção entre o crucifixo e a peça de roupa, instigando a curiosidade e alimentando o boca a boca do motivo daquela arte.

Embora tivesse 52 anos quando morreu, dizem que um dia Carolina — ou o fantasma dela — apareceu em um baile muito moça. Há quem defenda que isso aconteceu na década de 1960, outros garantem que foi nos anos 1970. Ainda segundo a lenda, um rapaz, de nome jamais revelado, se encantou. Dançaram e se divertiram, mas, no badalar da meia-noite, ela disse que iria embora. Solícito, o moço se propôs a acompanhá-la. Chovia. Para protegê-la, ele tirou sua capa e pôs na cabeça de Carolina. Esta confessou que havia saído escondido e estava temerosa de tomar uma bronca da mãe, por isso era melhor que ele a deixasse na esquina, pois não queria fazer barulho. A capa, o rapaz poderia pegar no dia seguinte.

Querendo mais uma vez ver Carolina e, claro, recuperar a capa, o rapaz foi até a casa indicada na noite anterior. Quem atendeu às batidas na porta foi a mãe da moça. "Carolina é minha filha, mas ela já faleceu", a mulher teria dito. A incredulidade do homem que tinha passado bons momentos dançando na noite anterior só foi cessada ao ficar cara a cara com o túmulo. A capa estava lá, mostrando que era a única matéria a restar. Como a vestimenta se tornou uma obra de arte tumular é um mistério que ajuda a promover a lenda urbana, que já deu nome até a um bloco de Carnaval. De 1999 a 2016, o bloco Mulher da Capa Preta desfilou à noite em frente ao cemitério, com os foliões devidamente fantasiados a caráter com capas.

Muitos gaiatos defendiam que era para tomar cuidado se alguma das mulheres que participavam do cortejo dissesse que se chamava Carolina.

BODE É CANDIDATO A PREFEITO E SOFRE ATENTADO

No caminho para o aeroporto de Maceió, uma caminhonete foi atingida por uma sequência de tiros. Dez disparos contra o veículo que levava o bode Frederico. Pela velocidade, estimou-se ser uma rajada de metralhadora. No entanto, apenas os pneus foram furados. Alçado a estrela na disputa municipal de 1996 em Pilar, cidade a quarenta quilômetros da capital, o bichinho acabou sendo lançado candidato por moradores revoltados com a política e por radialistas da emissora Jornal AM. Acompanhado de seu parceiro de chapa, um humorista vestido de mulher, o bode ia para São Paulo participar do programa do apresentador Jô Soares, na época no SBT.

Frederico tinha feito muito sucesso na Copa de 1994. Vagando pelas ruas do Centro de Pilar, a criançada (que maldade!) pintava o bodinho de verde e amarelo a cada jogo da Seleção Brasileira. Para o azar do bicho, jogamos todas as partidas possíveis e fomos campeões daquele torneio. Ou seja, não teve alívio. Ele se tornou a figura mais famosa da cidadezinha de, na época, cerca de 10 mil moradores. Daí para servir como protesto foi um pulo.

As piadas com a possível chance de Frederico alcançar o tão sonhado topo da política local começaram a incomodar as lideranças partidárias. Outros candidatos até reclamavam publicamente, achando aquilo um deboche. No dia 15 de setembro de 1996, onze dias depois dos tiros, o repórter Ari Cipola, da Agência Folha, em Maceió, trouxe a notícia que abalou o Brasil: "Bode-candidato é encontrado morto". O comerciante de ferro-velho Petrúcio Maia, que era o dono do animal, desconfiou de que Frederico houvesse sido envenenado. Foi uma comoção. O humorista Jô Soares até se pronunciou em frente às câmeras: "O bode Frederico, aquele candidato que estava lá, em Pilar, nas Alagoas, à frente das pesquisas para prefeito, foi chamado aqui, e não pôde vir. Calaram o bode para sempre. Uma maldade. Será que o bode sabia demais? Frederico pagou com a vida pela ousadia de enfrentar o coronelismo".

EPOPEIA: JANGADEIROS DEMORAM QUASE CEM DIAS PARA CHEGAR AO RIO

No centenário da nossa Independência, em 1922, foi realizado no Rio de Janeiro, então capital da República, um grande evento de comemoração e também de demonstração de novas tecnologias e da potência do nosso país. Nesse episódio, o Brasil teve contato com a radiodifusão, apresentada pelo médico e engenheiro Edgard Roquette-Pinto. Estrangeiros, de diferentes nacionalidades, foram prestigiar o evento. Brasileiros, dos mais distintos cantos, se esforçaram para participar da festa. Era um momento histórico, e todos sabiam.

Saindo de Alagoas, um grupo de quatro jangadeiros desafiou o mar. Embarcados em uma jangada frágil, ainda menos potente que aquelas que eram costumeiramente utilizadas na época, Joaquim Faustilino de Sant'Ana,

Eugênio Antônio de Oliveira, Pedro Ganhado da Silva e o mestre Umbelino José dos Santos programaram uma viagem de onze dias pelo mar. A ideia era alcançar a enseada do Rio de Janeiro no dia 7 de setembro.

A ideia, no entanto, era de uma inocência tremenda. A tripulação encarou nove tempestades. Na Bahia, o pior aconteceu: a jangada virou e eles tiveram que nadar até a costa. Com ajuda local, inclusive de políticos, conseguiram seguir viagem. Mesmo com todos os desafios de comunicação da época, a mídia acompanhava a epopeia. "Chegaram a esta capital os jangadeiros alagoanos que num grande heroísmo quizeram [sic] commemorar [sic] o Centenário da nossa Independência", publicou o jornal *Correio da Manhã* no dia 23 de novembro de 1922, demonstrando que os heróis estavam muito atrasados.

Após três meses e quatro dias, finalmente os jangadeiros conseguiram aportar na baía de Guanabara. Foram recebidos com aplausos. Pela avenida Central, desfilaram rumo ao Palácio do Catete, sede da Presidência da República, onde foram recebidos pelo presidente Arthur Bernardes. Em 10 de dezembro, dia do pescador, receberam homenagens em um pavilhão construído especialmente para o evento. "São homens sem cultura que teem [sic] talvez os últimos lugares na sociedade; mas são heróes [sic] de mãos calosas, corações de rija têmpera plenos de patriotismo, que souberam elevar muito o nome deste pequenino estado, criador de vultos de extraordinário valor", escreveu o jornal *O Progresso*, de Alagoas, no dia 12 de dezembro de 1922. Quem for à orla de Maceió encontrará uma estátua que homenageia os quatro rapazes e a jangada *Independência*.

Quem foi o Aurélio do dicionário *Aurélio*?

Com as costas levemente encurvadas, o lexicógrafo Aurélio Buarque de Holanda costumava caminhar no Centro da cidade do Rio de Janeiro em direção à Academia Brasileira de Letras, nos arredores da Cinelândia. Conhecido pela simplicidade, o homem que alterou os rumos do dicionário no Brasil e transformou seu nome em símbolo de saber não despertava muita atenção. Por mais que muitos transeuntes tenham utilizado na época escolar ou tenham, em lugar de destaque em casa, a sua grande obra, Aurélio não era facilmente reconhecido. Nem fazia questão. Distanciava-se do exibicionismo e de um mal que acomete intelectuais de menor calibre: a vaidade.

Nascido em Passo de Camaragibe, distante noventa quilômetros de Maceió, Aurélio teve uma infância marcada pelas dificuldades financeiras e pelo interesse pelas letras. O pai, comerciante, costumava reclamar que a crise estava violenta. O único dicionário de casa foi levado pela irmã ao se casar. O acesso ao bem não era fácil. Para saciar as sempre presentes dúvidas linguísticas, precisava ir a um cartório. Entre tabeliães e processos, o menino devorava as inúmeras páginas do dicionário de Jaime de Séguier. "Nunca pessoa alguma soube orientar-me no estudo da língua ou em qualquer outro estudo, o que, somado às dificuldades dos meus primeiros tempos de menino e de rapaz, teria dado para desistir se a curiosidade e a possível vocação não fossem mais poderosas do que tudo", disse em entrevista a Homero Senna para a *Revista do Globo*, publicada no dia 20 de agosto de 1949.

Aos treze anos, em 1923, Aurélio se mudou para Maceió. Com o dinheiro cada vez mais raro, teve que largar os estudos e trabalhar no comércio. Ganhava o suficiente para ajudar nas contas da casa. O encontro com o magistério só aconteceria muito tempo depois, na década de 1930, quando assumiu o posto de professor primário de língua portuguesa e literatura no Orfanato São Domingos. Nessa época, Aurélio já tinha cursado a Faculdade de Direito do Recife e dado algumas aulas de reforço. Na capital alagoana, foi ainda professor de português, francês e literatura do hoje Colégio Estadual de Alagoas, secretário da prefeitura e diretor da Biblioteca Municipal. Aos 28 anos de idade, mudou-se para o Rio de Janeiro.

Na então capital da República, ele ganhou muita notoriedade pela participação no *Pequeno Dicionário Brasileiro*, contribuindo em diversas edições. A obra mais famosa, o *Dicionário Aurélio*, só ganharia vida na década de 1970, alcançando, em pouco tempo, a marca de 1 milhão de exemplares vendidos. A escrita divide o protagonismo na vida de Aurélio com o colégio Pedro ii, onde lecionava língua portuguesa.

Em seu escritório, os papéis se espalhavam por todos os lados, de modo que ninguém — nem a faxineira — poderia tirá-los do lugar. Em 1961, após a morte do médico Antônio Austregésilo, precursor da neurologia no Brasil, é eleito para a Academia Brasileira de Letras. Aos 78 anos, faleceu. Na orla de Ponta Verde, brindada pelo mar azulzinho de Maceió, há uma estátua desse filho tão importante do estado. Vestindo blazer e deixando à mostra os cabelos ralos, Aurélio segura firmemente o conhecido dicionário que formou e continua formando tantos brasileiros.

Amapá

Burrinho sem pudores marcou o Amapá

O padre Felipe Blanck, da Matriz de São José, em Macapá, já não aguentava mais escutar as lamúrias das senhorinhas que frequentavam a missa das seis da manhã. Todo dia, elas ficavam avexadas com uma cena que acontecia em frente ao templo sagrado: um burrico tarado, exibindo as partes íntimas avantajadas, partia atrás das mulas. Sem desejos aparentes, as fêmeas recusavam, o que acabava gerando mordidas, coices e, lógico, sons peculiares. Em vez de focarem a Bíblia, as beatas estavam vivenciando um episódio da National Geographic.

O dono do bichinho incansável era o comerciante Manuel Pereira, mais conhecido como Pitaica. De dia, ele colocava seus animais para trabalhar, carregando produtos de um canto para o outro da capital do Amapá. De noite, até um pouco depois da missa — e aí é que estava o problema —, os ajudantes ficavam pastando, descansando ou buscando dar vazão aos instintos mais amorosos no gramado dos arredores do templo da fé. Certa vez, sugeriu-se que o empresário colocasse um tipo de calção no burrico a fim de conter aquela excitação. Não há registros de que foi feito ou da eficácia. Na praça onde o animal reinava, a atual Veiga Cabral, não existe nenhuma estátua ou lembrança desse fato. Devem ter esquecido depois de tanta reza.

MENINO SE TORNA SANTO POPULAR, MAS SEUS MILAGRES DEVEM PERMANECER EM SEGREDO

Após acordar de um pesadelo, o menino Pedrinho correu até o pai e deu um aviso. O homem não poderia passar perto do riacho que passava próximo de sua casa e encurtava muitos dos trajetos que era obrigado a percorrer. Em um primeiro instante, o lenhador Pedro Cândido fez ouvidos de mercador, mas a insistência do menino era tanta que o patriarca acabou cedendo. O filho caçula defendia que uma mulher muito bonita iria seduzi-lo e esse seria seu fim. Após amolar os equipamentos necessários para o corte de árvores, Cândido foi rumo à floresta.

No balneário do Corre Água, a cerca de cem quilômetros da capital Macapá, os moradores sabem de cor e salteado o final dessa prosa. O pai esqueceu o pedido e, quando percebeu, se viu atraído por uma lindíssima mulher. Há quem defenda que o pai só voltou depois de uma quebra do encantamento. Há quem jure que o lenhador nunca mais regressou, apesar de aparecer nos sonhos do filho sofrendo muito e com saudade. Não existe um consenso também sobre quando esse fato aconteceu.

Com o passar do tempo, a lenda do Pedrinho voltou ao dia a dia do pequeno distrito de São Joaquim do Pacuí, onde fica o Corre Água. Uma senhora que precisava de ajuda implorou para a intervenção do garoto que previu a tragédia do pai. Ele apareceu no sonho da idosa e prometeu ajudar, mas pediu que jamais contasse a ninguém — caso contrário, o menino teria punições. A chance de ela ter dado com a língua nos dentes é enorme, afinal o caso ficou famoso e o que não faltam hoje são pessoas pedindo clemência ao conhecido Menino dos Milagres.

O DIABO FICOU COM MEDO DE PERDER O EMPREGO NO AMAPÁ

Toda noite, o cachorrinho da sra. Joaquina latia para o nada. Encafifada com o que tanto o irritava, começou a buscar uma saída. Procura daqui, reza uma missa dali, mas quem deu o caminho das pedras foi uma amiga. Ela sugeriu que a idosa passasse a mão no olho do bichinho, tirasse um pouco do sebo e untasse os seus próprios olhos. Dessa maneira, a pessoa conseguiria ver o que o animal estava encarando. Na mesma noite, ela foi até o nervoso cão, fez o indicado e passou somente na vista esquerda. Resultado: ficou frente a frente com vultos e, até mesmo, com o diabo.

Da noite para o dia, a mulher, que não tinha filhos e era rodeada de cães e gatos, começou a presenciar o que estava por trás das inúmeras brigas que assustavam a cidadezinha de Tartarugalzinho, a mais de duzentos quilômetros de distância de Macapá. Quando bêbados estavam discutindo, ao fundo estava o pai da discórdia. Quando um casal não queria mais ser feliz, lá estava o capetinha. Em todos os casos, Joaquina berrava ao coisa-ruim para Deus ser louvado, expulsando-o da cena. O grito de guerra "Ave, Maria, vai de retro, satanás" ganhou fama nos quatro cantos do município.

Com medo de perder o emprego e preocupado como o fato de dona Joaquina conseguir vê-lo, o diabo então toma uma atitude: ir ao encontro da senhora. Sabendo que não poderia ir da maneira usual, transformou-se em um loiro com traços europeus e beleza estonteante. Ao perceber quem tocava a campainha, Joaquina nem desconfiou. Talvez tenha pensado se tratar de um estrangeiro. Em poucos segundos, a capeta estava sentado no sofá da mulher e fazendo de tudo para que esta contasse o segredo. Ao saber, ele não teve dúvidas. Com as unhas afiadas, cegou a senhora no olho esquerdo. Dono das maldades, saiu enquanto ela estava caída no chão, rodeada de sangue. Traumatizada, Joaquina não quis repetir a estratégia para o outro olho. Até hoje, quando acontecem fenômenos estranhos em Tartarugalzinho, há moradores que desconfiam da presença do demônio.

A MISTERIOSA CRUZ NAZISTA NO MEIO DA FLORESTA

No meio da floresta amazônica, uma cruz de madeira traz os seguintes dizeres: "Joseph Greiner morreu aqui de febre em 2 de janeiro de 1936 a serviço da pesquisa alemã". No alto do símbolo religioso, a suástica nazista chama a atenção. Esse artefato histórico foi encontrado após a Segunda Guerra

Mundial em uma localidade a uma hora e meia de barco de Laranjal do Jari, cidade que fica a 260 quilômetros de Macapá. A cruz é o que sobrou do sonho bélico de um estudioso e militar nazista.

Joseph Greiner era alemão e morava no Rio de Janeiro. Em 1935, foi contratado para ajudar na condução de um grupo de alemães que tinha ido estudar essa região da Amazônia. Por falar português, Greiner era o responsável pelas contratações dos brasileiros necessários para o projeto para lidar com o meio de campo burocrático e até para cuidar das malas, que não eram poucas. Os estrangeiros trouxeram 11 toneladas de suprimentos, 5 mil munições e um hidroavião. Na teoria, o grupo estava navegando no rio Jari para estudar a flora e a fauna. Na prática, o jogo era outro: eles estavam a fim de conseguir um espaço seguro para instaurar uma base nazista naquelas bandas. O governo brasileiro apoiou a ida dos estudiosos para a Amazônia. Os historiadores, por sua vez, não chegam a um denominador comum se Getúlio Vargas sabia ou não dos interesses dos alemães.

Com autorização direta de Adolf Hitler, a liderança do projeto ficou nas mãos de Otto Schulz-Kampfhenkel, um zoólogo, geógrafo e militar do Esquadrão de Proteção nazista (ss) que tinha uma vontade megalomaníaca: colonizar aquela região e construir ali um posto avançado nazista. Rival antiga da França, dessa maneira a Alemanha ficaria coladinha na Guiana Francesa. Além disso, o domínio desse espaço privilegiado da América do Sul daria aos nazistas controle do oceano Atlântico e permitiria ataques ao continente asiático com mais facilidade. Schulz-Kampfhenkel chegou a cogitar um nome para o local, Guiana Alemã. Provavelmente, o líder daquele território seria o próprio. Apesar de haver historiadores que não concordem com essa versão, o Projeto Guiana, com o resultado dessa imersão na floresta, foi entregue para o alto-comando nazista em 1937.

A sepultura de Greiner já mostra que os alemães não tiveram moleza na selva. O grupo sofreu com doenças, enchentes e danos materiais, e muitas armas e muitos mapas foram perdidos. O avião que os alemães levaram pifou, o que acabou os forçando a caminhadas longas no meio da mata. Caso os indígenas aparaís não tivessem acompanhando a missão, os prejuízos seriam maiores. De qualquer maneira, Schulz retornou para a Alemanha carregando inúmeros animais vivos e mortos, objetos de aldeias, fotos e filmes. Em 1938, Schulz lançou livro e o documentário *Rätsel der Urwaldhölle* ("Enigma da selva infernal", em tradução livre), em que mostra os dois anos de expedição e as características daquele cantinho inóspito e misterioso. As duas produções fizeram enorme sucesso.

Com o fim da Segunda Guerra Mundial, em 1945, Otto Schulz-Kampfhenkel foi preso pelas tropas norte-americanas. Entretanto, ficou pouco no cárcere. Viveu até 1989 livre, leve e transmitindo a ideia da preservação ambiental. O Projeto Guiana não foi aprovado ou não foi à frente, tanto que a Guiana Francesa passou ilesa pelo conflito. A cruz de três metros continua no mesmo lugar, embora existam registros de ela também ser testemunha de que não é tão fácil dominar a floresta: algumas vezes, a peça foi derrubada pela cheia do Jari.

SUBMARINO NAZISTA FOI ABATIDO NO AMAPÁ

O *U-Boat* era um terror para os navios brasileiros naquele começo da Segunda Guerra Mundial. Esse tipo de submarino nazista foi responsável por afundar inúmeras embarcações nossas, especialmente aquelas que levavam matérias-primas importantes para a produção de armamentos dos Estados Unidos. Muitos brasileiros foram mortos.

O *Unterseeboat* era rápido e eficiente. Militares do Brasil, com ajuda de norte-americanos, o caçaram por toda a costa. O Amapá presenciou um importante conflito entre essa máquina mortífera dos mares e uma aeronave Catalina. Foi em julho de 1943.

A Catalina dava proteção a navios brasileiros. Em dado instante, a tripulação percebeu a presença do submarino. Começou a tentativa de destruí-lo, porém o primeiro alvo atingido foi a aeronave por artilharia antiaérea. Logo em seguida, e mesmo avariados, os brasileiros conseguiram bombardear e destruir o oponente. Desesperados, o comandante e mais alguns soldados alemães pediram ajuda. Foram resgatados e levados aos Estados Unidos.

Presidente do Brasil quis atacar a Guiana Francesa

Jânio Quadros ganhou a eleição para a Presidência da República prometendo varrer a corrupção. O símbolo de campanha era uma vassoura. Nas ruas, gostava de ser chamado de Vassourinha. Com a faixa no peito e a caneta na mão, proibiu o uso do biquíni — com direito a fiscais com lupa andando para cima e para baixo pelas praias —, condecorou o argentino Ernesto Che Guevara e planejou uma invasão à Guiana Francesa no começo de agosto de 1961.

Pedacinho da França na América Latina, a Guiana Francesa era acusada de roubar o manganês do Amapá. O destino seria a Europa. Na cabeça de Jânio, perdíamos dinheiro, e essa realidade só seria alterada com a anexação. Ou seja, teríamos que invadir e guerrear pelo território. Para isso, o então governador do estado foi chamado às pressas para uma reunião secreta e um plano foi apresentado. A Força Militar do Brasil já estaria aquecendo os canhões. Ao ouvir tamanha sandice e entender a diferença bélica dos dois países, Moura Cavalcanti quase teve um piripaque. Tentou ponderar, dizer que as consequências poderiam ser terríveis, mas nada parecia tirar aquela ideia da cabeça de Jânio.

O nome da operação homenageava Francisco Xavier da Veiga Cabral, conhecido como Cabralzinho, herói da luta das tropas portuguesas contra os franceses no fim do século XIX pelo território que é hoje o estado do Amapá. É considerado um herói, com direito a uma enorme estátua no centro da capital. Cerca de setenta anos depois de uma guerra que envolveu muitos mortos, quase entramos em outra. Quase, repito. O projeto mirabolante não foi à frente porque Jânio Quadros renunciou à presidência ao final daquele agosto.

A prisão esquecida no Oiapoque

Quando o presidente Arthur Bernardes olhava para um lado, enxergava greves operárias, lutas políticas e a ascensão do pensamento anarquista. Quando olhava para o outro, tinha que encarar os tenentes protestando e levando o país a conflitos entre militares. O mineiro de Viçosa, que assumiu o cargo mais alto da República em 1922, o ano do centenário da Independência, usou das leis de exceção e mandou para a cadeia diversas pessoas. Entre as masmorras famosas do período, uma se destacava por estar em um dos pontos mais distantes da então capital federal, o Rio de Janeiro.

Em Clevelândia do Norte, distrito do Oiapoque, construiu-se uma prisão isolada, no meio da floresta. A partir de 1924, presos políticos, praticantes de capoeira, pessoas com problemas psíquicos e criminosos comuns, entre outros, foram levados para lá. Há vertentes históricas que defendem que cerca de mil pessoas ficaram presas naquilo que foi chamado por alguns como "Inferno Verde". O trajeto até chegar lá era um caos: o detento precisava viajar em barcos precários sem nenhum tipo de segurança e fazer longas caminhadas. As doenças, como a malária e o impaludismo, reinavam. Estima-se que quase quinhentas pessoas perderam a vida no caminho e no cárcere. Há relatos de que doentes terminais eram obrigados a pular no rio amarrados com um saco de areia.

Por estarem na fronteira com a Guiana Francesa, os encarcerados organizaram fugas. Algumas delas foram bem-sucedidas. No país vizinho, não tinham moleza, mas nada era pior que um lugar que era normalmente comparado a um campo de concentração. Os aprisionados trabalhavam forçadamente entre nove e doze horas diárias. O resultado foi a construção de uma escola, uma ponte e até um trapiche. Em 1926, com a saída de Arthur Bernardes, a Colônia Penal de Clevelândia foi fechada. O retorno ao Rio de Janeiro de quem sobreviveu mostrou as torturas por eles vividas. Viam-se figuras amareladas, sem vitalidade e com rostos cadavéricos. Atualmente, o local é uma colônia militar.

A impressionante fortaleza da Amazônia nos leva à escravidão

Se algum inimigo entrasse pelo hoje Amapá e atentasse contra a colônia portuguesa em 1782, a defesa seria violenta. Depois de dezoito anos de construção, ficou pronta a Fortaleza de São José, a maior da Amazônia.

O colosso, que tem a forma de um polígono quadrangular, tinha dormitórios, hospital, capela e, lógico, depósitos para armamentos. Os portugueses ergueram a estrutura pensando especialmente nos espanhóis. Havia um temor de que os vizinhos europeus não cumprissem o Tratado de Madri, de 1750, que definia, entre tantos pontos, que aquela região era da terra de Pedro Álvares Cabral.

Para ficar pronto o que ainda hoje está intacto, muitos escravizados indígenas e negros trabalharam forçadamente dia e noite. A distância para transportar materiais era enorme, aumentando os desafios. Chuvas recorrentes traziam um universo de problemas, como a paralisação das obras. As muralhas têm oito metros e são capazes de aguentar o contato direto com a água, afinal precisavam resistir à erosão. O estilo arquitetônico foi inspirado em Sébastien Le Prestre, o marquês de Vauban. O arquiteto militar francês desenhava as fortificações aproveitando as características naturais, como colinas e rios, para fortalecer ainda mais a defesa.

Apesar de não haver um consenso histórico, inúmeras lideranças de Mazagão, a setenta quilômetros de Macapá, lugar por onde os escravizados aportaram para o duro trabalho na fortaleza, defendem que a herança deixada pelos antepassados vai se transformar em um dos principais símbolos culturais do Amapá. Por exemplo, o Marabaixo é uma manifestação que envolve fé, danças e cantigas, lembrando a resistência do povo negro e da crença no Divino Espírito Santo. As vestimentas típicas são calças brancas para os homens e saias rodadas e coloridas para as mulheres. "Quem quiser se divertir e brincar feito um menino, venha pra Mazagão Velho ver a Festa do Divino", diz uma das músicas folclóricas mais conhecidas. Na capital do Amapá e em outras cidades do estado, também há grupos de Marabaixo que se apresentam e festejam.

Ainda que os historiadores debatam os verdadeiros significados da festa, o Marabaixo é traduzido pelos participantes como uma dança de escravizados, acorrentados, que não podiam se movimentar muito com os pés, mas valorizavam os braços e o gingado. Marabaixo significa "mar abaixo", um jeito de os negros no cárcere dizerem que o navio estava descendo o mar rumo ao país-cativeiro. Os cantos diminuíam as dores da viagem, que costumava matar de um terço a um quarto dos passageiros.

Descoberta do ouro fez nascer um país dentro do Amapá

Na divisa entre a Guiana Francesa e o norte do Brasil, um fato mudou abruptamente a região: a descoberta de ouro na década de 1880. O metal precioso, capaz de sustentar economias e fazer de pobres, ricos, fez com que diversos aventureiros atrás de riqueza se mudassem para a área, ocasionando brigas entre brasileiros e franceses e fazendo até com que um país independente fosse criado. O território, então tratado como irrelevante pelos dois países, começou a chamar a atenção na Europa.

Após três meses caminhando na selva, o francês Jean Guigues, o suíço Paul Quartier e dois americanos, que morreriam logo em seguida, encontraram ouro em Cunani, bem no limite entre o hoje estado do Amapá e a Guiana Francesa. Observando que aquilo poderia gerar altos lucros, não demoraram a montar uma engenharia para extrair o máximo possível do metal. Para isso, articularam uma representação na Europa e logo entenderam que era preciso montar um país, aproveitando que Brasil e França, colonizadora da Guiana, não estavam tão atentos às maravilhas econômicas que aquele lugarzinho encravado no meio do nada guardava.

Em julho de 1886, foi criada a República de Cunani, cujo presidente vitalício era Jules Gros, representante da empresa de Guigues na França. Em pouco tempo, já havia moeda, leis, selos postais, ministério formado e até uma representação oficial em endereço badalado na capital francesa. A novíssima nação e seus representantes só se esqueceram de um velho ensinamento: "Prego que se destaca toma paulada". Com a fama internacional de um El Dourado na Amazônia e o interesse de novos investidores, era evidente que os governos do Brasil e da França abrissem os olhos e se dessem conta de que aquela região vivia de forma independente desde 1862. Apesar de as duas nações viverem em paz naquele lugar, não significava que o espaço estava vago para que qualquer um implementasse ali um novo país. Sem saída, a República de Cunani foi extinta em 1887.

CABRALZINHO VAI VIRAR HERÓI DEFENDENDO OS INTERESSES DO BRASIL

O fim da República de Cunani não eliminou os problemas da região. Ao contrário: as descobertas de mais jazidas de ouro, em 1893, no rio Calçoene, fizeram aumentar o fluxo de pessoas naquele lugar e, por consequência, a luta pelo poder. Franceses e brasileiros disputavam quem mandava ali. Pessoas de ambos os países exploravam as riquezas da área.

Ainda contando com o distanciamento dos governos federais, houve de tudo em 1895: de um lado, representantes da Guiana Francesa desviavam ouro, cobrando impostos e favorecendo franceses; de outro, uma junta administrativa de brasileiros foi criada com a liderança de Francisco Xavier da Veiga Cabral, o Cabralzinho, e tiveram início a perseguição e a prisão de lideranças francesas. As leis do Pará, terra de Cabralzinho, foram aplicadas. Como era de se esperar, esse cabo de guerra acabaria em tiros.

O comandante da Guiana Francesa, Charles-Louis Lunier, era conhecido pela destreza e pela liderança. Ele foi escolhido pelo poder de Caiena, capital da Guiana, para terminar com o triunfo de Cabralzinho e libertar os presos. Se preciso fosse, era para matar. No dia 15 de maio, a tropa de Lunier marchou em direção ao indivíduo que tinha sido político em Belém e vivido tentativas de assassinato anteriormente no Pará, além de crescer rodeado de capangas habilidosos na capoeira. Não sabiam com quem estavam brigando. Cabralzinho parecia um Chuck Norris dos trópicos. Em poucos minutos de combate, já tinha matado o próprio Lunier e ferido outros soldados. Com menos armas, fugiu. A tropa francesa teve que também bater em retirada, não antes de saquear o que viam pela frente, agredir crianças e assassinar homens.

A briga, por fim, chegou com seriedade aos corredores diplomáticos. O presidente da Confederação Suíça, Walter Hauser, foi o presidente de arbitramento. O pai da diplomacia brasileira, o barão do Rio Branco, foi nosso advogado. Em 1900, o laudo suíço deu causa ao Brasil, fazendo com que a gente incorporasse um território de 260 mil quilômetros quadrados. Em 1901, o Amapá foi incorporado ao Pará, sendo desmembrado em 1943, quando se criou o Território Federal do Amapá — ou seja, uma divisão administrativa regida pelo governo brasileiro. Permaneceu nesta condição até 1988, quando a atual Constituição Federal o elevou a Unidade da Federação. Cabralzinho é sempre lembrado, inclusive com uma enorme estátua na praça que leva seu nome e que também já foi o reduto do burrico do comerciante Pitaica.

Amazonas

TEATRO AMAZONAS: O MUNDO NO MEIO DA FLORESTA

NA ESTREIA DA PRIMEIRA ÓPERA NO TEATRO AMAZONAS, um colosso artístico de proporções europeias, houve engarrafamento de carruagens. Os homens vestidos de fraque e as moças com longos e caros vestidos não poderiam perder o momento épico para a cidade, que já era chamada de Paris dos Trópicos. Impulsionada pelo dinheiro da produção de borracha, Manaus sairia mais uma vez à frente da então capital do Brasil, o Rio de Janeiro. Ali, na Amazônia, em um local considerado por muitos no mínimo inesperado, vivia-se a *Belle Époque*, com gostos, jeitos e construções que não deviam nada ao que encontrávamos na França. A língua costumeiramente falada nos negócios era o francês.

Para que os cavalos não atrapalhassem o espetáculo, foi produzido um chão que diminuía o barulho dos cascos. *La Gioconda*, de Amilcare Ponchielli, no dia 7 de janeiro de 1897, deu o pontapé inicial no templo cultural, que já havia chamado a atenção pela suntuosidade.

Quem observa o Teatro Amazonas a distância imediatamente se deslumbra com a cúpula. Ela é revestida por um mosaico formado por cerca de 40 mil escamas de cerâmica esmaltada e de telhas vitrificadas nas cores da bandeira brasileira. O formato dessas escamas lembra as de um peixe típico dos rios da Amazônia, o pirarucu. Quando as luzes da cúpula estão acesas, significa que está tendo espetáculo.

Na entrada principal, há bustos de grandes nomes do universo artístico do Brasil, como o dramaturgo João Caetano. Portas imensas dão boas-vindas ao público. Na fachada, o número 1896 está em destaque, já que no dia 31 de dezembro daquele ano o teatro foi inaugurado. Há, ainda, o nome de Eduardo Ribeiro, o primeiro governador negro do Amazonas e responsável por essa grande obra. O hoje indefectível cor-de-rosa que marca as paredes externas nem sempre esteve ali. Entre as décadas 1970 e 1990, por exemplo, o teatro foi cinza-azulado.

No salão nobre, o chão foi feito com a técnica da marchetaria, ou seja, não há pregos, cola ou qualquer material que junte as inúmeras peças de madeira. Elas são engenhosamente encaixadas de modo que não se desloquem. Para não danificar o precioso piso, os visitantes não podem caminhar livremente pelo espaço, que conta com pilastras que lembram fortes troncos, além de uma pintura que faz referência a *O guarani*, romance de José de Alencar mais tarde transformado em ópera por Carlos Gomes. O maestro está imortalizado também em um busto no teto do salão principal. Ao seu lado, estão quatro pinturas que representam a ópera, a música, a dança e a tragédia.

O imponente espaço de apresentações reserva as características do tempo em que foi inaugurado. Os camarotes, tão disputados pela elite, ainda mais quando eram mais próximos ao palco e onde havia mais chances de ser observado por todos, permanecem lá. Afinal, qual era o sentido de chegar ao evento em uma carruagem elegante e passar despercebido no meio da multidão?

As águas do rio Negro e do Solimões não se misturam

Após ser capturado por tropas que saíram de Belém, o indígena Ajuricaba estava sendo levado para a hoje capital do Pará. Ele era um grande trunfo daqueles militares portugueses. A embarcação seguia lentamente pelo rio Negro. Quando se aproximavam do Solimões, Ajuricaba, mesmo acorrentado, conseguiu reagir. Na briga, feriu soldados; no desejo de entregar o cativo vivo, não atiraram. Na sequência, o cacique se jogou nas águas e desapareceu. A lenda conhecida por todos do Amazonas defende que o guerreiro da mata, com essa atitude inesperada, fez com que os rios Negro e Solimões nunca mais se misturassem.

Para garantir mão de obra e mais homens para defender os territórios, os colonizadores costumavam capturar indígenas e escravizá-los, levando-os para lugares estratégicos. A catequização era um ponto importante desse processo. Com algumas aldeias, havia parceria, mas que também podia ser rompida com facilidade.

Essa escravidão gerou, pouco a pouco, uma enorme insatisfação nos indígenas. A gota d'água para que a tribo dos manaós, conhecida pela bravura nas lutas, reagisse foi a morte de seu cacique. Com o assassinato do pai, em 1723, Ajuricaba assumiu o comando e prometeu vingança. Vilas foram atacadas. Uma tropa vinda do Maranhão teve perdas humanas. O consenso dos europeus era de que ali existia uma enorme ameaça que precisava ser contida a qualquer custo.

Com essa realidade, Portugal enviou mais soldados, armas e munições. Estrategista, Ajuricaba dificultava o acesso dos adversários. Atravessar o rio Negro era um perigo constante. Os conflitos estouravam em diferentes lugares. Centenas de malocas foram queimadas e milhares de indígenas foram mortos, entre homens, mulheres e crianças. O filho de Ajuricaba foi uma das vítimas, o que o fez reagir com menos prudência. Dessa forma, acabou caindo nas garras dos rivais. O lado português também teve vidas ceifadas e aprendeu que escravizar indígenas era algo muito complicado. Após ser preso pelas tropas inimigas, Ajuricaba se suicidou.

O nome Manaus vem exatamente da tribo dos manaós. No entanto, a capital do Amazonas só recebeu esse nome em 1856, quando nosso país já era independente.

DISCO VOADOR RAPTA JUIZ DE FUTEBOL

Na trajetória ufológica do Brasil, já soubemos de trabalhadores do campo que foram raptados, motoristas no meio da estrada que tiveram contato de terceiro grau e famosos que juram que têm um chip alienígena. Isso sem contar que muita gente coloca nas costas dos extraterrestres o sumiço misterioso de galinhas, porcos, cavalos e afins. Até aqui, nada de novo. Só que em Vila Conceição, pertinho de Barcelos, no norte do Amazonas, aconteceu o improvável. A coisa fugiu tanto da normalidade que o jornal *A Noite*, no dia 19 de setembro de 1932, publicou a manchete "Disco voador rapta juiz de futebol".

Atrás de uma igreja, em um campinho de terra, Telémaco Xavier estava apitando o animadíssimo clássico entre o time do povoado local contra a equipe da cidade vizinha. Jogo duro, com muitas faltas e torcidas agitadas. Claramente favorecendo os visitantes, Telémaco anulou "dois gols legítimos" e ignorou "quatro penalidades máximas feitas contra os atacantes do Vila Conceição". Lógico que, ao final da partida, o que os torcedores queriam era pegar o juiz no tapa. Se não fosse o padre da igreja a pedir clemência, o pior poderia ter ocorrido.

A intervenção religiosa acalmou os ânimos e abriu o apetite. Jogadores dos dois times e alguns torcedores foram para uma confraternização. Lá pelas tantas, alguém percebeu que faltava um convidado. O juizão. Será que estava com medo? Será que saiu chateado? Procura daqui, procura dali, e tudo o que encontraram foi seu apito no meio de uma clareira na mata.

Foram horas e horas de procura até que, no dia seguinte, um seringueiro informou o que tinha visto. Um objeto reluzente e redondo, que despejava chispas de fogo, desceu e raptou Telémaco. Forte, ele ainda brigou com os três ETs sequestradores. Foi em vão. O homem tinha desaparecido. A reportagem do jornal, no entanto, não informa qual foi o resultado da partida, se o juiz foi devolvido, se pagaram resgate ou se isso tudo foi mandinga da torcida.

O BARÃO DA BORRACHA: DA RIQUEZA À FALÊNCIA

O alemão Karl Waldemar Scholz chegou à capital do Amazonas com uma certeza: ali, teria mais chances de enricar ou de, ao menos, multiplicar — e muito — seu patrimônio. Na virada do século XIX para o XX, a cidade vivia o seu *boom* econômico. Dividindo com Belém o protagonismo na administração dos seringais da Amazônia, Manaus encarava uma realidade que dificilmente será repetida. A grana que jorrava, vinda da produção de borracha, patrocinou nababescos jantares, apresentações artísticas exclusivas, ricos que ficavam meses fora do Brasil e a construção de mansões que deixavam claro o poderio financeiro da elite.

Com muitos contatos no exterior, Scholz não demorou a se tornar um conhecido comerciante do látex. Os estrangeiros eram os principais compradores, afinal a borracha alimentava as produções de inúmeras indústrias, em especial a automobilística. Os pneus, por exemplo, têm uma realidade antes e outra depois das descobertas desse período. A Scholz & Cia era responsável pela compra do látex no Brasil, além do transporte e da venda na Europa e nos Estados Unidos. Na presidência da Associação Comercial do Amazonas, o alemão Scholz mostrou ter boa desenvoltura também nos campos burocráticos e políticos nacionais. Ocupando o cargo de cônsul da Áustria, ele teve acesso aos requisitados corredores diplomáticos. Sua mansão, construída em 1903, era estratégica: *petits comités* eram organizados para ajustar ainda mais os laços com autoridades e parceiros de negócios.

O hoje Palácio Rio Negro, antigo Palacete Scholz, é um convite a entender de perto a vida de um "barão da borracha", nome dado aos poderosos desse setor. O jardim tem palmeiras imperiais, símbolo de riqueza de outrora. Em estilo europeu, a fachada tem janelas grandes e detalhes ornamentais. As colunas estão alinhadas nas múltiplas varandas e entradas. A sensação a todo instante é de imponência. As estátuas vieram da França. A porta é de madeira maciça. O interior é o que se esperava de um casario com essa magnitude: espaço para guardar chapéus, um gabinete para encontros de negócios, um salão de jantar e, entre outros, muitos quartos no segundo andar. Os lustres são de cristal. Mesmo com o passar das décadas, os móveis remanescentes são luxuosos.

Quando todo esse fausto parecia não ter fim, veio uma bomba. A produção de borracha na Malásia estava a todo vapor e a Amazônia deixava de reinar sozinha como a rainha planetária da matéria-prima. E o pior: os preços dos asiáticos eram melhores. Em velocidade supersônica, os ricos de Manaus e Belém foram perdendo força. O ano de 1910 já dava a entender que Scholz e os outros barões, com raras exceções, não aguentariam sustentar o padrão de vida que haviam conquistado. Em 1911, as contas da casa já não fechavam. Scholz pediu empréstimos, se enrolou em dívidas e, logo em seguida, soube que o seu país de origem e o resto da Europa estavam entrando em uma guerra mundial, o que dificultava ainda mais a exportação. Faliu. Perdeu o palacete para um credor, que depois o alugou e vendeu para o governo do Amazonas.

A propriedade tornou-se a residência dos governadores do Amazonas de 1918 a 1959. E, de 1959 a 1995, funcionou como a sede do governo. Atualmente, é um centro cultural. A partir daí, tudo o que se sabe sobre Scholz é que ele voltou para a Alemanha após o fim da guerra, em 1918. Voltou sem muita coisa na bagagem.

Boto: mocinho ou vilão?

De voadeira, o trajeto entre Manaus e o Parque Nacional de Anavilhanas pode levar três horas. No começo do caminho, há restaurantes flutuantes, onde o cardápio é repleto de iguarias do rio Negro. Durante boa parte da viagem, não se vê vivalma no trajeto além daqueles que estão no mesmo barco. O barulho dos motores por vezes se mistura ao som da chuva caindo na água. É comum chover todos os dias, em horários específicos. Os manauaras até brincam: "Vamos marcar antes ou depois da chuva?". Quanto mais se aproxima de Novo Airão, município distante cerca de duzentos quilômetros da capital, mais botos são observados. A maioria se exibe a distância. A lenda mais famosa da Amazônia está ali, aos olhos nus dos visitantes.

Nas noites de lua cheia ou nas importantes festas populares, o boto se transforma em um homem conquistador. Sempre está alinhado, com blazer e chapéu, para não deixar à mostra o espiráculo, o conhecido buraco na cabeça que lhe permite a respiração. Dança, gosta de festa e é cortejado pelas moças. Os mais velhos sempre indicavam às filhas que não se aproximassem dos rios. Era um jeito de preservá-las.

A lenda, que ganha sempre novos capítulos dependendo do interlocutor, nos avisa ainda de que muitas mulheres se envolveram com o Don Juan amazônico e engravidaram. Os filhos e filhas do boto são facilmente identificados pela destreza com que convivem com o meio ambiente. O rio é como a extensão da casa. Quando uma mulher está ovulando, é também indicado que não ande de barco. Os botos podem até virar a embarcação.

Por trás desse mito, há muitas camadas que não costumam ser observadas. Após estuprar e engravidar moças, homens as ameaçavam para que dissessem que o culpado havia sido o boto. Envergonhadas e tentando diminuir a repulsa social, elas invariavelmente colocavam a culpa no bichinho. Abandonadas pelos parceiros, muitas mulheres cuidaram de seus filhos sozinhas. Era melhor afirmar que eram filhos do boto a sofrer mais um preconceito. Além de responsabilizados por equívocos humanos, os animais ainda são acusados de encantadores. Há quem defenda que o boto atrai a pessoa para o rio, e o final é sempre trágico — ou que o espírito dele tome a possível vítima.

Com tantas crendices, infelizmente os botos foram e continuam sendo atacados. No mesmo cantinho onde se veem esses animais saltando, encontram-se corpos ferroados destes que são conhecidos como os protetores dos rios.

Bahia

A primeira diplomata do Brasil

Com o dinheiro contado e distante de sua terra natal, Salvador, Maria José de Castro Rebello precisava achar um emprego que pagasse as contas domésticas e os inúmeros remédios da mãe doente. Em 1918, morando no Rio de Janeiro, ela abriu o jornal e viu que seria realizado um concurso público para o Itamaraty, casa das Relações Exteriores do Brasil. Filha de um fazendeiro de cacau, morto misteriosamente na Floresta da Tijuca, na então capital do país, e dona de casa, Maria teve na infância e na juventude uma excelente educação, com direito a aprender inúmeras línguas, entre elas francês, inglês e alemão. O desafio é que, no começo do século xx, mulheres não compunham o corpo diplomático do Brasil e não era bem-visto uma senhora entrar em um universo majoritariamente dominado por homens — todos brancos e ricos.

Em uma maratona de provas que durou uma semana, Maria enfrentou questões de datilografia, direito, língua portuguesa e redação, entre vários outros temas. Era a única mulher no concurso. Passou em primeiro lugar. Por mais que tentassem rever suas notas, ela estava muito bem pontuada. Não havia o que questionar, certo? Não. Maria passou, mas não levou, como costumeiramente aconteceria com qualquer adversário que não fosse homem. Foi comunicado a ela que o ingresso no Ministério das Relações Exteriores não era permitido a mulheres.

Inconformada, trouxe para sua luta um famoso conterrâneo, o baiano e jurista Rui Barbosa. Após se debruçar na Constituição de 1891, o homem que ganhou o apelido de "Águia de Haia" pela visão astuta, pela habilidade de oratória e pela compreensão das leis nacionais e internacionais defendeu o que estava escrito: "Todos os brasileiros", sem nenhum tipo de discriminação de sexo, poderiam ser elegíveis para cargos públicos — o que não impossibilitava Maria Rebello de prestar o concurso e, se passasse, ocupar o cargo disputado.

Sobrou ao resignado Nilo Peçanha, então ministro das Relações Exteriores, aceitar o ingresso da primeira mulher diplomata do país, embora tenha comentado que "seria melhor, certamente, 'para seu prestígio' que as mulheres continuassem na direção do lar, taes [sic] são os desenganos da vida pública". Em entrevista à *Revista Feminina* de outubro de 1918, Maria José afirmou que realmente seria mais suave que as mulheres pudessem apenas se ocupar de suas casas, "mas para isto era preciso que todas nós tivéssemos garantida a subvenção do lar, o que não é meu caso, e não é o caso de muitas brasileiras que se vêm obrigadas a trabalhar para manter o seu lar".

A imprensa acompanhava de perto as resoluções desse caso, com jornalistas e cronistas sendo a favor e contra a inserção de Maria Rebello. A reportagem "Podem as mulheres occupar [sic] cargos públicos?", do jornal *A Noite*, de 31 de agosto de 1918, lembrava que o Código Civil "num dos seus artigos prevê que as mulheres possam ser admitidas no exercício das funções administrativas, quando estabelece 'considera-se sempre autorizada pelo marido a mulher que ocupar cargos público'".

Entre brigas e aplausos, Rebello assumiu o cargo e, aos poucos, foi conseguindo realizar até mesmo alterações físicas na estrutura do Ministério, como a construção do primeiro banheiro feminino da instituição. Ela abriria as portas para que, até 1938, outras dezoito mulheres ingressassem no seleto time do Itamaraty. Contando com Maria José Monteiro de Carvalho, que ingressou no ano de 1945, elas são conhecidas como "Grupo das Vinte".

Na banca de aprovação de Maria Rebello, estava o diplomata Henrique Pinheiro Vasconcelos. E não é que os dois se apaixonaram e casaram em 1922? Doze anos depois, porém, o casal enfrentou um impasse: para que ele assumisse um cargo importante na embaixada da Bélgica, Maria não poderia continuar atuando no Itamaraty por questões burocráticas e administrativas internas. Em 1934, ela se aposentou e, logo em seguida, no Rio de Janeiro, faleceu em 29 de outubro de 1936, dois anos antes da aprovação de um decreto-lei que criava uma nova carreira, a de diplomata.

MARIA QUITÉRIA SE VESTIU DE HOMEM PELA INDEPENDÊNCIA DO BRASIL

Todo dia 2 de julho, a estátua de Maria Quitéria, no bairro da Lapinha, em Salvador, amanhece toda enfeitada de flores. Nessa data, um grande cortejo, acompanhado por fogos de artifício, sai desse cantinho da capital baiana e passa por diversas ruas. É a comemoração da Bahia pela sua independência das forças colonizadoras de Portugal, que aconteceu em 1823.

E uma peça importante na difícil vitória dos baianos foi uma mulher que, ao saber que não poderia guerrear por causa de seu gênero, se vestiu com trajes masculinos, cortou o cabelo, se nomeou soldado Medeiros e foi para o *front*. Virou símbolo de resistência.

O grito de Independência de dom Pedro I, no dia 7 de setembro de 1822, em São Paulo, não foi escutado e acatado por todos os portugueses que viviam no país. O Nordeste e o Norte eram áreas estratégicas para a Corte europeia. E, claro, os portugueses fariam de tudo para não perder o controle. O Brasil não estava livre. Na Bahia, os conflitos entre militares ligados a dom Pedro I e as tropas portuguesas, mais bem armadas e preparadas, se seguiram por muito tempo depois daquele famoso gesto à beira do rio Ipiranga. As cidades de Pirajá e Cachoeira, a ilha de Itaparica, o canal do Funil e a baía de Todos os Santos foram cenário de diversas batalhas dessa guerra.

Nesse momento tão complicado, não havia a menor possibilidade de dispensar nenhum soldado que se mostrasse habilidoso — de forma que Maria Quitéria foi aceita nas fileiras de dom Pedro I. Por mais que o comandante ficasse irritado por ter sido enganado por uma mulher, ele não poderia abrir mão das habilidades da moça. Sua facilidade em manejar armas e montar cavalos foi um diferencial para que ascendesse no Exército.

Nascida em 1792 em Feira de Santana, Maria Quitéria de Jesus participou diretamente dos combates na ilha de Maré, em Itapuã e na Pituba, em Salvador. Na Barra do Paraguaçu, em Salinas da Margarida, Quitéria comandou um pelotão composto por outras mulheres. Elas conseguiram impedir o desembarque de uma tropa de portugueses que fatalmente aumentaria o contingente inimigo naquelas terras. Essa vitória se juntou a muitas outras, e a consequência foi que, em 2 de julho de 1823, os portugueses foram derrotados.

Nesse mesmo período, Maria Quitéria foi aclamada heroína pela população e recebida pelo imperador dom Pedro I, que a condecorou com a medalha de Cavaleiro da Ordem Imperial do Cruzeiro. Aproveitando o momento, Maria pediu ainda que o imperador escrevesse uma carta endereçada a seu pai pedindo perdão por ter saído de casa para lutar na guerra. Dom Pedro atendeu à sua solicitação.

JOANA ANGÉLICA, A RELIGIOSA QUE ENFRENTOU A TROPA PORTUGUESA

Ao ouvir estrondos vindos da porta do convento de Nossa Senhora da Conceição da Lapa, a abadessa Joana Angélica foi ver do que se tratava, já que isso não era algo comum. Ao abrir o pesado portão, percebeu que lá estava um grupo de soldados portugueses — embriagados, segundo as más-línguas. Eles queriam invadir o templo religioso. No intuito de proteger suas freiras e o próprio convento, Joana se colocou como um escudo para impedir a entrada dos soldados. E fez mais. Possessa com a situação, exclamou: "Detende-vos, bárbaros! Outras portas caíram aos vaivéns de vossas alavancas e aos golpes de vossos machados, mas esta passagem está guardada pelo meu peito, e não passareis, senão por cima do cadáver de uma mulher!".

Enquanto as outras feiras deixaram o convento pela porta dos fundos, Joana Angélica foi covardemente assassinada a golpes de baioneta pelos soldados portugueses. Sem piedade, eles ainda pisotearam seu corpo. O templo estava tomado.

A morte da religiosa, no dia 20 de fevereiro de 1822, impactou as sociedades baiana e brasileira em geral. Quais seriam os limites de uma guerra?

O sacrifício da freira simbolizou a resistência contra a tirania do governo português e inspirou outros a se unirem à causa independentista. Ao saber do fato, Pedro de Alcântara, que viria a se tornar dom Pedro I, mandou celebrar uma missa fúnebre em homenagem à freira, além de intimar a deposição do general português Inácio Luís Madeira de Melo, comandante das Armas da província baiana e responsável por liderar aqueles que estavam contra os brasileiros. O imperador ainda conclamou que os baianos reagissem à violência dos portugueses e lutassem contra a tirania.

A memória de Joana Angélica é recordada anualmente nos desfiles de 2 de julho. Na parede do convento da Lapa, em Salvador, há uma placa que relembra seu feito corajoso. Além disso, ela está enterrada na sepultura de número 9 da igreja da Lapa, localizada no interior do convento.

LUIZ GAMA, O ADVOGADO AUTODIDATA QUE LIBERTOU CENTENAS DE ESCRAVIZADOS

Do portão principal do cemitério da Consolação, em São Paulo, chega-se em cinco minutos a pé ao túmulo do poeta e advogado Luiz Gama. Conhecido pelos funcionários, o jazigo não é dos mais famosos, porém é procurado com certa frequência. Na lápide, chama imediatamente a atenção a inscrição: "Tributo Fraternal da Loja América" logo abaixo de um clássico símbolo maçom — o esquadro e o compasso. Para a maçonaria, eles representam a retidão e a justiça. Luiz Gama entrou para essa casa maçom quando já tinha mais de quarenta anos e era um cidadão bastante conhecido pela sua luta a favor da abolição.

Nascido em um sobrado na rua do Bângala, em Salvador, em 21 de julho de 1830, Luiz Gama teve uma infância extremamente conturbada. Filho da africana livre Luiza Mahin, que precisou fugir para o Rio de Janeiro após ser acusada diversas vezes por estar envolvida em insurreições de escravizados, e um rico fazendeiro, que nunca teve o nome claramente revelado,

Gama foi vendido pelo próprio pai aos dez anos. O motivo teria sido dívidas em jogos. Mesmo sendo livre, acabou nos porões lotados de ratazanas de um navio de contrabando de gente. O destino era o Rio de Janeiro.

O garoto ficou pouco tempo na então capital do Império. No Sudeste, os escravizados baianos eram tratados como "protestantes" — não, isso nada tem a ver com religião. Os escravizados protestantes eram aqueles considerados mais complicados, mais revoltosos, o que dificultava sua venda. Por não terem conseguido negociá-lo no Rio, Luiz Gama foi levado para o interior paulista e, em 1840, já estava na cidade de São Paulo. Na capital, foi um escravizado de ganho, ou seja, era obrigado por seu senhor a passar os dias trabalhando nas ruas como sapateiro, carregador e barbeiro, entre outros ofícios, e, quando escurecia, lhe entregar a maior parte do dinheiro obtido.

Aos dezessete anos, com a ajuda de um estudante de direito chamado Antônio Rodrigues do Prado Júnior, que passou um tempo na casa do senhor de Luiz Gama, aprendeu a ler e escrever. Esses conhecimentos lhe dariam uma impressionante: a possibilidade de lutar por sua liberdade.

Ao completar dezoito anos, o então escravizado e letrado Luiz Gama foi atrás da sua soltura. Não há um consenso histórico de como a conseguiu, nem mesmo documentos que comprovem sua alforria, mas o fato é que, em 1848, ele foi liberto. Em pouco tempo, o jovem, que era admirado pela inteligência, serviu as Forças Públicas, onde ficou por seis anos. Aos 26 anos, já era escrivão de polícia, interagindo com as mais diferentes pessoas e poderes da cidade de São Paulo. Os quinze anos em que atuou nessa função foram acompanhados de estudos na Faculdade de Direito do Largo de São Francisco como aluno ouvinte. Passava horas na biblioteca da instituição devorando os livros que embasavam as leis imperiais. Isso seria fundamental para o grande passo do homem que, em 1859, lançou a obra de poesias *Primeiras trovas burlescas de Getulino*, em que expõe os preconceitos e as feridas causadas pela sociedade branca da época.

Sem medo de enfrentar poderosos, Luiz Gama pediu uma autorização judicial para se tonar um "rábula", isto é, um advogado que pode defender causas apesar de não ter um diploma em direito. Para desespero de muitos escravocratas, o título lhe foi concedido. Assim, Gama passou a publicar anúncios nos jornais oferecendo seus serviços gratuitamente para aqueles que eram vítimas do mesmo regime cruel que tanto o fazia sofrer.

Imerso nas leis, em especial a Eusébio de Queirós, de 1850, que proibia o tráfico de escravizados, e a do Ventre Livre, de 28 de setembro 1871, que, de forma geral, determinava que os filhos de mulheres escravizadas nascidos no Brasil a partir daquela data seriam livres, lutou pela libertação de centenas de cativos. Só da família do fazendeiro escravocrata Manoel Joaquim Ferreira Neto, da cidade de Santos, conseguiu a soltura de mais de duzentas pessoas. Com o pouco dinheiro que ganhava defendendo outras causas, Gama comprava alforrias.

A quantidade de brigas judiciais em que se envolvia gerou ameaças, inclusive de morte. No jornal *Radical Paulistano*, fundando por ele, Gama expôs as mais diversas situações de combate pela liberdade. Na Loja América da maçonaria, porém, encontrou companheiros que comungavam das mesmas ideias. O advogado, diplomata e político Joaquim Nabuco era um dos que faziam parte das altas castas desse grupo. O próprio Gama, por sua vez, chegou ao cargo de Venerável Mestre, o mais alto dentro da instituição.

Em 1875, foi obrigado a diminuir o ritmo de trabalho. Sentia muito cansaço, em especial devido às muitas viagens que fazia, nas condições nada confortáveis da época. Ele sofria de uma diabetes debilitante, que aos poucos o impossibilitou de fazer exercícios simples, como subir escada ou fazer qualquer caminhada mais longa. Em 1882, aos 52 anos, faleceu. O enterro, realizado no cemitério da Consolação, atraiu milhares de pessoas que queriam se despedir do grande libertador dos escravizados.

NAVIO NEGREIRO

No século XVIII, um navio que saía de Angola demorava cerca de quarenta dias para chegar à baía de Todos os Santos. Lá, encontrava-se um dos maiores portos de escravizados africanos do Novo Mundo. E, mesmo após a proibição do comércio de pessoas no Brasil, os traficantes baianos se orgulhavam de seus navios negreiros, que possuíam um intrincado sistema de velas que permitia que tripulações experientes burlassem a fiscalização, sobretudo a dos galeões da Marinha Real Britânica.

Os escravizados eram considerados mercadoria. Os navios foram evoluindo com o tempo, mas essas melhorias jamais foram aplicadas aos negros que transportavam. Nem todos os navios, no entanto, eram iguais. A qualidade da embarcação dependia da quantidade de escravizados transportados, dos pontos de partida e de destino, e, entre tantas outras variáveis, da disposição financeira do investidor que bancava a viagem.

De maneira geral, os escravizados iam nos porões, no mesmo lugar onde eram transportados os mantimentos. Não dava para ficar de pé. As condições de higiene eram péssimas, o que aumentava a propagação de doenças. Caso algum escravizado ficasse doente ou causasse tumulto, a chance de ser jogado ao mar era grande. O lugar tinha um odor terrível. Gritos eram ouvidos dia e noite. As agressões físicas aconteciam diariamente. De tantas mortes que ocorriam lá dentro, o navio negreiro era chamado de navio tumbeiro — de tumba. Os que chegavam a Salvador mortos eram jogados em valas. E os que chegavam vivos passavam por uma espécie de regime de engorda para aumentar seu valor de venda caso estivessem muitos magros. Ou, caso se apresentassem em uma forma considerada minimamente aceitável, já eram negociados mal colocavam os pés nas areias de Salvador.

A Igreja do Bonfim e o escravocrata

Cartão-postal de Salvador, a Igreja do Bonfim é um símbolo importante para católicos, candomblecistas e umbandistas. A lavagem da escadaria do Bonfim, em janeiro, atrai milhares de fiéis em um cortejo que atravessa diferentes cantinhos da capital baiana. Amarrar as fitinhas no gradil que cerca o templo é um ritual irresistível. E tirar um montão de fotos de tudo o que acontece ali é ainda mais.

Após passar um perrengue por causa de uma tempestade em uma travessia no Atlântico, o traficante de pessoas escravizadas Teodósio Rodrigues de Farias prometeu trazer uma imagem do Senhor do Bonfim caso sobrevivesse.

E foi o que aconteceu. Há vertentes históricas que defendem que ele entregou a imagem para a igreja, contribuindo também para a ornamentação dessa preciosidade religiosa. Assim, não é de se admirar que os afrescos do teto do templo mostrem os desafios de um homem que tentava sobreviver a uma tempestade em alto-mar.

QUEM FOI O LACERDA DO ELEVADOR LACERDA?

O Elevador Lacerda também nos leva ao tráfico de pessoas escravizadas. Antônio Francisco de Lacerda ganhou muito dinheiro traficando negros. Mesmo depois de esse "comércio" tenebroso ser proibido, o Lacerda seguiu com a atividade como se nada houvesse acontecido. Chegou a ter um navio negreiro chamado *Sociedade Feliz*.

Além de um banco, uma estrada de ferro e uma empresa de transportes urbanos, Lacerda também era proprietário de uma loja cujo principal "produto" eram pessoas escravizadas. Em 1873, em parceria com o filho, investiu na construção do Elevador Hydraulico da Conceição da Praia, um grande feito que facilitava o trajeto íngreme entre a Cidade Baixa e a Cidade Alta, percorrido até então a duras penas. O nome que pegou, porém, em homenagem aos seus nada honrados construtores, foi Elevador Lacerda, que se tornou oficial em 1896.

OS LIVROS QUEIMADOS DE JORGE AMADO

Quem estava na Cidade Alta, debruçado na mureta que possibilita uma visão privilegiada da baía de Todos os Santos, assistiu de camarote a uma fumaça negra tomar conta do azul do céu baiano em novembro de 1937. O fogaréu foi alimentado por quase 2 mil livros propositalmente queimados pela ditadura de Getúlio Vargas a poucos passos do hoje turístico Mercado Modelo. Aquela era a luta do político gaúcho e sua trupe contra as obras que acreditavam acentuar ideias comunistas.

Filiado ao Partido Comunista do Brasil, o baiano Jorge Amado foi um dos mais perseguidos. O sucesso *Capitães da areia*, publicado naquele mesmo ano, encabeçou a lista de títulos que encontraram as labaredas da censura. Ao retratar a realidade do protagonista Pedro Bala e outros jovens em situação de rua em Salvador, Amado escreveu um dos livros brasileiros mais vendidos em todo o mundo.

Na Fundação Casa de Jorge Amado, no Pelourinho, o visitante encontra diferentes edições da obra, além de conhecer a trajetória do escritor, que se formou em direito no Rio de Janeiro e, por causa de perseguição política, teve que morar em Praga, capital da República Tcheca, e Paris, na França. Além de *Capitães da areia*, Amado lançou inúmeros outros sucessos, como *Tieta do agreste*, *Gabriela, cravo e canela* e *Tenda dos milagres*. O fardão que ele usou na posse na Academia de Letras está em exposição na instituição baiana.

Andando mais alguns passos, é possível encontrar um templo sagrado que foi testemunha de um caso extraconjugal famoso na obra de Jorge Amado. A igreja de São Francisco, preciosidade da arquitetura barroca na Bahia, era muito frequentada por Dona Flor, de *Dona Flor e seus dois maridos*. Na ficção, ela gastava um bom tempo fazendo promessas na igreja que é chamada por muitos de Igreja de Ouro — há vertentes históricas que defendem que mais de quinhentos quilos do precioso metal foram usados para enfeitar o templo. O imperador dom Pedro II ficou tão impressionado com o que viu que só faltou pedir a igreja de presente.

No começo de fevereiro de 2025, o riquíssimo teto da igreja desabou, ferindo cinco pessoas e matando uma turista. O episódio abriu as cortinas para o péssimo estado de conservação de inúmeras igrejas espalhadas pelo país.

Por falar na Cidade Alta:
O bispo que foi devorado por indígenas

Escondida por barraquinhas, na praça da Sé, está a estátua do dom Pedro (alguns escrevem "Pero") Fernandes Sardinha, o primeiro bispo do Brasil. O bispo Sardinha, como ficou conhecido, em 1555, já estava em pé de guerra com o então governador-geral do Brasil, Duarte Costa. Um perseguia o outro, e eram inimigos ferrenhos. O bispo Sardinha, até mesmo, apontou problemas na conduta do filho do governador, como violência contra indígenas e corrupção. O religioso também brigava com seus colegas de batina. Achava que a turma era fraca nas punições e na catequização e denunciava os deslizes amorosos de alguns padres.

Em 1556, cansado de receber reclamações de tudo que é canto, o rei de Portugal chamou Sardinha para dar explicações sobre o salseiro que estava criando. Só que o navio que levava Sardinha para a metrópole não saiu nem mesmo do Brasil, afundando em Alagoas. Resultado: a tripulação foi sequestrada e devorada pelos indígenas caetés.

Para muitos, a forma como o bispo Sardinha morreu foi uma espécie de castigo divino. O canibalismo foi praticado muitas outras vezes no país, por diversas tribos. Algumas delas acreditavam que, por meio da antropofagia, era possível herdar as virtudes do inimigo morto em combate. Devido a esse fato, o governador Mem de Sá determinou uma grande caçada aos caetés, que foram exterminados após cinco anos de muita luta.

Outro devorado

A região do Farol da Barra, um dos pontos turísticos mais famosos de Salvador, é um lugar marcado pela violência. Francisco Pereira Coutinho era o donatário da capitania da Baía de Todos os Santos em 1536. Fundou ali a Vila Velha, conhecida por alguns como Vila do Pereira. A região, porém, era habitada por indígenas, de forma que não era incomum que o pessoal de Pereira entrasse em conflito com os moradores originais. Esse pessoal não estava nem aí para a lei do retorno e pesava a mão nas atrocidades.

Em 1545, porém, Pereira recebeu uma resposta à altura. A vila foi incendiada pelos indígenas e ele foi obrigado a fugir para Porto Seguro, caso contrário seria morto. Ele deu no pé, mas não sem antes prometer voltar. E foi exatamente o que ele tentou fazer tempos depois, mas a embarcação que o transportava naufragou antes de alcançar a terra firme. E acabou sendo também capturado pelos indígenas e devorado. Fim do Francisco.

Ceará

BODE IOIÔ: O VEREADOR DO POVO

No CARNAVAL DE 2019, a escola de samba carioca Paraíso do Tuiuti surpreendeu o Sambódromo com um enredo pra lá de crítico politicamente, exaltando um bode cearense que tinha sido eleito vereador. No começo do desfile, o público observava retirantes e o protagonista da noite fugindo da seca no sertão do Ceará em direção a Fortaleza. Quando chegou à capital do estado, em meados da década de 1910, o animal foi vendido (alguns defendem que foi abandonado) por seu dono. O fato é que o bichinho, de tanto perambular todos os dias no trajeto entre a praça do Ferreira e a praia de Iracema, recebeu o apelido de Ioiô, o brinquedo infantil que ganhou fama por ir e vir.

No centro de Fortaleza, Ioiô acabou se tornando uma sensação. Boêmio, gostava de se entrosar com os bebuns da cidade. Era visto bebendo cachaça. Tal condição fez com que ele fosse retratado como "o mais célebre boêmio da cidade", bem como "o mais vagabundo de Fortaleza". Sem ligar para ofensas ou elogios, Ioiô ainda divertia a moçada ameaçando chifrar pessoas, brincando com crianças e não respeitando nem mesmo as liturgias políticas. Certa vez, o bode teria comido a faixa de inauguração de um cinema, furtando as autoridades, que corriqueiramente buscam formas de aparecer para a população.

As histórias sobre Ioiô são inúmeras. E muitas fantasiosas, como ele andar de bonde livremente e até participar de espetáculos no Theatro José de Alencar, o principal do estado e um dos mais famosos do país. Com toda essa aura que o envolvia, não é à toa que, na década de 1920, o bode seria aclamado pelo povo que tanto o amava.

Nas eleições de 1922, uma multidão foi às urnas com um único desejo: eleger Ioiô vereador. O voto em cédula possibilitava o protesto. Não há registros oficiais, mas há um consenso de que o bode recebeu a quantidade de votos suficiente para se sentar na cadeira tão almejada. Por motivos evidentes, não assumiu, mas inspirou movimentos em diferentes cantos do Brasil. Em São Paulo e no Rio de Janeiro, por exemplo, o rinoceronte Cacareco e o macaco Tião se tornariam símbolos da contestação política em 1959 e 1988, respectivamente. Tião, em especial, receberia cerca de 400 mil votos para o cargo de prefeito, ficando à frente de políticos tradicionais, como Roberto Jefferson.

Logo após sua morte, em 1931, Ioiô foi empalhado e hoje é a estrela do Museu do Ceará. Em 1996, cortaram o rabo do bichinho. O fato gerou comoção. Isso, porém, não apareceu no desfile da Tuiuti, que amargou um oitavo lugar na classificação final. Quem vai à praça do Ferreiro, na região central de Fortaleza, pode dar a sorte de encontrar homens fantasiados de Ioiô perambulando de um lado para o outro em homenagem ao lendário burrinho. Só não sabemos se dividem cachaça ou não.

Cococi: a cidade-fantasma

A cena impressiona. Todo dia 8 de dezembro, Cococi, distrito do município de Parambu, no interior do Ceará, recebe centenas de fiéis de Nossa Senhora da Conceição. Enquanto uma multidão, vinda de diferentes cantos do Ceará, sai em romaria pelas ruas de Cococi, ao fundo são vistas ruínas do que um dia foram açougues, restaurantes, departamentos de estado, palacetes, farmácias e afins. Cococi parece só ser lembrada nesse período do ano. Depois, volta ao normal, onde apenas duas famílias têm residência fixa. Há uma escola, que recebe estudantes de distritos da cercania, mas onde sempre faltam professores, e uma igreja, erguida no século XVIII para ser a Matriz de Nossa Senhora da Conceição de Cococi. A imagem do altar veio de Portugal, contava com diversos colares, coroas e pulseiras de ouro. O dia 8 de dezembro dá a sensação de voltarmos no tempo, quando aquele espacinho do nosso país não era uma cidade-fantasma.

A fundação de Cococi remete ainda ao período colonial. O poderoso João Alves Feitosa, vindo da Europa no século XVIII, fez residência na localidade. Não demorou para que distribuísse sesmarias e alcançasse prestígio no universo político da região. Fez de Cococi uma propriedade privada. A vila cresceu ao redor da igrejinha e nas terras dos Feitosa. Para entrar e sair, era preciso passar pela porteira administrada pela família. Em 1957, tornou-se um município, com todas as burocracias existentes. O primeiro prefeito da cidade foi Lourenço Alves... Feitosa. Quer chutar os sobrenomes dos secretários mais importantes? Nem precisa. Quem não era Feitosa trabalhava para um. E foi dessa maneira que, por séculos, a família mandou e desmandou na cidadezinha.

Os ventos iriam mudar de rumo na década de 1970. Tudo era precário. Médico, não tinha. Os cerca de 3 mil habitantes se viravam como podiam. Até o padre já não dava expediente diário. Uma equipe de reportagem da revista *O Cruzeiro* foi ao local nesse período e constatou que a sede da prefeitura vivia fechada e o prefeito só esteve na cidade apenas 47 dias do ano. Apesar de contar com 22 professores contratados, apenas três davam aulas. Havia apenas uma sala de aula na cidade inteira, que abrigava um total de 96 alunos nos três turnos. O maior comerciante da cidade era um agregado de Lourenço Alves Feitosa. Ele tinha uma bodega que negociava peles. A reportagem aponta que, perto de seu negócio, chegaram a pintar uma placa de hotel e de restaurante, mas ninguém se hospedava ali nem fazia refeições.

Toda essa situação fez com que a Polícia Federal fosse até Cococi para averiguar se realmente havia uma cidade ali. A suspeita foi levantada por um ministro do Tribunal de Contas da União. No fim, as desconfianças foram sanadas. Cococi foi mesmo criada dentro de uma grande fazenda pertencente a uma só família para a beneficiar com renda do Fundo de Participação do Governo Federal. Em setembro de 1970, treze anos após sua criação, o município foi oficialmente extinto, tornando-se distrito de Parambu, a mais de cinquenta quilômetros dali. O final dessa história é o começo deste texto.

Albert Einstein: a teoria da relatividade foi comprovada no Ceará

Em museus de cera espalhados pelo mundo, uma das grandes atrações costuma ser o físico Albert Einstein. Figura conhecida no século xx pelas contribuições para a ciência, mas também pela luta a favor do pacificismo e por ser perseguido político do regime nazista, o judeu nascido na Alemanha em 1879 também ganhou uma horda de fãs por causa de um registro inusitado. Com os cabelos alvoroçados, Einstein mostrou propositalmente a língua para o fotógrafo, que não perdeu o clique. Conhecida em todo mundo, imediatamente a foto humanizou o cientista brilhante e o transformou em ícone pop. O Museu de Cera em Petrópolis, na região serrana do Rio de Janeiro, e o de Nova York, nos Estados Unidos, país onde ele se refugiou antes ainda da Segunda Guerra Mundial, expõem um Einstein sério e acompanhado de um dos seus maiores feitos, a teoria da relatividade. É aí que chegaremos ao Ceará.

No começo do século xx, Albert Einstein estava obcecado em comprovar, entre tantos pontos, que a "luz, que deveria seguir em linha reta, mudava de direção ao se aproximar do Sol", contrariando o que até então era defendido. Após muitos debates, processos acadêmicos e fases de estudos, a teoria da relatividade foi publicada em 1915, gerando grande comoção no universo acadêmico mundial. Faltava, porém, o elemento principal: a comprovação da tese. Desde a década de 1910, muitos lugares serviram de palco para experimentações. Para o teste, era necessário um corpo maciço como o Sol e muitas fotografias, tudo numa angulação exata, mas também era preciso um eclipse e dois pontos distintos no globo para que fosse feita a evidência.

Até chegarmos ao Ceará, foram inúmeras tentativas e fracassos. Em 1914, por exemplo, na Crimeia, território da Rússia, estava tudo pronto para uma expedição astronômica alemã para a observação de um outro eclipse. Só que a Primeira Guerra Mundial estragou os planos. A partir de 1917, astrônomos britânicos liderados pelo astrofísico e cientista Arthur Eddington começaram a preparar expedições para fotografar eclipses a fim de comprovar a teoria de Einstein. É aí que entra na história o eclipse de Sobral, cidade distante cerca de 250 quilômetros de Fortaleza. Uma das equipes foi para lá, capitaneada pelo diretor do Observatório Nacional do Rio de Janeiro, Henrique Morize, astrônomo francês naturalizado brasileiro.

O dia 29 de maio de 1919 iniciou nublado em Sobral. No entanto, no momento do eclipse, às 8h56 da manhã, o céu abriu algumas fendas entre as nuvens, e desse modo foi possível a observação. Das dezenove fotos capturadas, oito foram consideradas de boa qualidade. Era o suficiente para a comprovação da teoria de Einstein. Escrevendo assim, parece que foi tudo fácil, mas lógico que não. A população, desconfiada com toda aquela movimentação, chegou a se esconder na igreja da cidade. Muitos fizeram vigília para que os cientistas não trouxessem mau agouro. O que ninguém imaginava é que a pequena cidade, símbolo atual de bons índices educacionais no Brasil, entraria para os livros por contribuir em dos eventos científicos mais importantes de todos os tempos. Se não fosse Sobral, quem poderia afirmar que Einstein estaria nos museus de cera, posando como estrela internacional?

O Ceará disse não à escravidão muito antes da Lei Áurea

A praça Castro Carreira, em Fortaleza, estava abarrotada no dia 25 de março de 1884. Eram inúmeras pessoas ávidas pelo discurso do presidente da província do Ceará, Sátiro de Oliveira Dias. Na multidão, havia escravizados libertos e fugitivos, abolicionistas, trabalhadores do porto, cearenses, pessoas de outros cantos do país, velhos, jovens, mulheres e homens. Todos foram brindados por fogos de artifícios e tiros de canhão. A data deveria realmente ser festejada. Dias anunciava que a província do Ceará não tinha mais escravizados — era estimado que havia ainda cerca 30 mil cativos ali. Lágrimas desceram pelas faces, da mesma maneira que abraços e gritos foram dados. A luta de anos e anos pela abolição valeu a pena e inspiraria novos e mais rápidos ventos ao resto do país.

A partir do fim da década de 1870, começam a se multiplicar movimentos abolicionistas por todo o país. No Ceará, óbvio, não seria diferente. Em dezembro de 1880, a Sociedade Cearense Libertadora já organizava protestos, angariava dinheiro para a compra de alforrias, se organizava para pressionar juridicamente os escravocratas e, pela ação de alguns sócios, participava do sequestro de escravizados — e esse era apenas um desses grupos. Jornais foram criados para cobranças públicas e exposição de ideias abolicionistas. Mulheres também participaram ativamente desse processo, com atenção à liderança de Maria Thomázia, que contribuiu para a criação da Sociedade Cearense Libertadora. Em paralelo a isso, revoltas de escravizados, fugas, criações de quilombos e o surgimento de lideranças negras contribuíam para colocar ainda mais uma faca na garganta da escravidão. Pouco a pouco, a população aderiu a esse caminho de liberdade, o que geraria um turbilhão sem volta, com direito a greves e enfrentamentos armados.

Ex-escravizado, José Luis Napoleão comprou a própria alforria e a das irmãs. Em 1881, ele estava no lugar certo e na hora exata. Com imensa popularidade e astúcia, ajudou no convencimento de diversos trabalhadores do porto a aderirem à proposta de greve vinda do movimento abolicionista. Era uma pausa que atingiria em cheio a engenharia da escravidão. Ao que o Brasil assistiria no começo do ano de 1881 era inovador. No dia 27 de janeiro, os jangadeiros, homens livres, recusaram-se a transportar escravizados para os vapores. Os escravocratas necessitavam dessa locomoção, afinal os barcos grandes não chegavam à areia e, naquele instante, pelas proibições de tráfico internacional, os cativos no nosso país tinham um valor de venda imenso. No dia 31 do mesmo mês, houve outro embate. Milhares de pessoas foram apoiar a causa dos jangadeiros e deliraram quando saíram vitoriosos.

Os bares, restaurantes, cafés e teatros fervilhavam com as acaloradas discussões. Fortaleza vivia os primeiros passos da *Belle Époque*, inspirando-se nas características físicas e sociais de Paris. Como havia acontecido no Amazonas, no Pará e na então capital brasileira, o Rio de Janeiro, a elite cearense queria deixar para trás a imagem rudimentar para abrir as janelas para o que acreditava ser o novo mundo — e a escravidão não combinava com nada disso. O problema é que era preciso enfrentar uma turba de cidadãos que ainda ganhavam muito dinheiro com o tráfico e a mão de obra forçada. Em agosto de 1881, o porto de Fortaleza seria mais uma vez palco de conflitos e, desta vez, os escravocratas fizeram a promessa: "Os escravos embarcam ou haverá sangue".

Na tentativa de embarcar suas "propriedades", negociantes foram acompanhados de capangas e militares armados do 15º batalhão. Como jamais visto, 6 mil pessoas apareceram para enfrentar esse aparato. Berros e xingamentos tomaram conta do ambiente — de ambos os lados. No empurra-empurra, o militar Camerino, que queria ir para Belém levando duas mulheres escravizadas, viu sua charrete ser cercada e as cativas, sequestradas. Um acinte. A resposta veio do governo, que afastou os militares que fizeram corpo mole, assim como outros funcionários públicos, como o prático Francisco José do Nascimento.

Nascido em Canoa Quebrada, no município de Aracati, pertinho de Fortaleza, Francisco José do Nascimento, filho da rendeira viúva Matilde, desde jovem era chamado de Chico da Matilde. Em 1881, Francisco — ou Chico —, além de trabalhar como prático, também era dono de jangadas. Abolicionista, contribuiu para os levantes — em um primeiro momento, por trás dos panos, e, em segundo, tendo protagonismo. Quando o movimento abolicionista indicou José Napoleão para ser a liderança no porto, o ex-escravizado declinou do cargo e indicou o amigo mais novo, Chico da Matilde. Não demorou para que ele se tornasse o símbolo da abolição no Ceará, que foi ganhando capítulos bairro por bairro, cidade por cidade. A hoje cidade de Redenção, distante 55 quilômetros da capital, foi a primeira a libertar os cativos, em 1º de janeiro de 1883. Fortaleza repetiria o ato em maio daquele mesmo ano. O Ceará estaria liberto em 1884, com aquela festa que já conhecemos — embora haja vertentes históricas que discordem, apontando que não houve a completa libertação de todos os escravizados.

Na esteira das comemorações e dos debates que geraram o fim da escravidão no Ceará, Chico da Matilde viajou ao Rio de Janeiro em 1884. Foi recebido com pétalas de rosas na rua do Ouvidor, a mais imponente do fim do século XIX e começo do XX, encontrou o imperador dom Pedro II e foi capa da prestigiada *Revista Ilustrada*. Ao Museu Nacional, doou a jangada *Liberdade*, que tempos mais tarde desapareceu. A presença de Dragão do Mar, apelido que recebeu do romancista Aluísio Azevedo, incendiaria ainda mais os movimentos abolicionistas da capital do Império e contribuiria para a assinatura da Lei Áurea em 13 de maio de 1888. Francisco José do Nascimento morreu em 1914 e está enterrado em um túmulo simples no cemitério São João Batista, na capital cearense.

Distrito Federal

ROCKONHA FEZ TODO MUNDO DANÇAR

NA MÚSICA "FAROESTE CABOCLO", o compositor e cantor da banda Legião Urbana, Renato Russo, escreveu: "Jeremias, maconheiro sem-vergonha, organizou a Rockonha e fez todo mundo dançar". A extensa letra conquistou gerações e, até hoje, é uma das mais famosas do grupo que nasceu em Brasília na efervescente e roqueira década de 1980. O que poucas pessoas sabem é que, ao contrário de Jeremias, a festa que fez todo mundo dançar, em múltiplos sentidos, de fato aconteceu. Para bons entendedores, o final era o mais esperado possível.

Em uma época em que a tecnologia de comunicação mais avançada era o telefone, um boca a boca tomou conta da capital do país. Em 30 de agosto de 1980, haveria mais uma edição da "Rockonha", um festival de música que envolvia os dois elementos salientados nesse neologismo: rock e maconha. Eram anos de experimentações e de muito *rock and roll*.

Alguns privilegiados ainda receberam o convite físico, que, digamos, era um tanto quanto peculiar: impresso em seda, que é um tipo de papel fino e leve usado para enrolar fumos, trazia os dizeres: "Para matar as saudades, os delírios e os fisuros [sic], a Rockonha vem convidar você para mais um Som Viajante baseado no bosque, a partir de 21:00 horas de 30/08/80 […]. Contamos mais uma vez com sua presença. Atenciosamente, Rockonha". Um mapa no verso ajudava a encontrar o caminho.

Na chácara do pai do então estudante Paulo Cézar Alencar de Almeida, em Sobradinho, região metropolitana de Brasília, um grupo de jovens reuniu caixas de som e microfones, juntou umas bebidas e organizou a tal da Rockonha. A noite de lua cheia não foi escolhida ao acaso. A ideia era que o clarão da lua deixasse o evento ainda mais imperdível.

Em um Distrito Federal sob forte observação da Ditadura Militar, a festa reuniu centenas de pessoas que queriam fugir da repressão. O problema é que quem também se interessou por essa experiência única foi a polícia, que ficou sabendo do inusitado encontro. O jornal *Correio Braziliense*, do dia 2 de setembro, noticiou: "A polícia invadiu o bosque da chácara onde estava acontecendo a festa clandestina e levou 400 participantes para a delegacia em diversos ônibus. Muitos conseguiram fugir através de um pântano nos fundos da propriedade. A cadeia ficou superlotada e havia muitos menores". A polícia encontrou uma pequena quantidade de drogas.

Se a festa por si só já foi um escândalo entre a sociedade mais conservadora, imagine quando descobriram quem eram os muitos menores — e não tão menores assim — que estavam curtindo o barato. Havia de filhos de altos funcionários da Presidência, da Vice-presidência, do Ministério da Fazenda e do Senado Federal a pimpolhos de figurões de embaixadas. Muitos, mas nem todos, foram fichados pelo SNI, o Serviço Nacional de Informação, e impedidos de assumir qualquer cargo público no governo federal. Não há informações se houve alguma outra Rockonha, mesmo com o sucesso de "Faroeste caboclo".

Brasília, o automóvel que homenageou nossa capital

Não havia um único jornalista que não quisesse dar um furo no começo da década de 1970: como seria a Brasília, automóvel criado pela Volkswagen e que trazia no nome uma homenagem à capital do país? Muitos tentaram registros exclusivos, mas quem conseguiu foi o repórter Nehemias Vassão e o fotógrafo Cláudio Larangeira. E não pense que foi fácil. Após os cliques, os dois foram perseguidos por seguranças da montadora e tiveram suas máquinas fotográficas quebradas. Entretanto, contando com a proteção dos santos do jornalismo, conseguiram salvar algumas fotos. E elas foram publicadas na página 44 da revista *Quatro Rodas*, na edição de maio de 1973. Pronto: estava desfeito o mistério.

Desenhada por um ícone do design automobilístico brasileiro, o mineiro Márcio Piancastelli, que também assinou o Gol "bolinha" e o Santana, entre outros, a Brasília já nascia inovadora. Era um dos primeiros automóveis desenhados e projetados em terras nacionais — o que gerava naturalmente ainda mais interesse popular. A revista vendeu horrores e, quando o veículo foi para as lojas, havia filas para conhecer os traços modernos, o motor e até o espaço interno, uma demanda de muitos motoristas.

Estima-se que, nos nove anos em que esteve em produção, tenha vendido cerca de 1 milhão de unidades, além de quase 200 mil no exterior. O carro foi exportado para o México, a Nigéria, Portugal, Filipinas e diversos outros países da América Latina. Para ajudar na produção, a Volkswagen México também produziu a Brasília de 1974 a 1982. Isso explica a preferência do Seu Barriga, do seriado mexicano *Chaves*, pelo carro, que foi também um enorme sucesso na terra de Roberto Bolaños.

Apesar de toda a euforia, o carro apresentava problemas corriqueiramente criticados pelos proprietários. Uma das principais reclamações era o fato de a caixa do motor ficar dentro do carro, dividindo o mesmo espaço com os passageiros. Isso fazia com que o barulho interno fosse muito alto e incômodo em viagens longas. Piancastelli chegou a desenhar um modelo que corrigia essa questão, a Brasília II, mas ela nunca saiu do papel, já que a Volkswagen tinha outros planos.

Em 1982, com a explosão de vendas do Gol, a Brasília saiu de linha, porém jamais foi esquecida. Mais de uma década depois, o grupo Mamonas Assassinas colocou novamente a Brasília na boca do povo. O clipe da música "Pelados em Santos" exibia um lindo exemplar amarelo, que, com a morte dos integrantes da banda em um trágico acidente em 1996, pararia em um programa de auditório do sbt, seria sorteado e acabaria esquecido no pátio do Detran do Rio de Janeiro por uma década, até ser recuperado pela família do vocalista Dinho. Ainda bem.

VAMPETA E AS CAMBALHOTAS NA RAMPA DO PLANALTO

A tv Globo transmitia ao vivo a entrega da medalha de Ordem Nacional do Mérito para os jogadores campeões da Copa do Mundo de 2002. Pacientemente, Fernando Henrique Cardoso, então presidente da República, condecorava cada um dos atletas. Até o criativo volante Vampeta, o rito era o mesmo: fixar uma lapela com a comenda na camiseta do jogador, dar um abraço, eventualmente posar para uma foto e ir para o próximo.

Nascido em Nazaré das Farinhas, interior da Bahia, e tendo um apelido que mescla "vampiro" com "capeta", Marcos André Batista dos Santos resolveu entrar para a história como o primeiro cidadão a dar cambalhotas em plena rampa do Palácio do Planalto, sede administrativa do país. Era uma homenagem a um cidadão muito especial.

Quando Vampeta se dirigiu para receber a medalha, estava visivelmente agitado. Vestindo a camisa do Corinthians, time que defendia, mal olhava para o presidente, que se esforçava para realizar todo o ritual no menor tempo possível. Pela televisão, não era possível entender o que ele falava, mas não parava um segundo de apontar para os companheiros de Seleção e rir. Com o trabalho de fhc finalizado, Vampeta então deu uma sequência de cambalhotas tortas na rampa. Sem entender nada, o presidente da República deu um sorriso amarelo.

Em 2018, em um post em uma rede social, Fernando Henrique escreveu: "De repente, eu vejo um louco correndo, rodando na rampa. Eu pensei que ele iria morrer". A maioria dos jogadores aparentemente se divertiu com o fato, até porque todos sabiam que a longa viagem da Ásia, onde foi realizada a Copa do Mundo, ao Brasil foi de muita festa.

Apesar de sua atuação importante nas eliminatórias, Vampeta amargou o banco de reservas durante boa parte da Copa. Só entrou em campo uma única vez, substituindo o meio-campista ofensivo Juninho Paulista na dura partida contra a Turquia, pela fase de grupos. Vencemos por 2 a 1 e ninguém parou mais a Seleção, que foi para a Ásia desacreditada pelos críticos e traumatizada pelo resultado na França, no torneio anterior.

Era de se esperar que a festança fosse sem limites — e foi. Do gesto de levantar a taça ao encontro em Brasília, a farra não parou. Quem tentou

64 *Thiago Gomide*

dormir no voo que saiu do Japão, uma das sedes da Copa, ao Brasil não conseguiu. Foi um festival de pagode, funk, piadas, e as mais diferentes bebidas alcoólicas circulavam. O resultado disso foi visto e ouvido na capital do país ao vivo e em todo o mundo através dos mais diferentes veículos de comunicação.

Procurado sistematicamente para explicar o motivo do pitoresco ato, Vampeta sempre defendeu que era uma homenagem a Nilson Locatelli, chamado carinhosamente de "Louco", funcionário da Confederação Brasileira de Futebol que acompanhava a Seleção e que cumprimentava os jogadores dando cambalhotas. Na ocasião, não se sabe o motivo, mas o Louco ficou quietinho.

Igrejinha de JK: a força de uma promessa

O presidente Juscelino Kubitschek já não sabia mais como proceder. No campo da medicina, tinha feito de tudo para salvar a vida da filha, Márcia Kubitschek. A menina estava adoentada em meados da década de 1950 e não se sabia muito sobre o mal que lhe acometia e muito menos como salvá-la. Buscando saída na fé, o casal Juscelino e Sarah foi a Congonhas, em Minas Gerais, encontrar o médium Zé Arigó, que incorporava o espírito do doutor Adolpho Fritz, médico nascido na Alemanha e falecido no começo do século xx e que tinha fama de conseguir curas impossíveis. Ao mesmo tempo, eles escutaram a indicação da primeira-dama de Portugal, Berta Craveiro Lopes, para que orassem pela intercessão de Nossa Senhora de Fátima. E uma promessa foi feita: a primeira igreja de Brasília seria em devoção à santa.

Com a cura da filha, que ainda seria vice-governadora do Distrito Federal e só faleceria em 2000, a igreja começou a ser desenhada. A ideia inicial era fazer um grande santuário, em um espaço gigantesco, tomando até mesmo a parte residencial da região, mas o projeto não foi adiante. Por conta do prazo apertado, a planta teve que ser toda refeita. Dos oitocentos lugares originais, o novo templo passou a ter capacidade para apenas trinta pessoas. Toda a obra foi concluída em apenas cem dias.

Isso, porém, não impediu que a construção tivesse os traços característicos do arquiteto Oscar Niemeyer e diversas obras de arte, como azulejos assinados por Athos Bulcão e afrescos de Alfredo Volpi. Estes últimos, infelizmente, não duraram muito. Os afrescos receberam camadas de tinta azul no início da década de 1960 e muitas outras ao longo dos anos — os motivos não são bem explicados até hoje.

Inaugurada em 28 de junho de 1958, a Igrejinha logo chamou a atenção pelo formato, que parecia um chapéu de freira. O primeiro religioso a conduzir o templo foi o frei Demétrio, do qual os fiéis mais antigos se lembram com carinho. Eles contam que, certa vez, ainda com Brasília em obras, o frei estava realizando uma missa e, ao entregar a hóstia para um candango, nome dado ao peão de obras na cidade, a pequena rodela de pão ázimo caiu no chão. E ali ficou. No outro dia, a hóstia estava do mesmo jeito. As formigas caminhavam ao redor, mas não encostaram no objeto sagrado. O frei ficou conhecido como "Candango de Fátima".

Bangue-bangue no Senado

O ano político de 1963 estava prestes a acabar. Era dia 4 de dezembro, uma quarta-feira. No Senado Federal, em Brasília, o clima estava pesado com discussões frequentes entre Arnon de Melo, pai do ex-presidente Fernando Collor, e Silvestre Péricles. Ambos pertenciam a famílias influentes de Alagoas, e o histórico era de provocações, ameaças e uma imensa rivalidade. Cada um buscava medir, nem que fosse na bala, quem mandava mais no seu estado. O nível de provocação chegou a tal ponto que os dois foram para o Senado armados naquele dia. Silvestre Péricles havia ameaçado Arnon de morte. O desfecho só poderia ser uma tragédia.

Após disputarem direta ou indiretamente diferentes eleições em Alagoas, Arnon de Melo e Silvestre Péricles estavam juntos no Senado representando o estado. Se no vento quente do Nordeste o bicho já pegava, imagine em Brasília. Era faísca para tudo que é canto. Por diversas vezes, um clima acirrado deixava no ar aquela sensação de que a qualquer momento um problema poderia ocorrer.

Naquele fatídico dia 4 de dezembro de 1963, o presidente do Senado, Auro Moura Andrade, paulista de Barretos, abriu a sessão afirmando ao microfone que a mesa faria de tudo para manter a ordem: "Se porventura alguém perturbar a ordem, será posto imediatamente sob custódia".

No entanto, Arnon e Silvestre Péricles estavam na Casa e ignoraram as palavras de Auro, ainda mais quando vazou o que Péricles teria dito a outros senadores: "Vou encher de balas a boca de Arnon de Melo assim que ele começar a falar". Às três da tarde, Arnon de Melo pediu a palavra ao presidente da Casa. Olhando diretamente para Péricles, afirmou: "Senhor presidente, permita vossa excelência que eu faça meu discurso olhando na direção do senhor senador Silvestre Péricles de Góis Monteiro, que ameaçou me matar, hoje, ao começar meu discurso".

Ao ouvir tal acusação, Péricles partiu em direção à tribuna onde estava Arnon com o dedo em riste e o chamando, aos gritos, de crápula. Antes que pudesse chegar à bancada, Arnon sacou um revólver, mirou no arquirrival e atirou. Apesar dos seus 67 anos, Péricles se jogou no chão para se proteger. Ele também andava armado e sacou sua pistola. O pânico foi geral no Senado. Enquanto alguns parlamentares corriam em busca de um local seguro, outros buscavam apartar e acalmar a situação, como foi o caso de José Kairala, senador pelo Acre. Silvestre Péricles ainda chegou a mirar em Arnon, mas não conseguiu atirar, pois foi desarmado pelo senador paraibano José Agripino.

Com a campainha do Senado soando e em meio aos gritos de desespero, o presidente da Casa pediu um basta e ordenou que os dois fossem retirados do plenário. Naquele momento, alguém gritou que havia um ferido após os disparos. Era justamente José Kairala, que estava no lugar errado e na hora errada. Suplente do senador José Guiomard dos Santos, que estava afastado por problemas de saúde e voltaria no ano seguinte, Kairala cumpria sua última sessão. Assim, como a ocasião era especial, levou a mãe, a esposa grávida do quinto herdeiro e um dos filhos, que carregava uma máquina fotográfica e prometeu registrar em detalhes o discurso do pai. Infelizmente, não teve tempo para isso. Depois de atingido no abdômen, Kairala foi levado ao Hospital Distrital, e não resistiu.

Retirados do plenário e mantidos sob custódia, Silvestre Péricles foi levado para o Ministério da Guerra, e Arnon de Melo, para o Ministério da Aeronáutica. A arma de Péricles estava com todas as balas preservadas. Alegando legítima defesa, Arnon de Melo afirmou que atirou apenas para assustar seu rival, já que, pela distância, se o quisesse matar, conseguiria fazê-lo sem maiores problemas. Ambos foram presos e julgados um tempo depois. Na decisão judicial, Péricles foi inocentado. Já Arnon de Melo foi pronunciado como responsável pela morte de José Kairala, porém o juiz o considerou "isento de pena", reconhecendo assim a legítima defesa. O senador saiu da prisão em junho de 1964 e, em julho do mesmo ano, reassumiu seu cargo no Senado.

Fiscais do Sarney: um fenômeno social e econômico que só poderia acontecer no Brasil dos anos 1980

Nos anos 1980, ir ao supermercado era uma corrida contra o tempo. Ou, melhor, contra a inflação, que alcançava patamares altíssimos. Em um dia, o feijão poderia custar um valor e, no outro, estar 20% mais caro. Em 1985, o índice acumulado da inflação foi de mais de 235%. O que restava aos trabalhadores era raspar o que tivesse na carteira e lotar os carrinhos com compras. Uma marca desse período complicado foi a máquina de remarcação de preços. Funcionários dos mercados, munidos de um tipo de pistola de etiquetas com novos valores, passavam pelas gôndolas de tempos em tempos atualizando os preços dos produtos. Alguma coisa precisava ser feita — e com urgência.

Em 1986, a reboque do Plano Cruzado, veio uma medida extrema do então presidente, José Sarney: o congelamento de preços. Na prática, os comerciantes não poderiam alterar os preços de seus produtos. Diariamente, uma lista seria publicada pelo governo e os comerciantes deveriam seguir à risca o valor estipulado para cada item. Em Brasília, repórteres tentavam entender como isso seria fiscalizado em um país com as dimensões do Brasil e em um tempo em que a comunicação era lenta. Será que o governo contrataria dezenas de milhares de funcionários? Claro que não! A solução era simples.

O presidente José Sarney convocou publicamente os brasileiros para fiscalizarem se os estabelecimentos comerciais estavam cumprindo o listão. Se não estivessem, deveriam chamar a polícia, que interditaria o estabelecimento. Em seu programa radiofônico chamado *Conversa ao pé do rádio*, Sarney afirmou: "Ser fiscal do presidente é ser cidadão, é exigir os seus direitos. Ser fiscal do presidente é acreditar na lei, na ordem, no fiel cumprimento da Constituição e dos projetos nacionais".

Confusões e mais confusões entre comerciantes e clientes se espalharam pelo país. A polícia já não dava mais conta de tantos chamados. Em Curitiba, capital do Paraná, na tarde de 1º de março, um caso foi televisionado e se tornou um grande exemplo do período. Indignado e olhando para a câmera da TV Globo, o paranaense Omar Marczynski falava alto: "Eu fecho esse supermercado pelo roubo abusivo e extorsivo que estão [sic] acontecendo com mais de trinta produtos". Empunhando dois potes de maionese, ele recebia o apoio de outros consumidores. O mercado foi fechado naquele dia, e os responsáveis, levados à delegacia. Em pouco menos de um mês, houve 300 mil denúncias de violação do congelamento de preços.

Em um primeiro momento, a inflação caiu para 5,5% e o poder de compra do brasileiro subiu. A consequência natural foi o também aumento de popularidade do presidente, que antes estava em queda livre. Com a ajuda de seu exército de fiscais, José Sarney ajudou a eleger diversos aliados na eleição à Câmara de Deputados em 1986. Tudo ia bem até um gargalo explodir: sem conseguir fechar as contas, os produtores começaram a ter prejuízo, as exportações despencaram com o congelamento da taxa de câmbio e os comerciantes ficaram asfixiados também pela impossibilidade de ter margem de lucro. Com esse cenário, surgiram os mercados informais, que não acompanhavam os preços estabelecidos, e sempre havia quem os procurasse.

Percebendo o fracasso e sem escapatórias, o governo teve que lançar novos planos econômicos — que de nada adiantariam. A inflação só teria fim com o nascimento do real, em 1994. Entretanto, uma importante herança dessa época foi o fato de o consumidor passar a entender os seus direitos. Não à toa, em 1991 foi lançado o Código de Defesa do Consumidor, que reunia muito dos aprendizados dessa época dos fiscais.

Sequestrador queria jogar avião contra o Palácio do Planalto

O controle aéreo brasileiro recebeu uma informação assustadora no dia 29 de setembro de 1988: o piloto do voo 375 da Vasp, decolado de Porto Velho, em Rondônia, e que tinha como destino final o Rio de Janeiro, com escalas em Cuiabá, Brasília, Goiânia e Belo Horizonte, havia sido sequestrado. Havia cerca de cem pessoas a bordo. O que era para ser mais um longo dia de trabalho acabou se tornando um dos momentos mais tensos da aviação brasileira. O objetivo de quem apontava uma arma para o piloto era atingir o Palácio do Planalto e matar o presidente José Sarney.

O maranhense Raimundo Nonato Alves da Conceição tinha 28 anos. Tratorista, já tinha trabalhado até no Iraque. Quieto, nada afeito a badalações e sem antecedentes criminais, definitivamente não era alguém que despertasse a atenção de autoridades. Dessa maneira e contando com uma época em que não havia inspeção por raio X em aeroportos, o rapaz de 1,60 m passou despercebido pelas verificações com um revólver calibre 32 em Confins, Minas Gerais. De lá, o voo finalmente chegaria ao Rio de Janeiro.

Ele comprou a passagem na hora, o que na época era muito comum. Na poltrona 3C, sentou-se apenas com uma mochila. Os primeiros minutos após a decolagem foram tranquilos, mas a situação mudaria completamente quando o avião ultrapassava Barra do Piraí, já no estado do Rio de Janeiro, e se preparava para aterrissar. Empunhando a arma, Nonato rumou para a cabine do piloto. Um comissário tentou intervir e tomou um tiro na orelha. Por mais que tentassem trancar a porta que dava acesso aos comandos do avião, já era tarde — cabines blindadas e trancadas são medidas de segurança modernas. Ao se deparar com a porta fechada, Nonato atirou diversas vezes, atingindo equipamentos importantes. O piloto Fernando Murilo ordenou que deixassem o sequestrador entrar antes que a tragédia se tornasse ainda maior.

Revoltado com a situação econômica do país e desempregado, Raimundo encontrou um culpado para o caos brasileiro: o presidente da República. José Sarney deveria sentir a dor na pele. Na cabine do piloto, Nonato, que aparentava muito nervosismo, ordenou aos pilotos que desviassem a rota para Brasília. O destino deveria ser a praça dos Três Poderes.

Da forma mais silenciosa possível, Fernando Murilo alterou o rumo da aeronave. Querendo saber o que estava acontecendo, a torre de comando do aeroporto do Galeão, no Rio de Janeiro, onde o avião já estava se preparando para pousar, entrou em contato com o avião. Quando o copiloto Salvador Evangelista, conhecido como Vângelis, se abaixou para pegar o microfone para responder à torre, levou um tiro na cabeça, tombando para o lado. Com o microfone aberto, Murilo avisou a Nonato que não haveria combustível suficiente para chegar a Brasília.

Piloto militar, Fernando Murilo fez de tudo para acabar com o sequestro: voou acima das nuvens para enganar o criminoso afirmando que não havia visibilidade e fez manobras inacreditáveis. Quase sem combustível, a aeronave foi obrigada a pousar no aeroporto Santa Genoveva, em Goiânia. A história, porém, estava longe de terminar.

Na pista, começaram as negociações para que os reféns fossem soltos. O sequestrador concordou em liberar os passageiros e os tripulantes, mas, em troca, Nonato exigiu combustível para que o avião decolasse novamente e ele pudesse seguir seu plano. Seu pedido foi negado, pois o 375 estava avariado. Foi, então, que o sequestrador solicitou um avião Bandeirante e ordenou que Fernando o pilotasse. A todo instante, o piloto pedia que não houvesse mais tiros.

Preparado como um verdadeiro cavalo de Troia, com um agente armado escondido em seu interior atrás de uma cortina preta, o Bandeirante ficou à disposição do sequestrador. Para subir, era necessário ajuda, afinal a aeronave estava sem porta, porém arrumaram uma escada. Isso deveria facilitar a neutralização do inimigo, mas, por uma trapalhada de um policial afoito, que agiu antes da hora, começou um enorme tiroteio.

Raimundo foi atingido três vezes e Fernando foi alvejado na perna. Naquele instante, todo o Brasil acompanhava o desfecho ao vivo pelo rádio e pela televisão. Os dois feridos foram levados ao hospital. O sequestrador, depois de alguns dias, não resistiu aos ferimentos. Algumas pessoas juravam que ele havia recebido uma injeção letal, mas Badan Palhares, legista da Unicamp, informou que a causa da morte foi uma infecção por conta da anemia falciforme que o maranhense portava desde o nascimento.

Após a alta e um período de recuperação, Fernando voltou a voar. Faleceu aos 76 anos em Búzios, Região dos Lagos, no estado do Rio de Janeiro, sem nunca nem sequer ter recebido um obrigado do homem que ele salvou naquela quinta-feira de 1988 — José Sarney.

Espírito Santo

ADÉLIA KOSTICH: A CIGANA QUE VIROU SANTA POPULAR

NÃO É NADA COMPLICADO ENCONTRAR O TÚMULO DE ADÉLIA KOSTICH no cemitério de Santo Antônio, em Vitória. Um amarelo forte chama a atenção até do mais desatento dos mortais, destacando-se dos túmulos cinzentos. Acima do tampo, placas de agradecimentos pelas graças alcançadas dividem espaço com flores, balas, lenços, roupas, broches, maçãs vermelhas, cerveja, garrafas de espumantes, esmaltes e maquiagens. Velas são proibidas. A cigana Adélia se tornou uma santa popular.

Como Getúlio Vargas, Kostich saiu da vida para entrar para a história. O problema é que, ao contrário do político, sabemos pouco sobre os passos da mulher que, quando encarnada, passou despercebida, e hoje é aclamada por um séquito de fiéis.

Há quem defenda que ela se mudou para a capital capixaba após uma desilusão amorosa. Há, ainda, quem garanta que viveu até os cinquenta e poucos anos, sempre com dificuldades financeiras, e morreu atropelada. A foto na lápide também gera dúvidas, afinal há quem aponte que ali não estão os restos mortais de uma mulher, e sim de um homem que incorporava a cigana Adélia Kostich.

Independentemente de tudo isso, o impressionante é a devoção. No Dia de Finados, o túmulo costuma ser o mais visitado do cemitério. Não raramente se presenciam choros e pessoas ajoelhadas, tal qual acontece nas igrejas.

Zacimba Gaba: princesa africana escravizada no Espírito Santo

Cansada de maus-tratos, Zacimba Gaba teve uma ideia: envenenar a comida do homem que a escravizava. A mulher, que foi princesa no reino de Cabinda, no norte de Angola, se aproveitou de uma estratégia secular: a partir de plantas selecionadas, produziu um pó conhecido como "amansa-senhor".

Segundo diferentes pesquisadores, as substâncias do pó causavam dificuldades de fala e danos cerebrais e podiam levar à morte. As doses precisavam ser ministradas lentamente, o que impossibilitava que a vítima fosse aniquilada em uma só tacada. Zacimba seguiu à risca o estratagema, muito utilizado por diversos escravizados nos quase quatro séculos de escravidão no Brasil.

O fazendeiro português José Trancoso comprou Zacimba e mais alguns escravizados ligados a ela no fim do século xvii. Como era comum naquela época, os registros desses escravizados eram parcos. Não constava nos documentos de Zacimba, por exemplo, que ela era uma nobre que liderou tropas contra os portugueses no litoral de seu reino e foi capturada. Trancoso apenas teria noção do poder daquela mulher depois de forçá-la a trabalhar e receber uma resposta negativa.

Forte, Zacimba recusou-se aos mandos do fazendeiro. Foi assim que o senhorzinho percebeu que a escravizada era respeitada pelos outros. Não demorou para interrogá-la — sob coação. O chicote só parou de estalar quando a escravizada contou tudo sobre seu passado de glórias. Aquele seria um grande trunfo.

A qualquer princípio de levante, Trancoso ameaçava matar a princesa. Isso inibia toda e qualquer reação dos escravizados. Zacimba Gaba era mantida prisioneira dentro da casa-grande, onde começou a arquitetar o envenenamento. O risco de que o plano desse errado era grande, pois a estratégia

74 Thiago Gomide

não era bem uma novidade, e muitos senhores exigiam que escravizados experimentassem os alimentos antes de que eles próprios os levassem à boca.

Inteligente e hábil, Zacimba conseguiu o que desejava após anos e mais anos de investidas. Com a consumação da morte do senhor, ordenou que os escravizados assassinassem os feitores — a família do escravocrata foi preservada. Em seguida, eles fugiram e fundaram um quilombo no norte do Espírito Santo, onde hoje é Itaúnas, distrito da cidade de Conceição da Barra. Aquele se tornaria um espaço de luta pela liberdade.

Zacimba ainda entraria para a história como uma grande organizadora de invasões a navios negreiros que atracavam no porto de São Mateus, também no Espírito Santo. Em um desses ataques, acabou sendo ferida e morta por donos de escravizados.

Trindade já foi um país, tinha um rei doido e até o cometa Halley faz parte dessa salada

Em 1895, os leitores do *Jornal do Brasil* ficaram sabendo de uma verdadeira sandice: a ilha de Trindade, distante cerca de 1.200 quilômetros de Vitória, tinha um rei para chamar de seu. Desde 1893, um norte-americano mais do que esperto, famoso em Nova York e casado com uma milionária, se autoproclamou James I de Trindade. Seu sogro, inclusive, sustentava muitas de suas doideiras. O jornalista James Harden-Hickey viveu um período em Paris antes de acreditar que aquele montante de terras no Brasil não era declarado por nenhuma nação e, portanto, era um lugar aberto à construção de um novo país.

Mesmo sem nunca ter criado raízes no principado, sua alteza criou brasões, bandeira, selo e até afrancesou o nome do lugar — Trindad. Embora sem provas, ele defendia que outros países reconheciam a nova pátria.

Ledo engano. Ainda em 1895, a Inglaterra, que queria implementar linhas telegráficas mundo afora, enviou o navio de guerra HMS *Barracouta* para o Brasil, e o comandante declarou a posse daquela região. Em pouco tempo, a desabitada ilha deixou de ser de um biruta ambicioso e passou para uma potência europeia, com direito à presença de militares fortemente armados. Embasando essa decisão agressiva, estava a viagem de um dos mais famosos astrônomos da história.

Edmond Halley esteve em Trindade em 1700 para estudar o magnetismo da terra. Foi uma passagem digna de cometa, entretanto as consequências foram marcantes: ele fincou uma bandeira do seu país no solo da ilha, tomou posse dela em nome da rainha Vitória e deixou para trás camundongos, porcos, galinhas-d'angola e cabras.

Quase duzentos anos depois, a Inglaterra também utilizou essa vinda do cientista para argumentar que aquela ilha abandonada era sua. O governo brasileiro logo contestou esse fato internacionalmente, mostrando que Portugal é quem havia descoberto aquele território. As negociações foram nervosas e só esfriaram quando os portugueses, em 1822, legaram a ilha ao recém-independente Brasil.

Repleta de lendas, Trindade não usufruiu de dias de paz. Muito pelo contrário. Diversas expedições foram organizadas para que aventureiros tentassem encontrar tesouros enterrados por piratas em suas areias. Em uma edição do jornal *O Malho*, de 1911, é possível encontrar uma foto composta por um agrimensor, um farmacêutico e até um jornalista, entre outros profissionais, que se aventuraram em Trindade em busca da sorte grande.

Os olhares entregam a tristeza dos rapazes, que tiveram que navegar em um trecho de mar que nunca foi convidativo aos visitantes. Para resumir a frustração, o jornal estampou que "voltaram desiludidos, trazendo como relíquias filhotes de tartaruga, conchas e amostras de areia".

Cadê o ouro que estava aqui?

Uma verdadeira caça ao tesouro aconteceu no centro de Vitória em 1972. A praça Oito de Setembro iria ser restaurada, e foi indicado por um influente morador que encontrassem e preservassem uma pesada pedra-urna enterrada em 1910 contendo moedas da época, a ata de inauguração do Porto de Vitória, assinada pelo presidente Nilo Peçanha, e valiosas canetas de ouro, entre outros itens. Como se estivessem em busca do sarcófago de Tutan-câmon, operários se revezavam dia e noite atrás da preciosidade, que era encarada como um marco histórico. Lideranças políticas cobravam resulta-do. A mídia estampava o que acontecia, acrescentando ainda mais drama à história. De vigília, a população acompanhava tudo como se fosse uma final de Copa do Mundo. Todos queriam saber e ver o que havia exatamente no interior da tal urna.

Após quatro dias de quebra-quebra, eis que encontraram a tal pedra. Não demorou para que policiais isolassem a área, gerando ainda mais bur-burinho. Populares se apertavam para ficar mais próximos. "Abre! Abre!", teriam gritado, como faria uma torcida organizada. Com a segurança estabe-lecida e já com a presença de autoridades da Prefeitura de Vitória, foi final-mente aberta a urna. O silêncio tomou conta da multidão. Não tinha nada lá dentro. Os itens foram roubados.

Especularam tudo o que se pôde imaginar. A imprensa cobrou por res-postas, mas até hoje ninguém sabe o destino do tesouro. As obras da praça Oito, como o local é conhecido, continuaram e, da época da desilusão, ainda é possível encontrar o relógio, que foi inaugurado em 1942 e, originalmente, de hora em hora, tocava as notas iniciais do hino do Espírito Santo.

O RAIO CAIU DUAS VEZES NO MESMO LUGAR

O ditado popular "o raio não cai duas vezes no mesmo lugar" não se en-caixa na vida de Onilson Páttero, um vendedor de livros do interior de São Paulo. Ele foi duas vezes abduzido por extraterrestres. A primeira ocasião foi em 1973, quando dirigia de volta para casa na estrada que liga Itajobi a Catanduva. Ao acompanhar o caso, o jornal *Diário da Noite* chegou a alertar os leitores de que "os discos voadores estão chegando cada vez mais perto". Pelo relato do periódico, o estado de saúde do rapaz era bom: tinha só algumas manchas amarelas pelo corpo e seu cabelo mudou de cor, mas já estava voltando ao normal. Onilson foi devolvido próximo de onde tudo aconteceu.

A segunda experiência foi radical. Em 1974, ele estava guiando o Fusquinha azul da família quando um feixe de luz o obrigou a parar no acostamento perto de Guaratã, interior paulista. Dali para a nave espacial, foi um pulo. Pior: dessa vez, foi entregue ao universo terráqueo a cerca de 1.200 quilômetros do local do sequestro. Onilson foi parar no alto de um morro em uma fazenda em Colatina, no noroeste do Espírito Santo. Sem documentos, começou a berrar por ajuda enquanto tentava encontrar alguma civilização.

Já era manhã do dia 2 de maio quando Onilson encontrou o fazendeiro César Minelli, que tomou um susto com o que viu. O comerciante estava todo sujo de lama, lotado de espinhos, tremendo e repetindo que havia sido deixado por um disco voador no alto do morro. O caso logo tomou as manchetes dos jornais e até despertou o interesse do Dops, o Departamento de Ordem Política e Social da Ditadura Militar, que, no entanto, não disponibilizou nenhum documento final sobre a investigação. Apesar de alguns especialistas não acreditarem na história de Onilson, até hoje ela é um assunto muito debatido entre os ufólogos.

PALÁCIO DO GOVERNO É ASSOMBRADO POR FANTASMA FAMOSO

O padre jesuíta José de Anchieta teve uma vida para lá de atribulada: nasceu na Espanha, veio para o Brasil colonizar indígenas, rodou quase todo o país, escreveu a gramática da língua tupi-guarani, encenou peças teatrais para melhorar a comunicação com os indígenas, se envolveu em inúmeros conflitos, inclusive ao lado de portugueses contra os franceses pelo domínio do Rio de Janeiro, e contribuiu para a implementação de escolas jesuíticas no Brasil. Além disso, foi um dos fundadores das cidades do Rio de Janeiro e de São Paulo, entre outras. Ele passou os últimos anos de vida na hoje Anchieta, município do Espírito Santo para o qual também contribuiu para o surgimento. Em 1597, após tantas aventuras, o religioso talvez esperasse descansar em paz no Reino dos Céus. Porém, infelizmente as turbulências no pós-morte começaram cedo.

78 *Thiago Gomide*

Anchieta foi sepultado perto do altar-mor da igreja do colégio jesuíta São Tiago, em Vitória, onde foi reitor. Lá, os restos mortais ficaram até 1611, quando foram finalmente transladados pra Salvador, então capital do Brasil, a mando do general Claudio Acquaviva. Nesse transporte, há quem defenda que ossos do hoje santo José de Anchieta foram dados para religiosos locais e até para fiéis. Apesar de não haver fontes conclusivas do período exato, depois de um tempinho na Bahia, o que restou da encarnação do padre foi levado para Roma.

O desafiador é que também ninguém garante com precisão onde estão os ossos e se aqueles apontados por devotos são realmente legítimos. É comum ouvir a pergunta: "Onde estão os ossos de Anchieta?".

Em 1759, os jesuítas foram expulsos do Brasil. Com essa decisão, a igreja do colégio jesuíta São Tiago ganhou um novo uso e aos poucos se tornou um templo da administração pública. Atualmente, é o Palácio Anchieta, sede do governo do Espírito Santo. Embora tenha uma função burocrática, trata-se também de um espaço turístico, onde é possível conhecer o túmulo e um osso atribuído ao santo canonizado pelo papa Francisco em 2014. E, ainda bem, a visitação se encerra no finalzinho da tarde. Os relatos de diversos funcionários é que o espírito inquieto do religioso dá o ar da graça com frequência à noite, fazendo portas e janelas baterem. Na dúvida, é melhor não arriscar o contato.

No Complexo Histórico, Cultural e Religioso da Companhia de Jesus Pateo do Collegio, no Centro Antigo e berço de São Paulo, um fêmur é exibido e apontado como sendo de Anchieta. Um genuflexório permite que o fiel se ajoelhe frente a frente com a relíquia. Há filas para ter um contato mais privado com o santo. A fé de que os ossos do religioso são milagrosos acompanha a saga dos restos mortais do padre — e também é por esse motivo que tantas pessoas quiseram receber uma parte de seu corpo. Não são raros os relatos de pessoas que foram curadas apenas ao entrar em contato com algum osso de são José de Anchieta.

Santo Antônio e o diabo se enfrentaram em Vitória

Esqueça qualquer luta épica que, porventura, você tenha acompanhado. Esqueça os grandes pugilistas. Nada se compara ao que aconteceu na pedra de Inhanguetá, em um ano jamais confirmado. A lenda diz que um fazendeiro estava mal das pernas financeiramente e, ao perceber que sua lavoura estava pior ainda, resolveu fazer um pacto com o diabo: daria a alma do filho em troca de bonança. O caramulhão aceitou e abriu os caminhos do homem. Com a dívida em mãos, o pai teve que entregar o herdeiro, mas um ser iluminado apareceu para enfrentar o ser das trevas e não permitir que o pior acontecesse.

Quando soube da união do marido com o coisa-ruim, a mãe do garoto pediu que santo Antônio intercedesse. Não é que o santo nascido em Lisboa, mas que ficou famoso em Pádua, na Itália, apareceu na hora h? Assustado e sem forças para competir com os poderes de santo Antônio, o diabinho teve que ir embora.

Na pedra, o visitante encontra três marcas, que são testemunhas desse episódio: uma cruz, um pé menor que foi associado ao Santo Casamenteiro e um maior que seria do Ser das Trevas. Com essa evidência, percebe-se que Antônio viveu um dia de Davi contra Golias. Bom para o garoto, que sobreviveu.

Por falar em diabo...

No começo do século xx, sete caveiras foram encontradas na trilha que dava no topo de uma pedra em Atílio Vivácqua, no sul do Espírito Santo. Claro que as dúvidas sobre de quem seriam começaram a rodar o estado. É aí que surge uma das lendas mais famosas da região.

Um fazendeiro fez um pacto com o diabo — ô gente para se arriscar. Por causa dessa parceria sinistra, começou a ser assombrado. Até aí, é do jogo. Cada vez mais perturbado, o homem decidiu enterrar as riquezas. Se morresse, não deixaria nada para ninguém. Quatro indígenas foram chamados para dar cabo à missão. Perto do alto da hoje pedra das Caveiras, os nativos abriram um buraco e realizaram o combinado. Em seguida, o fazendeiro ordenou que três capatazes matassem os indígenas. Para que nenhuma pessoa soubesse do tesouro secreto, os três feitores também foram executados. Mais tarde, suas sete caveiras foram descobertas.

É evidente que muitas pessoas vão atrás do ouro e dos diamantes que se encontram a palmos e palmos debaixo da terra. O desafiador é que os espíritos do mal perseguem e desviam do objetivo apenas quem for até lá no afã de encontrar o tesouro. Quem vai sem interesse algum retorna ileso.

Padre não cumpre promessa e vê igreja ser atacada

Para erguer um templo em homenagem a são José em Queimado, distrito do município de Serra, o padre Gregório Bene utilizou uma estratégia infelizmente comum em 1845: usar mão de obra escravizada. No caso, pessoas que pertenciam a fazendeiros locais. Prometendo contribuir para a alforria de cada escravizado, o religioso contou com centenas de homens, mulheres e crianças, que se revezavam dia e noite e enfrentavam, além do peso das pedras, distâncias longas, chãos irregulares, ladeiras e açoites. Foram cerca de quatro anos de construção para que, em 19 de março de 1849, a inauguração brindasse o povo com uma festança — e uma desilusão.

Após sonharem com a liberdade exatamente no dia de são José, os escravizados receberam a informação de que tudo não passou de um engano. Em resposta, organizaram aquela que seria uma das mais importantes insurreições do período escravocrata. Sob o comando de Eliziário Rangel, Francisco de São José, o Chico Prego, e João Monteiro, o João da Viúva, o grupo atacou a igreja. Os fazendeiros foram pressionados a negociar e, por isso, deslocaram-se forças de segurança para a região. Assim, o conflito sangrento se estendeu por dois a três dias.

Sem fortes armamentos, os escravizados acabaram obrigados a fugir, foram capturados e presos ou mortos e jogados na lagoa das Almas. Após julgamento, Chico Prego e João da Viúva foram enforcados. Quem vai a

Serra encontra uma estátua em homenagem a Chico e às ruínas da igreja em Queimado.

Nesse episódio simbólico para a resistência negra, muitos creem que aconteceu um milagre. Preso na antiga cadeia de Vitória, Rangel conseguiu escapar com uma facilidade sem igual. O motivo seria que a porta do presídio se destrancou sob intervenção divina. Muitos atribuíram o ato a Nossa Senhora da Penha, padroeira do Espírito Santo. De qualquer maneira, Rangel se tornou um mártir, chamado por alguns até como Zumbi da Serra, em alusão ao líder quilombola Zumbi dos Palmares.

ARARIBOIA SAIU DO ESPÍRITO SANTO PARA FUNDAR NITERÓI, NO RIO DE JANEIRO

De olho também no pau-brasil, os franceses tomaram o Rio de Janeiro em 1555 e, em pouco tempo, fundaram a França Antártica. Para que isso acontecesse, os europeus cooptaram uma aldeia parceira, a dos tamoios. Conhecedores da área e fortalecidos pela estrutura bélica dos novos aliados, os indígenas foram para cima dos inimigos. É dessa maneira, após intensas batalhas, que grande parte dos temiminós, da Ilha do Governador, foi morta. Os que sobreviveram fugiram para o sul do Espírito Santo. Entre os fugitivos, estavam Maracajá-Guaçu, pai de Arariboia e grande líder daqueles que estavam perdendo a guerra.

Portugal decidiu reagir à incursão francesa. Seguindo a mesma estratégia dos novos invasores, aliou-se a uma aldeia que, além de conhecer cada canto da extensa e nebulosa baía que abraça parte da cidade do Rio de Janeiro, estava com raiva. Arariboia, que ganharia o nome de Martim Afonso de Sousa (em homenagem ao colonizador português homônimo) após a catequização, voltaria para o antigo campo de batalha como uma importante figura na retomada de territórios. De 1565, quando a Cidade Maravilhosa foi fundada por Estácio de Sá, a 1567, as águas do litoral do Rio foram manchadas por sangue. Intensos conflitos se espalharam pelo estado, alcançando Cabo Frio e Niterói, por exemplo. O indígena que recuperou as forças no

Espírito Santo e os portugueses liderados por Estácio levaram a melhor. Os benefícios vieram em seguida.

Como recompensa pelo esforço, a liderança temiminó recebeu da Coroa Portuguesa o título de Cavaleiro da Ordem de Cristo e uma sesmaria na região de São Lourenço dos Índios. No alto de um morro, Arariboia construiu em 1573 a aldeia de São Lourenço dos Índios, que forma a base da hoje Niterói.

Atualmente, a saída das barcas, na Cidade Sorriso, como Niterói é conhecida, há uma enorme estátua exaltando o indígena. Da mesma maneira, em Vitória, há um monumento onde Arariboia aponta uma flecha para o oceano, em uma postura de ataque. Nunca se sabe quando será preciso evocar o espírito guerreiro do homem que foi encontrado morto em 1589 após intensas brigas com António Salema, governador do Rio de Janeiro que entrou para a história como um dos maiores assassinos de indígenas do Brasil.

Nos livros que versam sobre Arariboia, costuma-se apontar afogamento como o motivo do falecimento. Há quem conteste. Não sem motivo, é claro.

O primeiro pedágio do Brasil?

Além de perseguidor de indígenas, o português António Salema foi professor em Coimbra, cidade perto de Lisboa, grande incentivador para o desenvolvimento da produção de açúcar em nosso país e criador de um pedágio que desesperou a população do Rio no fim do século XVIII.

Mais ou menos em 1580, Salema construiu uma ponte entre os hoje Largo do Machado e o bairro do Flamengo, na Zona Sul carioca. Na época, para ir ao Centro da cidade, era preciso passar por esse caminho. Sobrava, portanto, especialmente para os vendedores de objetos ou animais e para aqueles que se locomoviam montados em cavalos ou burros, a necessidade de pagar o tributo.

Havia alternativas para fugir da cobrança, mas eram demoradas e, não raro, arriscadas. A "ponte do Salema", que depois ganharia o nome de "ponte do Catete", funcionou por cerca de três séculos. No lugar, foi inaugurada, em 1897, a estátua do escritor cearense José de Alencar, autor de clássicos da nossa literatura, como *Iracema* e *O guarani*, que teria sido inspirado naquela região do Rio de Janeiro.

Não mexe com quem está quieto

O imaginário mundano capixaba nos leva para a Ilha do Príncipe, bairro popular que fica na entrada de Vitória. Dividindo atenção com prédios coloridos, há um enorme mural de uma mulher negra de cabelos curtos e fisionomia de poucos amigos. Nascida em Minas Gerais, Maria de Lourdes Faria foi para o Espírito Santo após estapear policiais que diminuíram prostitutas na capital mineira. De tão temida e boa de briga, ganhou o apelido sugestivo de Tomba-Homem.

A Ilha do Príncipe recebeu, entre as décadas de 1920 e 1930, seus primeiros moradores. As casas eram simples e os moradores, majoritariamente operários. Após sair de Belo Horizonte, é nesse cenário que Maria Tomba-Homem encontra abrigo e abre um prostíbulo. Apesar dos novos ares, a rebeldia e a contestação aos abusos contra as profissionais do sexo continuavam. Não foram raras as vezes em que bateu em clientes abusados e autoridades policiais que se aproveitavam do poder. Por consequência, teve que encarar prisões. O instinto protetor contribuiu para aumentar ainda mais sua aura de inesquecível.

No Carnaval de 1986, virou enredo do Grêmio Recreativo e Escola de Samba Pega no Samba. O refrão do samba-enredo entoava: "Quero ver pegar, quero ver pegar. Maria Tomba-Homem, o camburão vai te levar". Na minissérie *Hilda Furacão*, de 1998, Maria foi interpretada pela atriz Rosi Campos, e uma das cenas mais comentadas foi uma violenta briga com um dos frequentadores do prostíbulo — que servia de cenário à produção — que estava ultrapassando os limites.

Goiás

O MAIOR ACIDENTE RADIOLÓGICO DO BRASIL

ATRÁS DE PRECIOSIDADES PARA SEREM REVENDIDAS em um ferro-velho, dois catadores encontraram uma velha máquina utilizada para fazer exames em uma clínica de radiologia abandonada em Goiânia, em 1987. Ignorando o passado do local e pensando na boa grana que aquilo renderia, eles partiram para o ferro-velho de Devair Alves Ferreira, que ficava na rua 26-A, no Setor Aeroporto. Nenhum dos envolvidos poderia imaginar que estava ocasionando uma tragédia sem precedentes, capaz de transformar a capital do estado de Goiás no maior caso internacional de acidente radiológico no planeta fora de usina nuclear e em área urbana.

A cápsula de chumbo, presente na máquina, estava repleta de césio-137, substância cancerígena e que precisa ser controlada com alto rigor de segurança. Tentando entender o que era aquele objeto, Devair abriu a cápsula e teve uma surpresa: o pozinho, muito parecido com o sal de cozinha, tinha uma coloração azul e brilhava no escuro. A coisa virou atração. A mulher dele amou. A criançada queria para enfeitar o quarto. Amigos mostravam para familiares. A sobrinha do dono do ferro-velho, Leide das Neves Ferreira, de seis anos, até comeu um pouco sem que ninguém desse atenção.

Com a característica de se afixar rapidamente na pele e nas roupas, além de se espalhar pelo ar, o césio-137 foi contaminando todos que com ele tiveram contato. Em pouco tempo, os sintomas apareceram, como dores no corpo, diarreia e vômitos. Os médicos procurados jamais correlacionavam o problema ao verdadeiro motivo.

Duas semanas se passaram até que Maria Gabriela, esposa do Devair, juntasse os pontinhos. Havia uma interseção entre todas as pessoas que enfrentavam problemas de saúde. Quando ela levou o pó que encantava pela luz à Vigilância Sanitária, a dúvida foi solucionada — não sem antes levar os agentes de saúde ao completo desespero. Foi preciso envolver diferentes áreas de inteligência do Estado para minimizar as sequelas. Era um verdadeiro esforço de guerra. A Comissão Nacional de Energia Nuclear calculou que mais de mil pessoas haviam sido expostas aos efeitos do césio-137 e mandou examinar toda a população que estava no grupo de risco. Diversos moradores da rua 26-A tiveram suas casas e seus pertences confiscados. O estádio Pedro Ludovico Teixeira também serviu como centro de triagem de vítimas.

Não demorou para que alguns casos gravíssimos começassem a aparecer. Dezenas foram internadas. A sobrinha de Devair foi a primeira vítima fatal. Em seguida, Maria Gabriela também não resistiria. Com o passar dos meses e anos, o número de mortes foi aumentando. Devair faleceria em 1994. É impossível mensurar o número preciso dos afetados ou das pessoas que morreram por consequência direta do césio-137.

O TÚNEL QUE LEVA PARA MACHU PICCHU

A placa informando que ali é o Paralelo 14 vem acompanhada de um símbolo que até crianças conhecem: o de extraterrestre. Por se tratar de uma sinalização com toda a pinta de oficial, não há como não olhar para a direção indicada. Será que eles estão entre nós? Será que teremos um encontro de terceiro grau a qualquer instante? Na entrada de Alto Paraíso, onde o Paralelo 14 se encontra, o turista é recebido por uma réplica de disco voador. Nas lojinhas, há bonecos de ETs para todos os gostos e condições financeiras. Chaveiros costumam ser os produtos mais vendidos. Conversando com moradores e visitantes, facilmente se encontram relatos de aparições, em especial no Jardim de Maytrea, lugar considerado sagrado na região.

Dizem que o lugar é capaz de curar doenças por conta de sua energia e até que tem portais para outras dimensões. O fato é que o lindo campanário com a fisionomia do Cerrado brasileiro é protegido por normas ambientais. Alguns espaços até ganharam cercas para limitar totalmente a entrada de pessoas não autorizadas. No limite dos arames, observam-se todos os dias homens e mulheres, de várias idades, com as mãos erguidas. É sinal da busca, por exemplo, de conforto espiritual e melhora na saúde.

O Paralelo 14 atravessa Maytrea, e a crença é de que, abaixo da terra, existe um túnel que conecta Goiás a Machu Picchu, cidade com altas doses de misticismo no Peru. Até hoje, não há relatos concretos de alguém que tenha conseguido atravessar essa passagem única ou de que o túnel realmente exista. Na dúvida, é melhor só sentir a energia mesmo.

Jogavam ouro no chão para Chica passar

Por onde Chica Machado passava, pessoas a saudavam. Ela era encarada no arraial de Cocal (hoje, próximo à cidade de Niquelândia), distante quase quatro horas de Goiânia, como uma mulher capaz de fazer verdadeiros milagres econômicos — além de bondades com os negros. Por volta de 1750, uma lenda correu a região: se a pessoa colocasse ouro em pó no chão para Chica pisar, bastava recolher o que sobrou e passar no corpo e a sorte financeira viria a reboque. Tinha disputa para ver quem conseguia a proeza. Até pessoas influentes da Bahia caminhavam quilômetros atrás de conselhos de Chica.

Tratada como rainha, a negra Chica Machado foi comprada com menos de quinze anos por um comerciante português. Não demorou para explorar o ouro em um período que o metal valioso surgia em qualquer buraco de Goiás. Com o dinheiro conquistado e a liberdade comprada, a então ex-escravizada sentava-se à mesa com fazendeiros poderosos para propor sociedade em extrações. Comprou escravizados e alforriou dezenas deles.

Sabendo que os negros não podiam frequentar a igreja do município, construiu outro templo, onde havia cânticos e danças africanas e se homenageava Nossa Senhora das Mercês — santa de devoção dos escravizados e que, mais tarde, se tornou a padroeira da Abolição. Era mais uma conquista daquela que desafiou um sistema escravocrata, dominado por homens.

Embora não haja documentações precisas sobre a existência de Chica Machado, os possíveis feitos dela atravessam e inspiram gerações. Como é natural em qualquer mito, há quem romantize ainda mais a personagem, defendendo que até teria poderes divinos. Foi mãe do padre Silvestre Álvares da Silva, primeiro deputado goiano e que representou Goiás na Constituinte de 1823. Mulheres que se destacam em Goiás costumam receber a Comenda Chica Machado pela Câmara dos Deputados.

OURO EM GOIÁS: DO MISTÉRIO DA ÁGUA QUE PEGA FOGO AO HOMEM QUE TENTOU BURLAR A LEI

Ávidos por ouro, que sustentava as benesses dos colonizadores aqui e em Portugal, os bandeirantes paulistas desbravaram o interior do Brasil. Liderando uma tropa de mais de 150 homens, entre eles indígenas, e dezenas de cavalos, Bartolomeu Bueno da Silva, filho do temido Anhanguera, por volta de 1726 tinha um objetivo: encontrar no até então desconhecido Goiás o metal precioso. Nem é preciso dizer que ele foi muito bem-sucedido. Em pouco tempo, já tinha fundado diferentes arraiais e começado a extração. A máquina de escravidão de negros chegaria em sequência, potencializando a retirada do bem que alteraria os rumos econômicos dos portugueses.

As lendas se multiplicavam naquele período. Uma das mais famosas foi a da Mãe de Ouro, que tinha a habilidade de encontrar e proteger o metal precioso. Algumas versões trazem essa figura tão popular no Centro-Oeste como também guardiã de rios e montanhas e de mulheres agredidas. À noite, Mãe de Ouro, uma belíssima mulher, se transforma em uma enorme bola de fogo que afugenta os inimigos. Há quem acredite que ela use apenas um vestido de seda branco, e isso já seria o suficiente para enfrentar os males.

Caso avistassem a Mãe de Ouro, os escravizados costumavam recuar na busca pelo tesouro.

O dinheiro do ouro enriqueceu muitas pessoas. Um dos casos mais famosos é o de Antônio Rodrigues Frota, que morava em um espaçoso sobrado em Pirenópolis, distante 120 quilômetros de Goiânia, e, atualmente, é lembrado com um morro com seu sobrenome. Apesar dos grandes ganhos com o metal, ele se recusava a pagar o imposto obrigatório pela Corte, o "quinto". Sempre encontrando estratégias para driblar os fiscais, acabou gerando um dos maiores mistérios de Goiás. Até hoje, há quem defenda que Frota enterrou nos morros da região garrafas de barro lotadas de ouro. Eram para ser recuperadas em um futuro próximo, mas não houve tempo. Com a morte dele em 1774, as riquezas ficariam a cargo de quem as encontrasse. Já tentaram de todas as formas achar esse tesouro perdido, mas ninguém foi bem-sucedido na missão. Talvez seja a Mãe de Ouro que o proteja. Sabe-se lá.

Goiano foi parar no Tribunal da Inquisição

Pouco ou quase nada acontecia no arraial de Santa Cruz, próximo à Vila Boa de Goiás, que chegou a ser capital da capitania de Goiás em 1749. Boa parte dos habitantes trabalhava no campo, reservando o fim de semana para ir à igreja. Religiosos, os moradores acreditavam piamente em Deus e nos desígnios proferidos nos sermões do padre. Quem caminhasse contra a fé católica corria o risco de ser investigado por heresia — e, para isso, não era preciso fazer nada muito complicado. Bastava ser acusado de bruxaria, ter pacto com o demônio, praticar bigamia, ter crença em religiões de matriz africana ou outras coisas do tipo. Nos casos considerados mais sérios, a pessoa poderia enfrentar o Tribunal da Inquisição e terminar sua existência humana torrada na fogueira.

No Brasil, a Inquisição deu os primeiros passos no fim do século XVI. Pernambuco e Bahia, onde estava a então capital da colônia, Salvador, foram os primeiros a experimentar a repressão dos perseguidores. Torturas poderiam ser realizadas para que o investigado confessasse o pecado. Ao contrário de outros países latinos, como Colômbia e México, o Brasil não tinha uma sede formal do Tribunal, fazendo com que Portugal enviasse o equivalente a fiscais. Com comprovação de ilicitudes, a pessoa era enviada para julgamento na capital portuguesa.

Morador do arraial de Santa Cruz e roceiro, José Ricardo de Morais, de vinte anos, usava uma bolsinha de couro ou pano presa ao pescoço. Dentro, carregava amuletos que dizia livrá-lo de mortes súbitas, tiros e até de morrer afogado sem confissão. Em 1776, foi delatado pelos irmãos Manoel e José Monteiro para o capitão Teodoro Fernandes Belém, que levou a ocorrência para as lideranças religiosas. Após ser preso, o camponês foi enviado ao Rio de Janeiro e, posteriormente, a Lisboa.

Apesar de ter escapado da condenação à morte, Morais ficou degredado no Algarve, no extremo sul de Portugal, em uma área conhecida como "desterro dos condenados menos graves". Não há informações sobre o futuro do jovem, entretanto se sabe que degredados viviam em condições complicadas, em regiões isoladas, ainda que, por causa da pouca fiscalização, alguns até conseguissem se integrar às sociedades locais e levar uma vida normal.

Maranhão

O crime que barbarizou São Luís

Pontes Visgueiro era obcecado por Maria da Conceição. Em público, brigava com policiais e jovens que conversavam com a moça. Desembargador, não media esforços para adornar a amada. Roupas novas e joias eram presentes constantes. A relação dos dois era vista com receio pela sociedade da época. Maria foi forçada pela mãe a se prostituir nas ruas da capital. Poderoso e influente, Visgueiro se apaixonou pela moça e ignorava qualquer desconforto. Para ele, a grande diferença de idade e de classe social não era um problema — nem mesmo a antiga profissão de Maria da Conceição. O que o tirava do sério, porém, era quando algo saía de seu comando.

E foi exatamente isso que aconteceu em 1873. Após discussões e o aumento da possessividade do magistrado, Maria fugiu para o interior. Ele foi atrás e a convenceu de que tudo não passava de um engano. Queria uma chance para conversar. Ressabiada, ela disse que o encontraria, mas iria acompanhada de uma amiga. No dia 14 de agosto, na casa de Visgueiro, a arapuca estava montada. Após atitudes de cavalheirismo e nobreza, não foi nada complicado convencer a amiga de que era melhor que eles ficassem a sós. A sequência de fatos é macabra: com a ajuda de um de seus funcionários, Visgueiro conseguiu amordaçar e dopar Maria. Desacordada, a moça foi mordida e apunhalada diversas vezes. Um caixão já esperava pelo corpo —

o magistrado havia encomendado um especialmente para ela. Para caber no caixão, Maria ainda teve a cabeça cortada.

Por dias e dias, a mãe e as amigas de Maria buscaram a polícia atrás de uma solução para o repentino desaparecimento. Visgueiro até defendeu que ela teria ido para o Pará, mas uma breve investigação dos policiais foi o suficiente para desvendar o crime. O caixão estava enterrado no jardim do juiz. Apesar de todos os privilégios, o assassino foi preso, porém, em vez de ser condenado à pena de morte, que era o comum na época, recebeu a sentença de prisão perpétua. A população apedrejou a casa daquele que, até então, era considerado um homem de valor. Ele morreria na cadeia em 1875. Maria, chamada em São Luís também de Mariquinhas, faleceu com cerca de quinze anos.

Ana Jansen: de mulher empreendedora a fantasma assustadora

Quando a noite chega ao centro de São Luís, é momento de atenção máxima. A qualquer instante, pode aparecer a fantasmagórica carruagem conduzida por uma caveira sem cabeça e com cavalos também decapitados. Na cabine, está a alma penada de uma mulher que os moradores da capital maranhense conhecem muito bem. Há quem defenda que essa cena só acontece em noites sem luar, o que tranquiliza um bocado quem precisa passar por aquelas ruas durante a noite. O casarão onde morava Ana Jansen ainda está de pé, o que faz com que alguns habitantes garantam que o meio de transporte do outro mundo passe obrigatoriamente pela frente pelo local.

Antes de virar espírito e assustar uma cidade inteira, Ana Jansen teve uma vida carnal bem atípica para o século XIX. Engravidou adolescente sem estar casada e foi expulsa de casa. Durante muito tempo, foi amante do riquíssimo coronel Isidoro Pereira. Com ele, teve inúmeros herdeiros. Ana se tornou mulher do militar após a morte da esposa dele. Empreendedora, multiplicou a grana do marido, em especial quando ele morreu. Não demorou para ser considerada a "Rainha do Maranhão". Tinha muito poder, larga produção de cana-de-açúcar e uma quantidade enorme de escravizados.

92 *Thiago Gomide*

Com estes, o tratamento era cruel. São comuns os estudos sobre Ana que mostram as agressões aos negros africanos.

Buscando sempre ampliar suas áreas de influência, Ana investiu pesadamente na política, apoiando lideranças que trabalhavam a seu favor. Se os homens defendiam que lugar de mulher era em casa, cuidando dos filhos, Ana era o pior exemplo a ser seguido. Foi vítima de inúmeras acusações e preconceitos, mas os enfrentava com ainda mais valentia. Ao jovem imperador dom Pedro II, requereu o título de baronesa de Santo Antônio, localidade onde ficava a principal fazenda dela. Foi negado. Os motivos são debatidos até hoje, mas se suspeita de que o fato de ser viúva tenha influenciado. Com idade tida como avançada — cerca de sessenta anos —, casou-se com o comerciante paraense Antônio Xavier da Silva Leite.

Donana Jansen, como também ficou conhecida, faleceu aos 82 anos, em 1869. Não há registros de quando começou a lenda da carruagem. Tudo indica que tenha sido criada por inimigos políticos e aqueles que não concordavam que uma mulher alcançasse o espaço conquistado por Ana. De qualquer maneira, as noites no Centro de São Luís são sempre tensas, afinal qualquer barulho de rodas faz com que o transeunte abra ainda mais os olhos. Ainda bem que não há mais tantos cavalos trafegando por ali.

Baronesa de Grajaú:
a luta de um promotor contra a impunidade

Inocêncio, escravizado de cerca de oito anos, foi assassinado poucos dias depois de seu irmão. O corpo mostrava as marcas de tortura, provavelmente realizada por chicotes e de maneira repetitiva. Queimaduras também foram encontradas. A cabeça apresentava contusão.

Esse crime passaria incólume se não fosse um pedido da poderosa Anna Rosa, a baronesa de Grajaú. Autora da brutalidade, ela contratou uma empresa para construir uma sepultura para a criança. Seguindo a indicação da influente mulher, o caixão não deveria ser aberto e o horário do transporte foi estratégico para não chamar a atenção. Quando o corpo chegou à Santa

Casa de Misericórdia, logo levantou suspeitas. Por que o caixão não poderia ser aberto foi uma das perguntas. Conta-se, ainda, que a mãe do menino, escravizada que comprou a própria alforria, protestou, contribuindo para pressionar as autoridades a investigarem o caso.

Por determinação da Subdelegacia de Polícia do Segundo Distrito da Capital, foi feito um exame pericial no corpo. Os médicos constataram as lesões. Era, assim, aberta uma investigação, e logo chegaram ao nome de um casal conhecido pela influência política.

Anna Rosa Ribeiro, de cerca de quarenta anos, era esposa de Carlos Fernando Ribeiro, advogado e médico, político influente no Maranhão, que estudou nos Estados Unidos e, no começo desta história, ocupava a vice--presidência da província. Moravam em um casarão na rua São João, uma das mais importantes da época.

Seguindo seu dever, o subdelegado Antônio José da Silva e Sá abriu o inquérito policial em 19 de setembro de 1876. Por sua vez, o casal Ribeiro contratou médicos que fizeram a exumação de Inocêncio e declararam que a morte teria sido natural. Os laudos conflitantes acabaram nas mãos do promotor público Celso da Cunha Magalhães, que, mesmo sabendo de todos os riscos envolvidos, não temeu de lutar pela pena a Anna Rosa, senhora conhecida por práticas de agressões a escravizados, como arrancar dentes e infringir queimaduras em público.

Estudioso do folclore, escritor e abolicionista, o promotor Celso Magalhães estudou na Faculdade de Direito do Recife, reduto de pensadores contrários à escravidão. Era magro e bom de oratória e tinha saúde frágil — só nesse caso, teve que se ausentar, ao menos, uma vez de seu trabalho por se encontrar doente. Com inúmeras provas, decidiu prender Anna Rosa. No julgamento por homicídio, o esperado aconteceu: em fevereiro de 1877, ela foi absolvida.

Por mais que Celso tentasse reverter a decisão, tudo seria em vão. O poder político do casal atropelou a lei. E pior: Carlos Ribeiro, nesse ínterim, se tornou presidente interino da província e, sem nenhuma explicação ou motivo, exonerou dos respectivos cargos o subdelegado Antônio e o promotor Celso Magalhães, que morreria em 1879 tentando sobreviver da advocacia e escrevendo para jornais.

A morte gerou comoção, mas foi por pouco tempo. Em 1884, pelos bons trabalhos, Carlos Ribeiro receberia o título de barão de Grajaú do imperador dom Pedro II.

O JULGAMENTO DAS FORMIGAS

Quando os franciscanos começaram a construir o convento de Santo Antônio, no século XVII, jamais imaginariam que um emocionante julgamento aconteceria ali. Conhecidos por terem imenso carinho aos animais, os padres franciscanos não aguentavam mais uma praga que se alastrava pelo subsolo da construção religiosa: as formigas estavam por todos os cantos, colocando em risco a sustentação do templo, além de estarem devorando mantimentos dos católicos. Segundo o padre Manuel Bernardes, em 1706 aconteceu um imenso debate entre os religiosos sobre o que deveria ser feito para dar fim àquele problema. Metade achava uma coisa e metade discordava frontalmente.

Para tentarem um consenso, foi decidido que haveria um julgamento, com direito a advogados de acusação e defesa e juiz. Foram levantados argumentos a favor e contra as bichinhas. Houve quem defendesse que, por estarem ultrapassando os limites, as formigas deveriam ser sumariamente eliminadas. Houve quem protestasse que o Criador tinha dado a existência a elas e era obrigação dos religiosos respeitá-las. O juiz acabou acatando a acusação e determinou que os insetos saíssem dali — por bem ou por mal. Um frade foi designado a executar a sentença. Eis que, por milagre divino, as formiguinhas se renderam e buscaram outro canto.

A VENDEDORA DE CHARUTOS QUE ENFRENTOU A ESCRAVIDÃO

No largo do Carmo, área central de São Luís, era comum haver comícios e debates pela libertação das pessoas escravizadas. O movimento pró-abolicionista, que tomou conta do país especialmente a partir da segunda metade do século XIX, teve uma personagem pouco conhecida, mas fundamental, na capital maranhense: Adelina, escravizada pelo próprio pai e que era forçada a vender charutos para sustentar o patriarca falido. Por causa do ofício, tinha acesso aos mais diferentes cantos e contato com as mais diversas camadas sociais. Isso seria essencial.

Ao vender charutos nas delegacias, Adelina escutava onde haveria repressões. Ao comercializar em charutarias, ouvia dos senhores onde estavam aprisionadas pessoas escravizadas. Ao passar em redações de jornais pró-escravidão, podia ler opiniões antes de serem publicadas. Toda essa informação era passada às lideranças pró-abolição, antecipando respostas e diminuindo danos. Além do valor inesgotável de espiã, Adelina, por conhecer a cidade como poucos, ajudava nas estratégias de fuga. Até hoje, infelizmente, há poucos estudos sobre essa resistente mulher.

Beco da Bosta

Ao caminhar pelo estreito beco da Bosta, que termina na hoje avenida Beira-mar, no Centro de São Luís, um escravizado equilibrava na cabeça um barril. Outros levavam baldes e tonéis. Dentro desses objetos, havia urina e fezes dos senhores e senhoras. Em alguns casos, eram adicionados ao conteúdo cal ou outros materiais que pudessem diminuir o odor. Como os recipientes não eram completamente vedados, o comum é que o líquido saísse durante o transporte e encontrasse a pele de quem os carregava. Esses escravizados ficaram conhecidos como tigres, justamente por causa das listras deixadas pela urina ao entrar em contato com o sol.

Oficialmente, o beco recebe o nome de travessa Vinte e Oito de Setembro, data que marca a assinatura da Lei do Ventre Livre. Esta determinava que todas as crianças nascidas de mães escravizadas a partir do 28 de setembro de 1871 seriam consideradas libertas.

São Luís foi invadida por extraterrestres

"E, atenção, atenção, ouvintes, interrompemos o nosso programa para divulgar essa notícia em caráter extraordinário. Às cinco horas de hoje, horário de Brasília, o professor Farwell, do Observatório de Monte Palomar, informou ter avistado várias explosões de gás incandescente na superfície de Marte", informou a popular Rádio Difusora. Em seguida, alertou que pedaços gigantescos do planeta estavam vindo em direção à Terra. Lógico que não vinham sozinhos: extraterrestres, com poderosos discos voadores, eram avistados. Um professor no Rio de Janeiro teria confirmado a gravidade do fato. O som que acompanhava a voz aguda do locutor era de suspense, o que aumentava a tensão. Ao longo do programa matinal, novas informações desalentadoras surgiam.

Não é preciso muito para imaginar o que se tornou São Luís naquele 30 de outubro de 1971. Quem estava disposto a se separar separou. Teve empregado xingando chefe. Líderes religiosos nas ruas pregavam o fim do universo e a volta de Jesus. O comércio do Centro da cidade fechou as portas. Pessoas se organizavam para fugir para as montanhas, em um ato desesperado de sobrevivência. Os supermercados ficaram lotados, como se adiantasse alguma coisa estocar macarrão e água mineral. Teve gente que tentou tirar todo o dinheiro do banco, como se fosse possível subornar um ET por um lugar na nave. Foi um salve-se quem puder. As Forças Armadas tiveram que intervir, afinal estavam correndo riscos também. Um militar teve que abandonar um churrasquinho para conferir na rádio que papo era aquele.

Para comemorar o aniversário da Rádio Difusora, um grupo de funcionários decidiu produzir a versão nacional de um dos maiores clássicos da história da literatura inglesa: *A guerra dos mundos*, de H. G. Wells, de 1898. Na obra, o autor simula a invasão de marcianos ao nosso planeta. O cineasta Orson Welles, em 1938, adaptou a história para uma rádio norte-americana, levando os moradores de Nova York ao completo desespero.

Trinta e três anos após esse episódio, era a vez de São Luís experimentar o caos de uma peça tão famosa de ficção, mas com uma diferença: estávamos na Ditadura, e os militares não gostaram nada da brincadeira.

Por mais que o roteiro tivesse sido aprovado pela Censura, a equipe da rádio quase foi presa e esta acabou saindo do ar por alguns poucos dias. A salvação da emissora foi que, no meio da programação, havia um aviso de que aquela era uma obra de ficção.

Tio de presidente norte-americano foi morto em São Luís

O bilheteiro José de Ribamar Mendonça saiu de casa com uma pistola engatilhada. O alvo estava certo: John Harold Kennedy, tio de John Fitzgerald Kennedy, futuro presidente dos Estados Unidos. O brasileiro e o norte-americano tinham travado intensas discussões na empresa Ulen Company, onde Kennedy era o contador. Os motivos eram a demissão do funcionário pouco antes de completar dez anos de serviço, o que na época gerava estabilidade, e o não pagamento dos últimos meses trabalhados. Além disso, havia uma enorme reclamação sobre o péssimo tratamento da empresa para com seus colaboradores. O caldo entornou justamente com um cidadão que guarda um dos sobrenomes mais poderosos dos Estados Unidos.

No dia 30 de setembro de 1933, dois dos quatro tiros da pistola calibre 32 de Mendonça acertaram Harold Kennedy, que morreu na hora. O assassino foi preso em flagrante. Não tentou fugir nem transmitir remorso. Ao contrário, defendeu que estava certo da atitude, levando em conta todos os abusos sofridos. A população, cansada dos péssimos serviços de luz, transporte e água fornecidos pela empresa norte-americana, acabou ficando contra a vítima. Trabalhadores também protestaram a favor de José de Ribamar, tratando-o como um símbolo de libertação. No julgamento, foi absolvido sob a defesa de que tinha se defendido dos insultos. A má fama da empresa ajudou a amolecer o júri.

O resultado acabou gerando uma celeuma diplomática entre o Brasil e os Estados Unidos, que não aceitavam o resultado. Diplomatas foram envolvidos; despachos de telegramas, feitos; e poderosos políticos nacionais, arguidos pelos representantes norte-americanos dos motivos daquele desfecho jurídico. Após onze anos de brigas, José de Ribamar foi novamente para o tribunal. Desta vez, o advogado de defesa enrolou o rapaz em uma bandeira do Brasil, aflorando em todos o patriotismo. Foi novamente absolvido. Oito anos depois dessa vitória final, foi encontrado morto. No laudo, consta infarto. O sobrinho de Harold ganhou a eleição presidencial dos Estados Unidos em 1961. Dois anos após, morreria da mesma maneira que o tio.

Mato Grosso

Ou você devora o Baguncinha ou não esteve em Cuiabá

Bastam cinco minutos de conversas com vendedores ambulantes em Cuiabá para chegar a uma conclusão sobre a iguaria mais famosa da cidade: para dizer que esteve na capital do Mato Grosso, não basta ter visitado, é preciso ter experimentado o Baguncinha, um x-tudo turbinado com pão, hambúrguer, ovos, queijo, presunto, alface, tomate, salsicha, bacon, calabresa e, impreterivelmente, maionese temperada. O assunto é tão sério que a Câmara de Vereadores, em 2022, aprovou o lanche como patrimônio cultural imaterial municipal. Mas atenção: é preciso estar com a tal maionese. Caso contrário, sabe-se lá o que pode acontecer.

Não há um consenso histórico sobre a origem, mas as opiniões populares nos levam a dois cenários bem brasileiros. Há quem defenda que o sanduíche surgiu na década de 1970, quando diferentes pessoas dos quatro cantos do Brasil migraram para a região atrás de oportunidades. De um lugar pacato, o lugar se tornou a maior bagunça. A segunda, mais usual, é que, durante os complicados anos do governo Fernando Collor, foi criado um sanduíche que reunisse ingredientes baratos. Era uma estratégia para fugir da inflação e de mais uma crise econômica na trajetória brasileira. De qualquer maneira, é impossível não fugir do regime para encarar um verdadeiro manjar dos deuses.

Indiana Jones em pleno Brasil?

Na Serra do Roncador, em Barra das Garças, distante cerca de quinhentos quilômetros da capital, há uma estátua que homenageia o lendário coronel Percy Fawcett. Na obra de arte, ele está da maneira como ficou eternizado em fotos: calça, camisa social com as mangas dobradas, cinto, botas com cano alto perfeitas para andar na mata e chapéu. Embora haja dúvidas se o britânico esteve na região, o que atravessa gerações são as histórias do aventureiro que queria encontrar uma cidade perdida na Amazônia, com direito a pedras preciosas e uma civilização particular. Ele defendia, entre tantos pontos, que os indígenas brasileiros eram remanescentes de uma raça superior. O fim dessa história é um mistério até os dias de hoje.

Quando era criança, Percy Fawcett amava leituras que trouxessem cenários fantasiosos. Cresceu no auge do Império Britânico e se tornou funcionário da rainha Vitória. Teve experiências no Sri Lanka, além de Marrocos e outros cantos da África. No começo do século XX, estava na área entre Brasil e Bolívia contribuindo para a demarcação das fronteiras. É nesse período que começa um relacionamento mais profundo com nosso país e o interesse de descobrir o tal El Dourado. Com boas entradas nos corredores do poder, conseguiu uma autorização e o financiamento do governo do Brasil para realizar uma expedição no comecinho da década de 1920. Segundo Fawcett, era para fazer estudos geológicos e arqueológicos.

O sertanista, e um dos homens que mais conheceram a Amazônia em todos os tempos, Cândido Rondon, que tinha um pé atrás enorme com toda essa história, propôs que a missão fosse feita na companhia de militares do nosso Exército, de modo que o estrangeiro fizesse os estudos, mas fosse assistido. Fawcett não topou. Queria ir sozinho. O governo concordou. Resultado: foi um fracasso. Mas o pior ainda estava por vir.

Fawcett não desistiu de encontrar o paraíso perdido. Com apoio financeiro de uma agência de notícias norte-americana, que recebia reportagens especiais sobre o passo a passo das buscas, o aventureiro voltou ao Brasil em 1925. Ele estava sendo acompanhado em todo o planeta. Para a nova missão, além do filho, Jack Fawcett, e de um amigo, Raleigh Rimmel, levou remédios, comida, malas, mulas, cachorros e armas. Pouco tempo depois de se embrenhar pela mata, o grupo parou de dar notícias. Será que tinham alcançado o objetivo? Ficaram milionários após encontrarem diamantes? Ou haviam sido mortos? Os mesmos jornais que estimulavam a saga logo viraram a página para o capítulo dois: o que será que tinha acontecido?

Conspirações tomaram conta dos noticiários. Muitos periódicos apoiaram missões de busca — que tiveram cada passo registrado, evidentemente. Em 1952, o indigenista Orlando Villas-Boas afirmou ter encontrado as ossadas, mas não passou de alarme falso. Até hoje, ninguém sabe o fim dessa história.

AS FLORES À MÃE BONIFÁCIA

A casa de Mãe Bonifácia era a mais procurada pelos escravizados. Benzedeira e curandeira, ela tratava o físico e o espiritual. Mau-olhado, espinhela, dores e mais um bocado de problemas se esvaíam após o encontro com a mulher, que ganhou fama como uma liderança negra também na luta contra a escravidão. Por conhecer os atalhos na mata, ela indicava os caminhos para quem desejava fugir. Essa era uma maneira de diminuir os riscos de os até então cativos serem encontrados pelos capitães do mato. Escravizadas e alforriadas eram abraçadas como se fossem filhas. As forças policiais não se aproximavam do quilombo dela, temendo serem vítimas dos poderes de Bonifácia.

Por mais que não haja um consenso histórico sobre a existência de Mãe Bonifácia, a força que a imagem dela transmite atravessa as décadas. Em 1º de janeiro de 1960, o jornal *O Estado de Mato Grosso*, na seção "Lendas e Tradições Cuiabanas", trouxe um texto do acadêmico Francisco Mendes no qual se argumentava onde ela teria morado, a sobrevivência por meio de "ensinar crivo [bordado de bastidor] e trabalhos de 'rendas de birro' às moças da cidade, e também por causa de pequena hortaliça que cultivava" e o ano em que teria morrido, 1867, vítima de varíola. Em 2000, foi inaugurado o Parque Mãe Bonifácia na capital mato-grossense, exatamente na região em que ela teria vivido. A maior atração é a estátua de Mãe Bonifácia, a qual conta com um escravizado a seus pés, em um pedido de ajuda. Com uma das mãos, ela segura um cajado e a outra repousa os dedos na cabeça do negro em farrapos. Não é raro ver pessoas rezando e flores. Para muitos, Bonifácia se tornou uma santa popular.

ERA PARA TRAZER AS ORELHAS DOS PORTUGUESES

A ordem era clara: precisavam caçar os portugueses. Se possível, trazer as orelhas dos inimigos. Há relatos de pessoas que as cozinharam e serviram como iguaria. A raiva imensa dos europeus vinha por parte dos militares de baixa patente e parte expressiva da população. Em 1834, o Brasil estava virado de cabeça para baixo. O imperador dom Pedro I tinha renunciado, o filho não poderia assumir por causa da idade, o país estava sendo administrado por uma regência e havia conflitos em diferentes regiões por motivos diversos, entre eles independências locais da monarquia. Na economia, tropeçávamos. Os preços estavam mais altos. No Mato Grosso, especialmente, o dinheiro da mineração tinha secado e não havia produção agrária capaz de sustentar a economia. Alheios a esses problemas, comerciantes portugueses aumentavam os preços dos alimentos e serviços. A rebelião na capital mato-grossense marcou a trajetória do Centro-Oeste brasileiro e contribuiu para que acelerassem os passos de maioridade de dom Pedro II.

Em 30 de maio de 1834, dezenas de militares estavam perfilados no hoje conhecido marco do Centro Geodésico da América do Sul. Dali, eles tomariam o resto de Cuiabá e saberiam, a distância, que pequenas vilas e cidades viveriam turbulências parecidas. Apoiados pela população, que observava a piora na qualidade de vida, e insatisfeitos com os baixos e atrasados salários, os militares marcharam atrás daqueles que consideravam algozes, os portugueses ricos. Financiando intelectualmente o movimento, havia políticos liberais que se reuniam na "Sociedade dos Zelosos da Independência", grupo criado para debater o futuro de Cuiabá e do Mato Grosso e que não raramente defendia a tomada dos bens dos portugueses.

Por mais que fosse esperado o protesto, não era imaginado que aconteceria com tanta violência. Boatos que defendiam não ser crime roubar e matar estimularam ainda mais o grupo revoltoso. Estabelecimentos de portugueses foram saqueados e alguns, queimados. Portugueses foram mortos e mutilados. Suas esposas, estupradas. Escolhido pela Regência para apaziguar os ânimos, o liberal moderado Poupino Caldas assumiu a presidência da província e não demorou para ser acusado de jogo duplo. Enquanto apoiava os rebeldes, entregava informações, incluindo dos líderes, para o governo central. Acabou afastado e, depois, em um crime até hoje muito debatido, assassinado pelas costas. Para controlar a fúria, a Regência teve que articular a chegada de novas lideranças e movimentar tropas. Os líderes foram a julgamento no Rio de Janeiro, mas saíram absolvidos.

Igreja foi derrubada atrás de ouro

Senhorinhas pareciam não acreditar no que estava acontecendo. Como se estivessem cara a cara com a chegada do Apocalipse, fiéis da Igreja Nossa Senhora do Rosário, em Poconé, porta de entrada para o Pantanal mato-grossense, pareciam descrentes sobre o futuro. Em 1984, por causa de uma desenfreada corrida pelo ouro na região, o templo da fé foi demolido. Os caçadores de relíquias juravam que, embaixo da construção, havia uma quantidade enorme do bem precioso.

Desde o século XVIII, o Mato Grosso era encarado como um lugar privilegiado para o garimpo de ouro. Em 1718, às margens do rio Coxipó, foram encontradas jazidas. As minas de Cuiabá ficaram famosas pela qualidade de seus produtos, mas também pelos desafios para alcançá-los. Paulistas que tentaram tomar essas minas em 1725 foram mortos ou presos pelos indígenas, que tinham relação intrínseca e de proteção à natureza. Séculos depois, mesmo com a queda do ciclo econômico desse metal, o Mato Grosso ainda era conhecido como "estado do ouro". Na década de 1980, figurava como o segundo maior produtor do país. Havia garimpo em tudo que era canto. Isso trazia dinheiro para região e aguçava os desejos de investidores. Como consequência, ignoravam-se os patrimônios, mesmo os religiosos.

"Na busca do ouro, até a igreja foi derrubada", noticiou o *Jornal do Dia* em 20 de abril de 1984. A reportagem deixava claro que Poconé tinha se tornado um município-garimpo. "A cidade de Poconé tem sido vítima de contínuas mutilações de grupos econômicos, e centenas de garimpeiros que, usando das arbitrariedades contra a natureza, estão liquidando com a história do povo", publicou o *Jornal do Dia* na mesma data. Os vitrais, símbolos da antiga igreja, foram destruídos. Ao contrário do que muitos acreditavam, não há registros de terem encontrado grandes quantidades de ouro naquele específico espaço. Pode ter sido até maldição pelo que fizeram. Em maio de 1984, o governador do estado, Júlio José de Campos, começou a apertar a fiscalização nos garimpos, o que enfraqueceu os grupos exploradores de Poconé.

Em 1996, a banda Skank lançou *O samba Poconé*, álbum mais vendido dos mineiros. Apesar de não haver uma letra dedicada à caça ao ouro ou à igreja demolida, o disco acabou chamando mais uma vez a atenção para a cidadezinha do Mato Grosso.

Mato Grosso do Sul

Disco voador para jogo no Morenão

Mais de 24 mil pessoas lotaram o estádio Pedro Pedrossian, o Morenão, na capital mato-grossense no dia 6 de março de 1982. Pela primeira divisão do Campeonato Brasileiro, o Operário, tradicional time da cidade, enfrentaria o poderoso Vasco da Gama, então campeão carioca. O time do Rio de Janeiro contava com uma seleção de craques, entre eles os atacantes Roberto Dinamite e Cláudio Adão. O técnico cruz-maltino era o ex-delegado de polícia Antônio Lopes. Bem menos conhecido, o clube de Campo Grande não fazia feio: sob o comando do treinador e ex-goleiro do Fluminense e da Seleção Brasileira Carlos Castilho, que já tinha conseguido uma façanha ao levar o Operário à semifinal do Brasileirão de 1977, o clube costumava dar trabalho para os adversários tanto dentro como fora de casa.

Capaz de praticar dribles desconcertantes, o lateral Cocada estava infernal naquela partida. A zaga vascaína parecia não ver a cor da bola. O gol era questão de tempo. "Até quando o goleiro Mazzaropi vai aguentar?", perguntavam os vascaínos. Apelando para a fé, torcedores até pediam por uma intervenção divina. Não sabemos se foi divina, mas a resposta a esses clamores veio dos céus. No decorrer do primeiro tempo, surgiu um objeto não identificado acima da marquise. Exibindo diferentes cores, logo atravessou, tal qual estivesse em uma passarela, o campo. Segundo relatos, parou por segundos no círculo central. A arquibancada, os atletas, o trio de arbitragem e os gandulas viraram imediatamente suas cabeças para o inusitado disco voador.

Em seguida, talvez cansados da exposição, os extraterrestres aceleraram e o óvni desapareceu sem deixar rastros. Apesar de a TV Globo estar transmitindo o jogo, as imagens captadas pela emissora só mostram pessoas boquiabertas — mas nenhuma luzinha piscando. O jogo terminou em 2 a 0 para o time do Centro-Oeste do Brasil.

Nos bares, restaurantes, salões de cabelereiro e bancas de jogo do bicho, em tudo que era canto, alguém tinha uma opinião para o surgimento do disco voador. Campo Grande acordou em polvorosa. O jornal local *Correio do Estado* estampou a manchete: "Um óvni, espetáculo na capital". Como havia uma base da Força Aérea Brasileira perto do Morenão, cogitou-se que aquilo poderia ser alguma coisa dos militares. O que endossava essa tese era o fato de que paraquedistas da Aeronáutica desciam no campo antes dos jogos da tarde, em especial nas partidas que contavam com um grande público. Era um espetáculo a mais para quem ia ao estádio. O problema é que não fazia sentido aquilo acontecer à noite e no meio da partida. Nunca houve comprovação de que a nave era dos militares.

Outra possibilidade bastante discutida era algum avião, afinal o aeroporto também ficava próximo ao estádio. Entretanto, além de não haver voos naquele horário, a velocidade de arranque do óvni era muito superior à de um avião. Lógico que todas essas teorias atraíram os ufólogos, que até hoje estudam o caso.

Estrela da noite dos ETs, no Mato Grosso do Sul, Cocada foi contratado pelo Vasco em 1987 e mostrou que tinha estrela. Reserva, entrou desacreditado na final do Campeonato Carioca nos últimos minutos do segundo tempo. O Flamengo estava atropelando os cruz-maltinos até que o lateral direito recebeu a bola do atacante Bismark e foi para cima do zagueiro Edinho. Com bom gingado, enganou o experiente jogador rubro-negro, chutou, a bola bateu na trave, e foi morrer no fundo do gol. Comemorando sem rumo pelo gramado, o jogador tirou a camisa e acabou expulso. Ficou menos de cinco minutos em campo, mas foi o suficiente para se tornar herói da mesma torcida que um dia sofreu até com aparição de disco voador.

A Segunda Guerra Mundial não terminou em 1945

No meio da floresta da ilha de Lubang, nas Filipinas, um tenente japonês estava a postos para qualquer investida dos inimigos do Japão na Segunda Guerra Mundial. Munido com um rifle e uma espada de samurai, Hiroo Onoda era a personificação do espírito militar nipônico, que defende a máxima de que um soldado japonês morre, mas não se rende. O problema é que, sem saber, seu país de origem já havia levado duas bombas atômicas dos Estados Unidos, a guerra já havia acabado há quase trinta anos e Tóquio já estava reestruturada, inclusive com muito mais tecnologia. Em 1974, Onoda, faixa preta em kendô, era um dos últimos seres humanos a ter conhecimento do que estava acontecendo no planeta.

Quando o conflito terminou, tentaram avisar o grupo de japoneses que estava em missão na ilha que eles deveriam voltar para casa, mas foi em vão. Com isso, especulou-se que todos os resistentes japoneses teriam morrido. Em 1959, o próprio Onoda foi dado como perda militar. Vivíssimos, porém, precisavam se virar para se manterem assim. Escondidos entre cobras e formigas, assaltavam pequenos vilarejos da ilha, roubando vacas, cavalos, arroz e outros mantimentos. Há relatos de que Onoda era temido pelos moradores locais. Aos poucos, os colegas de farda foram morrendo ou sendo capturados pelos filipinos. No começo da década de 1970, só restava ele.

Essa história teve uma reviravolta quando as autoridades de ambos os países tomaram conhecimento de que Onoda estava ainda fardado e resistindo — diferentes pessoas, entre elas o explorador japonês Norio Suzuki, declararam ter contato com ele. Um aviso: não acredite que foi fácil convencê-lo de que poderia voltar ao Japão. O jornal *A Tribuna*, de Santos, estampou em 24 de outubro de 1972: "As autoridades militares filipinas pediram ajuda de voluntários japoneses para tentar persuadir um soldado nipônico na ilha de Lubang de que a Segunda Guerra Mundial terminou. Um grupo filipino-japonês continuou ontem procurando o soldado imperial em uma zona montanhosa da ilha".

Inúmeras estratégias foram orquestradas para fazer com que Onoda saísse do esconderijo: o nome do tenente foi gritado na floresta, o pai foi levado para o antigo campo de batalha na tentativa de comovê-lo e jogaram de um avião folhetos assinados pelo general Tomoyuki Yamashita ordenando a rendição. O militar acreditava, porém, que essas eram artimanhas dos adversários. Ele só se rendeu quando seu antigo comandante ordenou. Vestindo uma calça toda rasgada e a capa militar puída, Onoda se entregou em março de 1974. Em demonstração de respeito, deu sua espada para o presidente das Filipinas, Ferdinando Marcos. Na capital japonesa, foi recebido como um verdadeiro herói, com direito a aplauso de milhares de pessoas e transmissão ao vivo pela televisão.

A Tóquio que Onoda encontrou era muito diferente da cidade que ele conhecia. Assustado, foi indicado pelo irmão que procurasse um lugar mais calmo. Foi assim que ele se tornou fazendeiro em Terenos, a 53 quilômetros de distância de Campo Grande, capital do Mato Grosso do Sul. Virou celebridade e se casou em 1976. Poucos anos depois, ele se dividiria entre o Brasil e o Japão. Aos 91 anos, em 2014, faleceu. Até hoje, é considerado um herói.

OSESO MONTEIRO, O PARANORMAL PANTANEIRO

O israelense Uri Geller surgiu na televisão brasileira, entre as décadas de 1970 e 1980, como uma verdadeira atração vinda de outro mundo. Capaz de entortar garfos a distância e até mesmo fazer com que pessoas no conforto do seu lar desenhassem o que ele previa, ganhou fama e virou assunto até em missas. Domingo sim e outro também, aparecia na TV Globo mostrando suas peripécias. A audiência ia às alturas e, mais tarde, uma enxurrada de gente entrava em contato com a emissora via telefone ou carta. Muitos queriam relatar que os próprios talheres foram entortados só ao aproximar o objeto da tela e relógios que estavam pifados há anos voltaram a funcionar.

Com tamanha repercussão, ou a concorrência encontrava outro paranormal ou não teria nem chance de disputar a atenção do telespectador. Foi assim que entrou em cena um cidadão nascido em Corumbá e com um sotaque que ora parecia pantaneiro, ora puxava para o portunhol.

Oseso Monteiro, mais conhecido como professor Oriethy Bey, rodou o país se apresentando e dando aulas e palestras na década de 1950. O jornal

110 *Thiago Gomide*

O Globo, do dia 26 de setembro de 1957, trazia o anúncio de uma apresentação no Teatro Follies, em Copacabana, no Rio de Janeiro, do "Prof. Oriethy Bey e Ilka, astros mundiais do hipnotismo e telepatia. Espetáculo científico e divertido". Um ano depois, na então TV Rio, ele fez previsões para o futuro. Em 1959, foi a vez de dar um curso na praia de Botafogo, também na Zona Sul carioca, sobre "letargia e hipnotismo". Não parou mais. Observando o sucesso de Uri Geller, o apresentador Silvio Santos resolveu sacar da cartola Oriethy Bey, chamado pelo ex-camelô de "Super Geller".

Em 1976, nos programas de auditório de Silvio Santos, Oriethy Bey repetia os feitos do estrangeiro e ainda colocava na boca placas de ferro quente. A venda nos olhos do sul-mato-grossense aumentava ainda mais o suspense. O apresentador não cansava de repetir que aquilo não era possível. A plateia ia ao delírio, dando um tempero diferente ao normal. Nos casos de hipnose, Oseso conseguia revelações. Havia filas de "colegas de trabalho" querendo passar pela experiência. Em um determinado momento, fez a criançada acreditar que objetos em casa iriam desaparecer.

Com o retorno de público, outros entortadores mentais de facas e outras *cositas más* foram surgindo. Na década de 1980, foi a vez do fluminense Thomaz Green Morton dar o ar da graça. Embora a audiência das emissoras de TV continuasse alcançando picos gigantescos toda vez que esse pessoal aparecia na telinha, cientistas aprofundavam os estudos sobre a falsidade de suas ações. Vários os acusavam de serem charlatões, embora ninguém confrontasse a realidade de que prendiam facilmente a atenção de quem estava acompanhando. Pouco a pouco, os paranormais foram saindo de cena. Oseso morreu em 2017, com quase cem anos, anônimo, na Região Metropolitana do Rio de Janeiro.

A Dama do Castelinho

Tem quem passe rezando na frente do Castelinho, em Ponta Porã, cidade que faz divisa com Pedro Juan Caballero, no Paraguai. Tem quem feche os olhos para não cruzar com uma das histórias de assombração mais famosas do Mato Grosso do Sul. Tem ainda aqueles que juram que já viram fantasmas e até ouviram gritos desesperados vindos do que sobrou daquilo que um dia foi a sede do governo do Território de Ponta Porã na década de 1940. Construído no começo da década de 1920, o Castelinho, após ser propriedade federal, tornou-se quartel da 4ª Companhia Independente da Polícia Militar e presídio público. A mais conhecida detenta foi uma mulher, cujo nome jamais foi revelado, que teria assassinado o marido com inúmeras facadas. É a tal "Dama" que gera tantos temores.

Tendo sido a primeira presidiária da cadeia, no começo da década de 1960, a Dama passava horas mirando a rua através das grades. Não raramente, soltava um grito de lamento ou somente para assustar quem passava por ali. Chorava e ria como se não estivesse concatenando a realidade. As versões dos motivos de ter matado o cônjuge são inúmeras, por exemplo, traição. Curiosos ficavam nos arredores para observar os surtos. Até hoje, há quem garanta que o espírito não se desprendeu do lugar. Vultos são vistos. Nas redes sociais, há vídeos que mostram tentativas de comunicação com o além — sem sucesso, diga-se.

As lendas de assombração não param na Dama. Um sargento, que teria morrido em uma ocorrência na década de 1970, parece estar fazendo hora extra. Na época em que o Castelinho ainda era quartel, as teclas da máquina de escrever eram acionadas sozinhas, gavetas eram abertas e o próprio militar era visto andando de um lado para o outro. É evidente que casos e mais casos como esses chamam a atenção de moradores das redondezas e visitantes ao Castelinho, que ainda guarda os traços que outrora o fizeram ganhar essa denominação. Até o fechamento deste livro, esse patrimônio do Estado ainda estava em obras, que já duram anos — o interesse é que o local se torne um museu que valorize a história da região. Pode ser que os responsáveis pela obra estejam se inspirando nas igrejas, afinal o lugar precisa de uma lavagem espiritual.

Capivara boêmia

Quando a capivara Crioula se aproximava da mesa, os jogadores de truco já entendiam o que era preciso: oferecer um gole de cerveja para o bichinho. Um não, alguns. A capivara era insaciável e sabia como conseguir mais atenção — uma verdadeira estrategista. Ora levantava o focinho, fazendo graça, ora roçava a cabeça na perna de algum bebum, em demonstração de afeto, ora fingia dormir para lamber até aquele chorinho normalmente jogado para o santo. E não pense que Crioula ficava em um único bar. Ela fazia uma verdadeira peregrinação. Em uma época em que essas práticas certamente condenáveis não eram tratadas com o rigor necessário, um sujeito chamado Mato Grosso, apelido que ganhou devido ao nome de seu bar, que homenageia o estado, era o mais generoso. Ele gostava de beber com a capivara, dividindo com ela cascos e mais cascos.

Criada por uma família muito pobre da zona rural de Três Lagoas, na divisa dos estados de Mato Grosso do Sul e São Paulo, Crioula foi sobrevivente de uma barbárie. Ela havia sido tirada da barriga de sua mãe, morta por caçadores. Todos os irmãos morreram. O casal Roberto e Eny acabou tratando do animal silvestre como se fosse um cachorrinho yorkshire, dando o melhor que podia. Na reportagem publicada n'*O Globo* do dia 15 de março de 1987, o casal declarava que não sabia como o macho de 50 quilos aprendeu a beber álcool, entretanto tratavam o caso como perdido.

Com a manchete "Capivara boêmia vai para casa de táxi", a matéria ainda indica que o bicho saía cedo de casa e sem fazer barulho. Educação em primeiro lugar. As inúmeras fotos que ilustram o texto retratam Crioula chegando aos estabelecimentos, o carinho dos amigos de copo, a capivara interagindo com a cerveja e até o registro de uma conta onde se lê: "Despeza [sic] de bebidas com a capivara e seus amigos: 80 cruzados". Não há informação de quem pagou a fatura.

Após tanta bebida, Crioula ficava trocando as patas. Não conseguia voltar para o aconchego do lar. É aí que entrava em cena Robison Silvano, o filho do casal que adotou a capivara. Munido de um carrinho de mão, ele fazia o transporte do animal, para no dia seguinte repetir o mesmo périplo. Quando o repórter questionou um frequentador do Bar do Zé o motivo de dar bebida alcoólica para uma capivara, o entrevistado respondeu: "Ela chega aqui com seu jeito pidão e amolece o coração da gente".

Vale lembrar que, após muitos debates, em 1998 foi promulgada a Lei de Crimes Ambientais, que protege animais domésticos e silvestres de situações como essa.

Minas Gerais

Lagoa Santa

COM UM GRAVE PROBLEMA DE SAÚDE, o dono de engenho Felipe Rodrigues já tinha visitado todos os médicos conhecidos do Brasil Colônia. No século XVIII, a medicina, em especial distante dos grandes centros europeus, tinha poucos recursos para reverter questões que hoje são tratadas com facilidade. Não se sabe ao certo que mal Rodrigues enfrentava, mas a cura gerou uma fama internacional. Ao saber que as águas de uma lagoa eram milagrosas, ele se banhou com o máximo de fé. Deu certo.

A notícia da melhora rodou rapidinho a região. O frei Antonio de Miranda, de Sabará, foi um dos primeiros religiosos a saber e a procurar melhores referências do milagre. Embora o caso vivido por Felipe gere controvérsias na comunidade histórica, em 1749 o cirurgião português João Cardoso de Miranda, citando o episódio anterior, escreveu no livro *A prodigiosa lagoa descoberta nas Congonhas das Minas de Sabará* sua experiência naquele cantinho de Minas Gerais. Sofrendo de escorbuto, doença que atinge muitas vezes os olhos e quase o deixou completamente cego, o médico finalmente encontrou a recuperação. Ele ainda relataria mais de cem casos de curas a partir da ação daquelas águas. Pouco depois, outro médico, o italiano Antônio Cialli, foi estudar a lagoa. Isso gerou a publicação de *Breve transumpto das notícias da Lagoa Grande, virtudes experimentadas em diversos achaques, cautelas necessárias para o uso dos seus banhos.* Pronto: todos queriam entender o que se passava por ali.

Vindos dos mais diferentes cantos do país, curiosos se aboletavam por um mergulho naquelas águas. O resultado disso foi o estímulo ao comércio, com hotéis e pequenas vendas sendo abertas. O sucesso era tanto que barris com água foram levados para a Europa. Os preços em Portugal eram salgados. Em 1819, foi construída uma igreja, que abraçava um número cada vez maior de peregrinos. Mais de dois séculos depois, a cidade foi elevada à categoria de município. O nome? Lagoa Santa, óbvio.

Capeta vira bom dançarino em Belo Horizonte, mas é descoberto

A quadra esportiva do Vilarinho, no bairro de Venda Nova, em Belo Horizonte, estava lotada em dezembro de 1988. Ao contrário do que se pode imaginar, a turma não estava ali para praticar algum esporte, mas sim para dançar ao som dos mais diferentes ritmos. No decorrer da noite, ainda era prometido um grande concurso de dança, com direito a premiação e tudo o mais. Tudo seria natural se não fosse a presença de um ser das trevas, que ostentou chifres e pés de bode e gerou uma das lendas mais famosas da capital mineira.

Com poucas atrações de dança naquele cantinho de bh, os moradores de Venda Nova iam sempre ao Vilarinho. Caso chegasse alguém novo, era facilmente reconhecido. Vestindo uma roupa típica dos anos 1980, mas com um chapéu que parecia ter surgido das areias do Caribe, um rapaz começou a mostrar o talento no remelexo. Era, como diziam os mais experientes, um pé de valsa. Antes que você pense que ele foi acompanhado de uma capetinha, saiba que o Don Juan do inferno chamou donzelas do local para bailar, o que fazia o episódio ainda mais misterioso e intrigante. Há algumas testemunhas que juram que ele abocanhou o concurso e, evidentemente, muitos indicam ter sido um terráqueo mesmo o vitorioso.

De qualquer maneira, no passar das horas, o dj entendeu que era o momento de provocar os corações e lançou músicas lentas. Foi aí que o capiroto foi descoberto. Na dança mais coladinha, o chapéu acabou caindo. Ao ver o par de chifres, a mulher que dançava com ele gritou "Socorro!". Todos se viraram para ver o que era. Apesar da pouca iluminação, ninguém teve dúvidas. Assustado, o coisa-ruim correu, mas os sapatos saíram, evidenciando que ele tinha pés de bode. Um dos porteiros até tentou segurá-lo, mas não foi capaz. Levou um coice e caiu no chão. Estava vivo, porém não conseguia se mexer.

No dia seguinte, repórteres de televisão, rádio e jornal estiveram no local para entrevistar testemunhas e tentar descobrir quem era o tal capeta. Houve meninas que disseram até o nome do diabinho: Alex. Em entrevista à tv Globo, a testemunha Ricardo Malta defende que o diabo era loiro e alto e tinha olhos claros, mas pés pequenos. Bem-humorado, Malta, que era campeão de vários concursos, disse ter ganhado naquela noite. Na mesma reportagem, o porteiro Maciel da Trindade mostrou a marca do chute e, resignado, disse "que não sabia se foi do capeta, mas que o sinal não saía de jeito nenhum". O caso ficou conhecido como Capeta do Vilarinho. O resultado foi que mais e mais jovens iam dançar no local na tentativa de encontrar a figura macabra. O público triplicou, e o faturamento, também.

Em 2021, em entrevista ao jornal *Estado de Minas*, o empresário Francisco Filizzola Lima contou como criou essa lenda. Um vigilante relatou ao dono da quadra ter visto "dois capetas" no espaço — muito provavelmente se referindo a ladrões. Rindo da situação, Francisco insinuou que era para chamar a polícia. E não é que o funcionário registrou um boletim de ocorrência? Assim surgiam a lenda e, incrivelmente, uma das melhores publicidades.

LAGOINHA: AMERICANO OU SOVIÉTICO? O COPO QUE ESTÁ NO MoMA

Na capital nacional dos bares, Belo Horizonte, pode até não haver todas as marcas de cerveja no mesmo recinto, porém raramente o líquido não será servido no copo americano, ou melhor, Lagoinha. O objeto que se tornou sinônimo de boteco em todo o país foi criado (ou teve a sua versão brasileira criada) em São Paulo, nos remete aos Estados Unidos — menos em Minas Gerais — e acabou sendo usado para o cafezinho, a cachaça e até mesmo como padrão para receitas.

Nascido em São João del-Rei, Minas Gerais, Nadir Figueiredo começou sua trajetória como empreendedor em 1912 ao montar uma oficina de máquinas de escrever na região central de São Paulo. Depois, investiu em eletrificação de luminárias a gás, produziu munições para as tropas paulistas na Revolução Constitucionalista de 1932, comprou uma empresa produtora de vidros e só em 1947 criou, patenteou e apresentou ao público o tal copo. Como o maquinário veio dos Estados Unidos, acabou ficando conhecido como copo americano.

Após pouco tempo de lançado, o comerciante mineiro Joaquim Septimo Vaz de Mello conheceu o copinho. Seu Quim-Quim, como era chamado, se interessou pelo produto e resolveu testá-lo na sua mercearia, na praça Vaz de Melo, na Lagoinha, bairro muito famoso pela boemia. Não demorou nada para o copo se popularizar entre os apreciadores da pinga e da cerveja no local. Aquele monte de frequentadores começou a chamar o copo de "Lagoinha" e os outros comerciantes da região também passaram a querer o produto que vinha da capital paulista.

Em 2009, veio o momento de glória internacional. Na mostra *Destination: Brazil*, o copo foi tratado pelo Museu de Arte Moderna de Nova York, o MoMa, como um símbolo de sofisticação do design brasileiro. Nesse ano, intensificaram-se também os debates sobre uma polêmica que acompanha a trajetória do produto.

Em 1943, quatro anos antes do brasileiro, foi lançado na União Soviética um copo com traços que algumas pessoas acham bem similares. Ele teria sido desenhado pela escultora Vera Mukhina, a mesma que parou a Exposição de Paris de 1937 com o monumento *Operário e mulher kolkosiana*. Nos Estados Unidos, ficou conhecido como "copo soviético". Nunca houve nenhum processo de plágio e não há nenhuma prova de que tenha sido realmente copiado. Certos estão os mineiros, que fugiram da Guerra Fria dos nomes e seguem bebendo cerveja.

Virar governador de Minas era um perigo

Quando o industrial João Pinheiro morreu no Palácio Liberdade, em Belo Horizonte, um assunto deixou de ser lorota ou mesmo lenda fantasmagórica para ganhar outros contornos. Nascido em Serro, cidadezinha distante cerca de duzentos quilômetros da hoje capital mineira, Pinheiro esbanjava vigor aos 47 anos. Era um governador que investia na construção de ferrovias e rodovias, aumentando o poder de exportação dos produtos que eram fabricados no estado, e ficou marcado pelo olhar zeloso para o funcionalismo público, em especial a segurança. O falecimento repentino em 1908 só poderia ter uma explicação: a maldição de Maria Papuda.

No fim do século XIX, o largo do Rosário abrigava uma igreja, com características jesuíticas e duas torres, um importante cemitério e diversas construções — simples, em sua extensa maioria. Curral del-Rei, nome dado anteriormente à região em que hoje está Belo Horizonte, era um espaço tímido, não muito conhecido, porém isso mudaria.

Nos primeiros anos da República, aquele arraial surgido no século XVIII foi escolhido como o canto ideal para a nova capital, que deveria ser símbolo do avanço e da modernidade. Imensas mudanças deveriam ser realizadas, entre elas a demolição do templo da fé, a expropriação de quilombos e a expulsão de quem ali vivia para áreas mais distantes.

A mais famosa moradora que teve a vida atropelada pelo progresso foi Maria Papuda, que se recusou a sair de casa, mas foi vencida pelo Estado. Sofrendo com o bócio, doença que provoca aumento anormal da glândula tireoide, causando inchaço no pescoço e por alguns valorizada pela dita relação intrínseca com poderes mediúnicos, Maria teria jogado uma maldição: o que fosse construído no espaço da sua residência não teria sossego. Em 1897, o casebre de Maria deu lugar ao luxuoso Palácio da Liberdade, com ares europeus. A nababesca mansão seria a sede governamental e residência oficial.

Ainda comemorando a vitória como vice-presidente do Brasil, em 1902, o médico Silviano Brandão não se sentiu bem no dia 25 de setembro e faleceu aos 54 anos. Ele tinha deixado o cargo de governador de Minas em fevereiro para disputar o pleito, portanto, na teoria, estava distante do sinistro palácio. Só que isso não foi o suficiente para fugir da maldição. Faltavam menos de dois meses para a posse de um dos mais disputados cargos do país — até a eleição de Jânio Quadros, em 1960, votávamos em presidente e vice separadamente.

Como foi o primeiro de uma série de vítimas, abundaram dúvidas se a morte de Silviano foi acaso ou não. A morte de João Pinheiro acendeu a luz amarela. Em seguida, os governadores Raul Soares e Olegário Maciel, em 1922 e 1933, respectivamente, não finalizaram os mandatos.

Com tantos casos, não é de se estranhar que alguns tentassem derrubar o Palácio da Liberdade. Mais moderado, Juscelino Kubitschek mandou construir o Palácio Mangabeiras como residência para os governadores. Será que isso diminuiu a pressão? Não. Qualquer porta rangendo ou janela aberta já era motivo para fazer o sinal da cruz.

Em 2010, o governo de Minas mudou de pouso. O Poder Executivo foi para a Cidade Administrativa e o Palácio se tornou um museu. Na internet, não faltam relatos de visitantes que escutaram gritos e viram vultos. Contanto que ninguém queira morar ali, está tudo bem.

POR FALAR EM ASSOMBRAÇÃO...

Quem anda pelas ruas da Lagoinha, especialmente por volta das duas da manhã, sabe que corre um risco: cruzar com uma lenda que muitas pessoas juram de pés juntos ser verdade desde a década de 1940. O medo de esbarrar na fantasmagórica criatura é tão grande que os cuidados passam de geração para geração. "Não olhe nos olhos", "Berre e corra" e "Reze dois pais-nossos" estão nas cartilhas informais. Se uma mulher pedir uma carona, pense três vezes antes de aceitar.

A lenda da Loira do Bonfim circula pelas ruas de Belo Horizonte há gerações, desde o fim da década de 1910, mas o medo generalizado da mulher teve seu auge nas décadas de 1940 e 1950. Há algumas versões para a aparição da loira, mas elas costumam afirmar que, por volta das duas horas da manhã, na região da Lagoinha em especial, e até em outros pontos da cidade onde muitos boêmios dão sopa pela madrugada, a bela mulher atraía os homens com um convite irrecusável para ir até sua casa. Utilizando táxi ou até bondes, ela seguia com o seu convidado. O problema é que, quando eles chegavam, a residência era o... cemitério do Bonfim, a primeira necrópole de Belo Horizonte.

Por causa da história da Loira do Bonfim, a moça de olhos verdes que seduzia os homens e andava sempre de branco, muitos taxistas se recusaram a trabalhar durante a madrugada nas regiões boêmias da cidade. Apesar de tanto tempo já ter passado, até hoje os motoristas de ônibus que fazem a linha do Bonfim juram que a loira ainda circula pela madrugada e age da mesma maneira.

O TÚMULO COM CORRENTES

Na noite do dia 29 de maio de 1929, após a missa na igreja matriz do município de Queluz, hoje Conselheiro Lafaiete, distante cem quilômetros de Belo Horizonte, o coroinha Murillo Arcanjo Araújo foi até o campanário da torre com amigos para tocar o sino. Apesar de não ter a autorização do padre, o objetivo era anunciar aos fiéis os atos litúrgicos da manhã seguinte, dia de Corpus Christi. Pesado, o badalar do sino costumeiramente era conduzido por adultos. Franzino, Murillo sofreria um acidente que até hoje divide opiniões em relação aos detalhes. Alguns acreditam que o gancho no qual a corrente badala alcançou o menino de treze anos e o jogou para fora da torre. Outros defendem que ele se agarrou ao objeto, perdendo o controle e caindo de uma altura superior a vinte metros. Existem muitas outras teorias.

Na calçada, os fiéis viram a triste cena impressionados. Entre eles, estava o médico Victorino Ribeiro, que ainda tentou fazer os primeiros socorros, mas não obteve sucesso. O menino havia fraturado o crânio e os braços ao se chocar com o chão, tendo morte instantânea. No dia 30 de maio, sob uma chuva torrencial, Murillo foi enterrado no cemitério de Nossa Senhora da Conceição. Na cerimônia, seu pai, o tenente José Teixeira de Arcanjo, recebeu as condolências de toda a população. O professor do menino, José Augusto de Rezende, também fez uma oração no momento do sepultamento.

A poucos passos da entrada do cemitério, está o túmulo de Murillo. Percebe-se imediatamente que os detalhes remontam à torre da igreja que ele tanto frequentava. Na base, correntes finas circundam o jazigo, e aí está o mistério que mexe com o imaginário mineiro. Ninguém sabe ao certo quem foi quem as colocou ali, mas os céticos acreditam que a medida tenha sido adotada para evitar vandalismo. No entanto, as correntes geraram uma lenda que ultrapassou os limites da cidade e é passada de geração em geração.

Segundo as histórias que o povo da cidade conta, com a morte de Murillo, o sino tocava durante a madrugada sem que ninguém estivesse presente na torre. Não havia um encarnado que conseguisse dormir. Desesperados, os moradores teriam tentado de tudo: missas, orações… E nada. Pediram ao padre para fazer uma conexão com o divino e tentar descobrir o que era. Não deu em nada mais uma vez. Eis, então, que alguém foi ao túmulo e o cercou com um dos objetos que melhor representam prisão. O sino nunca mais tocou sozinho. Impulsionado pela crendice popular, o cemitério recebe inúmeros visitantes curiosos. Não é raro encontrar velas acesas ao redor do jazigo e terços amarrados nas correntes.

SANTA CAI DO CÉU E SE TORNA A PADROEIRA DE UMA CIDADE MINEIRA

Uma réplica em tamanho menor do avião Curtiss c-46 Commando prefixo PP-ITB está em destaque na cidade mineira de Catas Altas da Noruega, distante 140 quilômetros de Belo Horizonte. Abaixo do imponente monumento, encontra-se a estátua de Nossa Senhora das Graças. Flores estão por todos os lados. Caso o visitante não dê atenção à placa informativa, não vai entender nada. Qual seria a relação? Será que houve ali um acidente? Nada disso. Essa história nos leva a um voo cargueiro que não deu certo, geladeiras e sapatos no bagageiro, além de um milagre digno de filme norte-americano.

O voo do Rio de Janeiro rumo a Belém, capital do Pará, com parada em Belo Horizonte para abastecer, estava indo bem até atravessar Catas Altas.

Ao se darem conta de que estavam enfrentando uma pane no motor, os comandantes tomaram uma decisão: descartar as cargas que transportavam. Era uma maneira de diminuir o peso, aumentar a velocidade e chegar mais rápido ao destino. A mil metros de altura, desfizeram-se de rádios, quatro geladeiras, caixotes cujo conteúdo desconheciam e imagens religiosas — cerca de quinhentos pares de sapatos e fardos de tecido foram preservados. E, assim, a viagem seguiu seu rumo naquele 29 de julho de 1949.

Em solo, os lavradores José Francisco e Geraldo das Neves viram, entre tantas peças destruídas, em um pé de jequitibá, bem próximo a uma gruta, a imagem intacta de Nossa Senhora das Graças. Pela altura de que caiu e por ser feita de porcelana, medindo cerca de sessenta centímetros, era para estar em pedaços. Os trabalhadores reuniram o que era possível e levaram aos responsáveis policiais, que também se empenharam em recolher todos os objetos. Eles queriam devolvê-los à empresa dona do avião.

Quando soube do ocorrido, o padre Luiz Gonçalves Pinheiro tomou um susto. Era coincidência demais para ser verdade. Devoto de Nossa Senhora das Graças, o religioso pediu que um fiel fosse a uma cidade próxima (há quem garanta que foi Belo Horizonte) comprar flores para enfeitar o altar e encomendou ainda uma imagem da santa que tanto admirava. Não é que o fiel se esqueceu de comprar a imagem? Sem problema: afinal, ela caiu do céu. Sem pestanejar, restou ao padre insistir com o delegado para que a santinha ficasse no município. E ficou. Está no altar do Santuário Arquidiocesano de Nossa Senhora das Graças.

Todo dia 29 de julho há uma grande romaria, na qual a imagem da santa sobrevivente ao avião é carregada pela cidade. A localidade, que tinha apenas são Gonçalo do Amarante como único padroeiro, passou a adotar Nossa Senhora das Graças também como protetora. No exato local onde a imagem foi encontrada, há um oratório, mas aí sem lembrança alguma do avião ou do jequitibá.

Pará

Fordlândia, a cidade do Ford

Com pouco mais de sessenta anos de vida, o empresário norte-americano Henry Ford não precisava provar mais nada a ninguém. Admirado mundialmente, já tinha revolucionado a indústria automobilística com a criação do Ford T, o primeiro carro produzido com rapidez, em escala e com preço mais acessível. Era uma virada de chave em um setor que estava acostumado a veículos customizados e caríssimos. Habituada a dominar o processo de produção, fabricando muitos dos elementos presentes no automóvel, como vidro e ferro, a Ford Motors Company vislumbrou na Amazônia a chance de produzir matérias-primas ligadas à borracha. Esse seria um excelente jeito de não mais depender dos valores praticados pela Inglaterra, que controlava a maior parte da produção do látex no mundo. Inclusive, segundo diversas vertentes históricas, foi o inglês Henry Wickham quem teria contrabandeado para o continente asiático a semente da seringueira.

Rainha da Amazônia durante décadas, a borracha viu seu reinado partir para a Malásia na virada do século XIX para o XX. Na década de 1910, a colônia inglesa na Ásia já despontava como a maior produtora daquilo que ficou conhecido como "ouro branco" ou, até mesmo, "ouro verde". O grande *boom* de desenvolvimento do estado do Pará veio por causa do dinheiro do látex. Na Malásia, havia menos dificuldades de produção e escoamento, além de solo fértil e melhor preço, ou seja, sua atuação no mercado da matéria-prima foi mortal para o Brasil. Entendendo que poderia reverter esse cenário, Ford decidiu investir pesado em um audacioso projeto na Amazônia: criar uma cidade operária capaz de fornecer produtos para os automóveis. Destroçado pelo fim do Ciclo da Borracha e enxergando o poder empresarial do estrangeiro, o governo do Pará ofereceu várias isenções fiscais e abriu as portas para que a empresa tivesse um município só para ela. Nascia, assim, em 1927, a cidade da Ford, que logo ganharia o nome de Fordlândia.

Para a realização de megaempreendimento, a Ford trouxe dos Estados Unidos diferentes materiais de construção, como telhas e madeiras. A arquitetura das residências lembrava as cidadezinhas americanas do interior, tão comuns em filmes de Hollywood, com direito a jardins, cercas, calçamento e hidrantes vermelhos próximos ao portão. Escolas, lojas, restaurantes e um campo de golfe compunham o espaço. Os hospitais contavam com tecnologia de ponta. Norte-americanos vieram trabalhar no projeto, que também empregava brasileiros. Os salários eram altos.

Mantendo a cultura da empresa nos Estados Unidos, Ford implementou normas consideradas rígidas para os padrões da região, além de forçar de todas as maneiras que todos os funcionários seguissem as tradições do país da sede. Com isso, houve seringueiros que se esforçavam para gostar de música country e que tentavam trocar a peixada por um *cheeseburger* duplo com bastante ketchup. Não deu certo.

Em Fordlândia, também eram proibidas as bebidas alcoólicas. Sedentos por uma caninha, os trabalhadores precisavam navegar para outra cidade. Em todo o estado, o relógio de ponto era novidade para os seringueiros, que jamais tinham visto ou ouvido falar daquelas máquinas e dinâmicas trabalhistas.

A pressão por resultados era constante, o que contribuía para o estresse dos funcionários e para a evidência de um problema que dificilmente seria revertido: a qualidade do solo não era tão boa para o que os norte-americanos desejavam. As pragas se multiplicavam na plantação e as doenças estavam tomando conta do negócio. Muitos funcionários pegaram malária e febre amarela. Revoltas aconteceram, com empregados que ameaçavam os gestores, necessitando de intervenção policial. A quantidade de látex ficou muito distante das projeções mais pessimistas. Após a Segunda Guerra Mundial, surgiu uma nova bomba no mundo do látex: o desenvolvimento da borracha sintética. O negócio se tornou inviável.

Após investir centenas de milhões de dólares em quase vinte anos, a Ford Motors Company decidiu fechar o centro de produção na segunda metade da década de 1940. Atualmente, Fordlândia, que fica a mais de mil quilômetros de Belém, parece uma cidade abandonada, que conta com os poucos moradores para a manutenção do que foi um dia. As casas no estilo estadunidense foram desabitadas. Os grandes galpões, que outrora serviram como abrigo para a produção de peças fundamentais para automóveis, estão com as janelas quebradas e suas máquinas enferrujaram. Do convento que chegou a funcionar na cidade, não resta nem um único símbolo religioso. Os hidrantes vermelhinhos ainda estão lá, mas não funcionam. Na praça principal, uma estátua desperta a atenção: um seringueiro extrai a goma da seringueira, observando a grande quantidade de látex que cai da árvore. Esse era um sonho que definitivamente ficou no passado.

A PROTETORA DOS TAXISTAS

Filha de um empresário de Belém, dono de uma fábrica de sapatos, Josephina Conte faleceu aos dezesseis anos. Ninguém sabe ao certo o motivo, apesar de ela ter emagrecido muito rapidamente e sido internada e isolada dos demais pacientes por conta de uma suspeita de tuberculose. No enterro, há registros fotográficos, coisa rara e caríssima em 1931. Feita na Itália, a sepultura dela no cemitério Santa Izabel, em Belém, tem uma foto grande em formato oval. Na imagem, há uma jovem vestindo uma camisa com um broche de automóvel, cabelos curtos e um olhar penetrante. Placas em agradecimentos a graças alcançadas tomam conta da superfície do túmulo. Flores são comuns o ano inteiro, e não somente em Dia de Finados. Por todos os lados, há marcas de velas derretidas, o que indica a devoção por Josephina. Ela se tornou uma santa popular e a protetora dos taxistas.

Na década de 1960, uma lenda estava sacramentada na capital paraense: apaixonada por automóvel desde criança, Josephina sempre andava de carro por Belém no dia de seu aniversário, 19 de abril. Virou uma tradição tão forte que ela não a esqueceu nem mesmo depois de morta. Dizem que, nessa data, ela sai do túmulo e faz sinal para o primeiro taxista que passar pela porta do cemitério. Após acompanhar a evolução da cidade e as novidades do comércio, ela desce próximo ao local onde pegou originalmente o táxi e indica ao motorista que vá à casa dos pais cobrar a fatura. Há pessoas da família de Josephina que dizem que jamais nenhum taxista apareceu na porta deles com o débito-fantasma, mas há quem defenda que apenas um, para espanto de todos, tocou a campainha da família Conte em busca do pagamento — e, logo que percebeu a situação, correu.

Por causa de sua relação com os taxistas, a categoria começou a pedir proteção à alma de Josephina. Não é nada raro encontrar relatos de choferes, como eram chamados, de graças alcançadas e casos em que a alma da jovem intercedeu por eles diante de ameaça de violência iminente. No entanto, a fama de Josephina como santa popular não atrai só os taxistas. Admiradores de diferentes profissões e afazeres, incluindo motoristas de aplicativo, se juntam para contribuírem para as despesas de manutenção do túmulo. Em 2024, uma barbárie aconteceu: vândalos subiram na sepultura e riscaram, com chave ou algum objeto cortante, a imagem. Os olhos foram danificados. Mesmo assim, não conseguiram acabar com a impressão de que Josephina está encarando todos que passam diante de seu túmulo, independentemente de onde a pessoa esteja.

MERCADO VER-O-PESO: IMPOSSÍVEL SABER AONDE VAI DAR

No Mercado Ver-o-Peso, a pessoa entra buscando algo e é impossível não sair com outras mil compras. É uma variedade que deixa até o mais avarento com instintos capitalistas. Tem licores artesanais, comidas das mais variadas, farinhas de diferentes tipos, frutas regionais, temperos para todos os gostos e artesanato. Caso esteja passando por alguma enfermidade, sem problema: há ervas para reumatismo, gastrite, dor na perna e de cabeça, entre outras. Esqueça o mau-olhado, porque por lá são oferecidos ingredientes para uma infinidade de banhos, inclusive o clássico de arruda e até o de cera de abelha. Está com a energia pesada? Raspa do chifre de boi. Quer rejuvenescer? Sabonete de cacau. Se tomar a cachacinha de jambu, aí é que o incauto visitante não se aguenta mesmo e, se bobear, sai do mercado com um peixe frito debaixo do braço.

Patrimônio Histórico do Brasil, quando foi criado, no início do século XVIII, o mercado estava muito longe de ser o que é atualmente. Em seus primeiros tempos, ele serviu como um posto fiscal para a cobrança de impostos das embarcações que atracavam no porto de Belém. Quando canoas, vindas do interior da província, chegavam ali trazendo gêneros variados, era preciso que essa mercadoria fosse pesada, por isso o "Ver-o-Peso". Após essa etapa, eram pagos os impostos para a Coroa.

Na primeira metade do século XIX, no entanto, essa função já tinha sido descontinuada. O mercado como conhecemos começou a ganhar essa roupagem em 1901, quando foi inaugurado o emblemático Mercado de Ferro, com estrutura vinda da Europa e dedicado à venda de peixes. Com o passar do tempo e a pujança trazida pela grana da venda de borracha e pela chegada de muitos turistas, a região foi ganhando novas atrações, como praças, edifícios e ruas modernas. O porto ganhou um banho de loja, transformando-se em um canto charmoso e atraente.

Durante o Círio de Nazaré, a maior procissão religiosa do Brasil, o Ver-o-Peso desempenha um papel fundamental. As bancas do mercado se enchem de velas, flores e símbolos religiosos que os fiéis compram para homenagear Nossa Senhora de Nazaré. Ingredientes para o almoço do Círio são encontrados, em especial o famoso pato no tucupi. Artesanatos que remetem ao período são vendidos o ano inteiro, mantendo vivas a tradição e a fé.

AÇAÍ: A DOR DE UMA INDÍGENA GEROU O FRUTO

Em uma aldeia paraense, o cacique enfrentava um gigantesco dilema: como alimentar seu povo se a população só aumentava e os recursos locais começavam a faltar? Alguns já passavam fome. Com esse problema para ser resolvido, o líder tomou uma atitude drástica: mandar matar todos os recém-nascidos.

Por mais que causasse espanto, a decisão era essa. Para mostrar ainda mais firmeza, determinou que até o bebê que sua própria filha, Íaça, carregava no ventre, fosse exterminado. O sexo da criança, no entanto, é ignorado. Há quem conte que era um menino e há quem garanta que era uma menina.

Embora tentasse argumentar, logo após o nascimento Íaça teve que se despedir do bebê. Desolada, chorava todas as noites e pediu a deus Tupã (há quem aponte que o clamor foi feito para os espíritos da floresta) que desse uma solução à falta de comida para que ninguém mais enfrentasse a dor que estava sentindo. Assim, certa noite, ela escutou o choro de sua filha (ou filho) vindo do lado de fora da oca. Após constatar que aquilo não era um sonho, ela correu floresta adentro e viu a criança embaixo de uma palmeira. Entretanto, em vez do choro, ela percebeu que havia um sorriso no rosto do bebê. Quando tentou abraçá-lo, porém, ele desapareceu. Sem forças, abraçou uma árvore e morreu de tristeza. Na manhã seguinte, o corpo de Íaça foi encontrado e, na árvore, a açaizeira, havia pequenos frutos pretos então desconhecidos. Foi dessa maneira que os indígenas tiveram contato com o açaí — Íaça ao contrário.

Reconhecido como um fruto energético, rico em nutrientes e com propriedades que trazem inúmeros benefícios para a saúde, o açaí alimentou toda a tribo e liquidou o problema da fome. Embora não haja um consenso histórico sobre quando o fruto entrou na alimentação indígena, o fato é que, na segunda metade do século xx, o açaí, tão típico do Pará, ganhou o país. Nas capitais do Sudeste, em especial no Rio de Janeiro, os surfistas e lutadores de jiu-jítsu ajudaram a popularizá-lo, incrementando a receita com diversas frutas e granola. No Pará, come-se o açaí com peixe frito e mandioca. Independentemente do local, a força de Íaça continua alimentando muitas pessoas. Quem nunca comeu um açaí e se sentiu satisfeito?

Campo de concentração em Tomé-Açu

Com a declaração de guerra do Brasil ao Eixo formado por Alemanha, Itália e Japão, automaticamente se acentuaram as perseguições aos estrangeiros dessas nacionalidades. Assim, parecia estar instaurada uma caça às bruxas. Lojas, restaurantes e casas eram atacadas por militares e civis. Seguindo um decreto-lei estabelecido em março de 1942 pelo ditador Getúlio Vargas, propriedades de italianos, alemães e japoneses poderiam ser confiscadas, além de estarem permitidas a censura e a vigilância. Campos de concentração foram criados em diferentes cantos do país para aprisionar aqueles e aquelas que eram tratados como possíveis espiões, agentes ou mesmo inimigos da nação.

Muito antes do primeiro estampido da guerra, no fim da década de 1920, japoneses se estabeleceram na hoje conhecida cidade de Tomé-Açu, distante cerca de quatro horas de carro do centro da capital paraense. Eles sobreviviam do cultivo de arroz e hortaliças. Tímidos e trabalhadores, interagiam com o resto da sociedade, mas mantinham o apreço às suas próprias tradição e cultura. Não eram vistos como invasores ou perigosos, mas, em 1942, essa realidade mudou drasticamente também naquele espacinho tão isolado do centro do poder do Pará. Em 1943, a situação chegou ao limite: o governo brasileiro estabeleceu que Tomé-Açu fosse transformada em um campo de concentração capaz de receber centenas de suspeitos. Até japoneses em Manaus foram enviados.

Cercados por homens fortemente armados, os prisioneiros e suas famílias foram alojados em estruturas precárias. Não havia preocupação com higiene ou conforto. Doenças como febre amarela, malária e infecções intestinais eram frequentes devido à falta de saneamento básico e água potável. Embora não fosse um campo de extermínio, como os do nazismo, o lugar tinha a função de controle político. Com isso, os detentos precisavam cumprir rígidas regras. Era proibido falar em idioma estrangeiro, se reunir com amigos, conversar e tentar comunicação com o mundo exterior. Estes e muitos outros casos davam em uma prisão ainda mais rigorosa. Às nove da noite, o toque de recolher era ouvido.

Para manter a estrutura do campo em funcionamento, os prisioneiros eram forçados a trabalhar na carpintaria, nos reparos, na agricultura e na limpeza, entre outras funções. Nunca foi comprovado que qualquer uma dessas pessoas esteve de fato envolvida em planos ou atentados contra o Estado brasileiro. Em 1945, com o fim da guerra, esse e outros campos foram desativados e suas edificações, demolidas. Sem dinheiro para voltar ao país natal, os japoneses acabaram saindo do Pará ou se mantendo ali como podiam.

Paraíba

MONSTRO DO AÇUDE VELHO OU JACARÉ DO LAGO NESS?

CRIADO PARA AJUDAR NA LUTA CONTRA A SECA DO NORDESTE ainda no século XIX, o Açude Velho, ponto turístico de Campina Grande, se tornou parada obrigatória dos tropeiros que atravessavam o país em cima de burricos — uma imensa estátua em homenagem a eles está na fachada do Sesi Museu Digital. É nessa região que também existem o famoso Museu de Arte Popular da Paraíba, que tem o formato de três pandeiros e foi desenhado pelo arquiteto Oscar Niemeyer, e as estátuas dos músicos Jackson do Pandeiro, nascido na terrinha, e Luiz Gonzaga. Restaurantes compõem o cenário que atrai inúmeros turistas. Contribuindo ainda mais para a efervescência, os moradores gostam de correr ao redor do Açude.

Quando procuramos nas redes sociais registros da região, nos deparamos com *selfies* de turistas, um belo fim da tarde, o sol reluzindo nos espelhos do museu e pessoas interagindo com a lembrança dos saudosos músicos, além de jacarés. Muitos jacarés. Algumas imagens nos passam até a sensação de estarem tentando imitar o clássico Monstro do Lago Ness, da Escócia. Durante muito tempo, o Açude conviveu com uma lenda: revoltado com a quantidade de frequentadores, que passavam o fim de semana bebendo cerveja, queimando uma carne e pulando nas águas, um rico morador resolveu importar jacarés. Com a atitude drástica, esperava — e conseguiu — acabar com as festas.

Apesar de não haver um consenso nem sobre quem foi o responsável por levar os répteis para lá nem se isso era realmente verdade, não teve quem pagasse para ver. Na dúvida, era melhor fica em terra, protegido. Ou melhor: em terra e tentando encontrar os tais jacarés (ou seria apenas um?). Campinenses faziam vigília. Qualquer movimentação estranha era o suficiente para acender a lenda. Aos poucos, registros sérios foram aparecendo — não há um consenso sobre a foto pioneira. No começo da década de 2000, o primeiro jacaré a surgir fora das águas foi o Jack, como foi apelidado. O jacarezinho acabou se tornando mascote de um time de basquete e inspirou um bloco de Carnaval, o "Jacaré do Açude Velho". Ele é um sucesso. Realmente, o monstro da Escócia não chega nem aos pés do bichano da Rainha da Borborema.

O TEATRO QUE TROUXE AZAR PARA O SENHOR ROZA E ESCONDE UMA TRAGÉDIA

O Theatro Santa Roza, no centro de João Pessoa, ficou décadas em construção. Em vez de templo da arte, parecia que acompanhava o ritmo lento que deu fama às igrejas. Quem resolveu acelerar os processos para que finalmente tudo ficasse pronto foi Francisco da Gama Roza, então presidente da Paraíba. Aproveitando todo o seu poder, o médico e político retirou os nós da burocracia, conseguiu verba para os detalhes finais e viu a casa abrir as portas no dia 3 de novembro de 1889, quase quarenta anos depois do começo das obras. A peça *O jesuíta ou O ladrão de honra*, de Henrique Peixoto, foi encenada na noite especial. A festa seria estragada no dia 15 daquele mês, com a chegada da República. Gama Roza não continuaria o mandato e, após pouco tempo, o nome do local seria alterado para Theatro do Estado.

Na virada do século XIX para o XX, era muito comum mágicos estrangeiros virem aos mais diferentes cantos do Brasil se apresentar. Os espetáculos eram atrações à parte, que mostravam culturas e truques diferentes. Os ingressos costumavam se esgotar em minutos.

Em 1900, o mágico sueco Jau Balabrega era muito esperado. Conhecido por shows que também valorizavam a performance teatral, Balabrega

134 Thiago Gomide

havia ensaiado uma peça que contava com o gás acetileno, muito inflamável e proibido no Brasil. Ele teria trazido a substância escondida em sua bagagem. No ensaio, em 12 de junho, o mecanismo que liberava o gás entupiu. Na tentativa de desobstruí-lo, o pior aconteceu. Uma explosão de grande magnitude destruiu o palco, queimou a cortina e matou o mágico e seu assistente — partes do corpo foram parar na plateia. Mais de um século depois, há quem garanta que as almas dos dois continuam no lugar, apavorando funcionários, artistas e visitantes.

Barraca do Pau Mole levou João Pessoa à tristeza

Na orla da praia de Tambaú, em João Pessoa, havia duas barracas de praia: a Pau Mole e a concorrente e mais jovem Pau Duro. A primeira estampava no letreiro um senhor carregando uma bengala com a parte do meio derretida e apontando para baixo, em uma alusão clara aos problemas por ele vividos. Já a segunda exibia um senhor, com alguns fiapos de cabelo, acompanhado de uma bengala reta e uma mulher negra bem mais alta e com o corpo sendo valorizado. Nessa situação, o velhinho dá uma piscadela marota, insinuando que o desfecho será feliz.

Há histórias de supersticiosos que acreditavam que cada uma transmitia a energia do nome, prejudicando ou valorizando os encontros amorosos. Muito simples, com cadeiras de plásticos com emblemas de cervejarias, as duas tinham um público cativo, que ia de jovens que buscavam cerveja gelada a preços populares a pessoas da terceira idade que jogavam conversa fora no meio do dia.

Defendendo a modernização nos serviços da orla e a padronização das barracas, a Prefeitura terminaria com a festa em 2008. Por mais argumentos que os frequentadores dessem, não teve jeito. Com essa certeza, sobraram despedidas com porres homéricos e olhares incrédulos e emocionados quando tudo começou a ser levado ao chão. Alguns não conseguiam conter as lágrimas. Não há relatos de alguém que tenha se jogado diante do bar para tentar impedir a demolição ou um cordão humano para salvaguardar os bens, mas creio que foi por falta de ideia. Dois ícones da boemia praiana e do bom humor paraibano deixaram um dos cenários mais conhecidos do nosso país, mas ficarão na lembrança mais brejeira da cidade.

A MULHER QUE MATOU UM CANGACEIRO PERIGOSO

José Maria de Oliveira era conhecido pela frieza na hora de matar. Era pago por poderosos para agredir ou mesmo dar fim à vida de adversários. Sempre munido de uma faca e um revólver, Serrote, como era chamado, era reconhecido a distância nas redondezas de Campina Grande. Tinha estatura média, nariz chato e orelha grande, o que destoava dos pés e das mãos pequenos. Sorria pouco, apesar de ter os dentes bem conservados. No começo de 1915, junto de um comparsa, agrediu brutalmente a prostituta Amélia Mendes da Silva. Até hoje, os motivos são desconhecidos. Há quem garanta que a mandante foi uma senhora da alta sociedade infeliz com as escapadelas do marido. Não satisfeito com a surra e o estupro, Serrote prometeu que, na próxima vez em que a visse, a mataria.

Em um primeiro momento, a violência fez com que Amélia se fechasse. No entanto, a pausa durou pouco, afinal as contas chegavam. Foi, então, que ela decidiu sair acompanhada de um punhal, que logo se mostrou salvador. Em maio de 1915, no antigo beco dos Paus Grandes, área central de Campina Grande, os dois se cruzaram novamente. Cumprindo a promessa, Serrote a atacou com um pedaço de pau. Mesmo machucada, Amélia reagiu apunhalando o peito do cangaceiro. Sem forças, ele cambaleou e caiu sem vida. No coldre, o revólver continuou intacto. O *Jornal do Recife*, no dia 1º de julho, estampou: "O assassinato do cangaceiro 'Serrote' em Campina Grande. A mulher Amélia Mendes defende-se heroicamente. Uma vida de crimes e degradações — como se deu o assassinato".

O corpo estirado de João de Oliveira logo foi circundado por curiosos que queriam conferir os detalhes daquilo que parecia impossível. Na cadeia, Amélia era visitada como atração turística. Recebeu presentes pela coragem. Quando foi a julgamento, uma turma esperava ansiosamente para saber o resultado. Foi absolvida por unanimidade. Infelizmente, a fama trouxe um sobrenome que talvez não quisesse carregar pelo resto da vida: Amélia de Serrote.

Sequestro de filha de cacique: cria-se a Capitania da Paraíba

A indígena Iratembé era vista como uma princesa na aldeia potiguar do cacique Iniguaçu, o pai dela. Além do respeito dos indígenas pela liderança, eles viram a moça crescer se embrenhando pela floresta e brincando com animais. Com o passar do tempo, o inevitável aconteceu: ela se encantou por um rapaz — nesse caso, um mameluco, filho de indígena com homem branco. O patriarca aprovou o casamento, mas determinou que eles não poderiam sair dos limites geográficos da aldeia. Pobre pai. Na primeira oportunidade, fugiram rumo a Olinda, em Pernambuco. As ladeiras da bela cidade realmente são muito românticas.

Revoltado com a desobediência, Iniguaçu mandou dois filhos buscarem a apaixonada filhota. Não poderiam, de forma alguma, voltar sem a herdeira. Conseguiram, mas na metade do caminho, já ao anoitecer, precisaram parar. O local escolhido para dormir foi o Engenho de Tracunhaém. O proprietário Diogo Dias os acolheu, mas foi só o dia raiar para que a conta por tanto zelo chegasse. Onde estava Iratembé? Havia sido raptada pelo português Diogo, que se recusava a devolvê-la aos irmãos. Próximos dos franceses, que exploravam o pau-brasil na região, e também incentivados por esses europeus, os potiguaras prometeram buscá-la com um exército de indígenas.

E foi isso que marcaria o ano de 1574. Mais de 2 mil homens liderados por Iniguaçu foram ao encontro de Diogo Dias e os moradores do Engenho, que ficava na então Capitania de Itamaracá. Queriam mais do que um resgate: queriam vingança. O confronto gerou uma chacina. Religiosos, escravizados, indígenas ligados a Diogo e o próprio perderam a vida. A propriedade foi incendiada. Não há registros de quantos indígenas da tropa do cacique morreram. Outros engenhos de Itamaracá foram atacados, o que reforçou o sinal vermelho em Portugal.

A facilidade dos ataques demonstrou que Pernambuco, a capitania mais próspera financeiramente, estava mal protegida e Itamaracá não tinha forças para enfrentar adversários. Pressionado pela realidade e também por Pernambuco, o rei de Portugal, Sebastião i, ordenou a punição dos responsáveis pelo massacre e a expulsão dos franceses, bem como começou a orquestrar o desmembramento de Itamaracá e a criação da Capitania da Paraíba. Em 1585, os portugueses, enfim, se apossam desse território. Todo dia 6 de agosto, paraibanos comemoram o nascimento do hoje estado.

Enterro de galinha reúne milhares de pessoas

Em cima de um trio elétrico, o humorista Totó segurava uma coroa de flores e agitava as cerca de 2 mil pessoas que se aglomeravam em frente à casa onde viviam Genecira Maria e sua filha Suzana, em Patos, distante trezentos quilômetros da capital João Pessoa. Aproveitando a agitação do público, Totó cantava a música que fez especialmente para aquele instante: "Rafinha era uma galinha que lá em casa tinha vida de rainha. Usava Melissa, não pisava no chão, nunca sonhava ir pra panela de pressão". Empunhando cartazes de "Pra sempre Galinha Rafinha", populares o acompanhavam cantarolando e dançando.

No dia 20 de agosto de 2012, a residência da Genecira foi invadida. Sem bens de alto valor, o bandido resolveu roubar a galinha da família. Rafinha, como era conhecida, era o xodó. Sua cama tinha mosquiteiro, tomava banho com sabonete de coco e dormia até tarde. Vida de rainha, tal qual Totó cantou. A notícia do sumiço caiu como uma bomba e mexeu com a pequena cidade do interior paraibano. Com tanta repercussão, um canal de tv regional fez uma matéria contando os detalhes. "Eu perguntava 'Cadê a princesa de mamãe?' e ela respondia: 'Có-có-có'", contou Genecira. Ainda na reportagem, Suzana, muito abalada emocionalmente, disse que juntava as peninhas da galinha para fazer uma peteca. Ao fim, as duas pediam que devolvessem a bichinha. Tarde demais. O criminoso já tinha passado Rafinha para frente, e a panela foi o cenário final.

Diante da duríssima realidade, sobrou, ao menos, a realização do velório e do enterro simbólicos. A própria varanda da família serviu como espaço para as despedidas — antes que o féretro vazio saísse em cortejo rumo ao cemitério. Uma galinha de pelúcia foi colocada em cima de um caixão branco representando Rafinha e o seu fim. Palavras de agradecimento foram deferidas por Genecira e Suzana. No lado de fora, Totó não se continha e agitava a massa. "Cadê a princesinha de mamãe?", perguntava. "Có-có-có", o público respondia. Aproveitando a exposição, o prefeito da cidade apareceu para também se despedir. Rafinha recebeu até uma lápide com direito às datas de nascimento e morte. Só isso.

O ESPETÁCULO POPULAR DAS QUADRILHAS

No meio da apresentação da quadrilha, o som falha. A música emudece. Vendo o desespero dos dançarinos, a senhora que está sentada dando o ritmo se levanta da cadeira. A plateia que acompanhava o espetáculo nas arquibancadas da Pirâmide, no Parque do Povo, em Campina Grande, apoia batendo palmas e estimulando o show para que prossiga mesmo com o problema técnico. A quadrilha até tenta, se esforça, mas é vencida pelo tempo de conserto do aparelho. Em instantes, todo o trabalho de um ano estava perdido.

Para o que foi condicionado pelos campinenses como "O maior São João do Mundo", diversas quadrilhas, em especial de áreas mais debilitadas financeiramente, se organizam o ano inteiro. Cidades e até mesmo regiões são representadas por grupos de pessoas. Muitos só conseguem estar ali após contribuições financeiras de amigos e vizinhos. Trata-se de uma luta silenciosa, mas que tem um grande valor para os participantes, pois é a oportunidade de mostrar para a gente da cidade grande e turistas seus costumes e saberes. Centenas de quadrilhas participam da competição, por isso a falha de som é gravíssima.

O Parque do Povo, onde esse fato aconteceu em 2022, foi construído em 1983. Antigo terreno baldio, o local recebeu, no começo, uma palhoça e um piso simples de cimento. As quadrilhas que se apresentavam em bairros e clubes foram aos poucos indo para lá. Em 2023, foi inaugurado em Campina Grande o "Quadrilhódromo", espaço dedicado às apresentações. Em João Pessoa, na capital, e em outras cidades da Paraíba, há também as danças de São João, mostrando que a tradição toma conta do estado nessa época do ano.

Independentemente do local, os elementos que compõem o cenário são preservados em todos os cantos. As fogueiras são acesas porque, na tradição cristã, a mãe de São João acendeu uma para anunciar o nascimento de seu filho à Maria, por sua vez, mãe de Jesus. Os balões tinham também uma missão: comunicar às regiões vizinhas que a festa havia começado. Tem ainda quem solte balões em nome de ter um contato com o divino. As bandeiras com os santos juninos, em algumas regiões, até hoje são lavadas nos rios para abençoá-las e purificá-las. Afinal, foi São João quem batizou Jesus no rio Jordão.

E por que se come tanta comida com milho nessa época? Canjica, curau, pamonha, pipoca e cuscuz não podem faltar. E isso acontece porque a produção do milho, no Brasil, era celebrada. Era um dos motivos para as festas juninas. Já os fogos de artifício são para tentar acordar São João, que, segundo algumas crenças, tem uma relação, digamos, bem íntima com o sono.

Paraná

CURITIBA

CURITIBA JÁ VIVEU UMA GUERRA POR CAUSA DE UM PENTE

Não tinha um cidadão no Paraná que não quisesse a nota fiscal ao finalizar uma compra em dezembro de 1959. O motivo é simples: para aumentar a arrecadação, o então governador do estado, Moysés Lupion, iniciou a campanha "Seu talão vale um milhão". Quem chegasse com 3 mil cruzeiros em notas ganharia um carnê e, consequentemente, concorreria a 1 milhão de cruzeiros. Era muito dinheiro. Com essa promoção na cabeça e aproveitando o período de Natal, a turma foi comprar até presente para o amigo do tio do avô.

A praça Tiradentes, no coração de Curitiba, era um lugar lotado de lojas de imigrantes sírio-libaneses. Vendia-se de tudo. Os preços eram convidativos, seguindo a tradição da galera que veio do Oriente Médio. No dia 8 do último mês do ano, Antônio Tavares, subtenente da Polícia Militar, entrou no comércio de Ahmad Najar. A compra era simples: um pente de cabelo.

Pensando no talão, Tavares foi logo exigindo uma nota fiscal. Najar recusou, argumentando que o valor era pequeno e a legislação não exigia. O bate-boca foi tão grande que o produto foi quebrado e o policial, enxotado do estabelecimento com uma ferida na perna. Do lado de fora, uma galera comprou as dores do militar. Foi o estopim para uma verdadeira guerra que marcaria para sempre o centro da capital paranaense.

Em um primeiro momento, a massa enfurecida atacou o Bazar Centenário, de Ahmad Najar. A polícia chegou, mas pouco pôde intervir. Eles levaram preso o libanês e, para ambulância, o companheiro de farda. Como em uma catarse coletiva, a praça se tornou um palco de conflitos. Reforços militares foram exigidos, embora também não amedrontassem aqueles que, a essa altura, já defendiam bandeiras muito diferentes, como a luta contra a fome, a alta dos preços e até a xenofobia. Do mesmo modo, prédios públicos foram atacados, mostrando a insatisfação do povo com a política.

Quem foi rápido em entender o cenário conseguiu se salvar fechando seus comércios e esperando a poeira baixar. Este, porém, não foi o caso de um comerciante que, para piorar, ainda deu tiros para o alto. As tensões só aumentaram.

O Exército acabou sendo recrutado para arrefecer aquilo que ganhava tração com o passar do tempo e parecia não ter fim. Organizaram-se toques de recolher. Pessoas foram presas. Tanques tomaram as ruas. Ao mesmo tempo, uma grande campanha de diferentes setores da sociedade civil, inclusive com lideranças religiosas, começou a estimular o arrefecimento dos embates. Após três dias, finalmente a população pôde conferir o que sobrou da praça Tiradentes. Hoje, não há nenhuma referência a esse fato no local, mas, em dois minutos de prosa, em Curitiba não há quem não lembre.

LOIRA FANTASMA: O TERROR DOS TAXISTAS

Se em um momento a praça Tiradentes viveu a guerra, na década de 1970 ela teve que encarar o surgimento de uma lenda envolvendo o outro mundo. Quando uma loira entrava em um táxi em 1975, o motorista só faltava começar a rezar.

Uma lenda fortíssima no período era que uma moça bonita, *à la femme fatale*, entrava no automóvel jogando todo o charme indicando que o destino era o bairro Abranches. Tudo ia bem até o instante em que o carro passava pelo cemitério. Do nada, ela desaparecia. Pior: sem pagar. Há quem defenda que a fantasminha já indicava a terra dos pés juntos como destino final. De qualquer maneira, eram dois problemas para o chofer: o dinheiro perdido e a chance de cruzar novamente com a assombração.

Ressabiados, alguns taxistas começaram a recusar passageiras com aquela característica. Loiras que andavam de automóvel próprio, a pé ou de ônibus também não se safaram do olhar receoso dos outros. Virou uma caça às loiras.

Os jornais, em especial os populares, colocavam fogo no assunto, explorando ao máximo a pitoresca notícia. Teve testemunha dando detalhes da fantasma. Teve gente que correu de medo. Teve, ainda, quem conseguiu trocar ideia com a aparição. O tema se tornou nacional, com periódicos do Rio de Janeiro e de São Paulo repercutindo o caso. Lógico que não foi complicado encontrar pessoas de outros estados que cruzaram o caminho da alma penada e caloteira. Isso, porém, durou por pouco tempo, afinal outros sensacionalismos surgiram e a loira aos poucos abandonou os táxis e ficou na paz eterna.

TRAVESTI DESAFIOU O MACHISMO E VENCEU

Mulheres não eram vistas. Mulheres não eram bem recebidas. Mulheres eram tratadas como incapazes de debater política. Esse era o clima da Boca Maldita, um espaço onde homens conhecidos como Cavaleiros da Boca Maldita se reuniam no centro de Curitiba a partir da década de 1950.

Ali, a turma debatia o futuro do país, as derivações das bolsas de valores pelo mundo e um bocadinho de arte. Nada subversivo. Não raramente, moças e senhoras, quando atravessavam aquele trecho da xv de Novembro, eram insultadas. O nome Boca Maldita, inclusive, teria vindo das palavras de repúdio.

Poderosos, aqueles homens não esperavam ser tão confrontados por uma travesti. Mas apareceu Gilda, conhecida em todo o Centro, que normalmente pedia um trocado ou um beijo. Dançava, ria e resistia aos xingamentos e ao preconceito. Acabou se tornando uma personagem querida, a ponto de, no seu falecimento, em 1983, ter até funerária doando o caixão.

No dia da morte, a região da Boca Maldita ficou lotada com velas, cartazes, flores e choro. Aos que a olhavam de lado, sobrou aceitar. Ou melhor: não é bem assim. Até amigos e fãs de Gilda conseguirem colocar uma placa na região, demorou cerca de quatro décadas. Bem perto, há um monumento que lembra uma... boca.

OS MILAGRES DE MARIA BUENO

Logo na entrada do cemitério público de Curitiba, avista-se uma imagem de santa resguardada por vidros. É Maria da Conceição Bueno, em tamanho natural. Dentro da capela da Santinha, como é conhecida, há miniaturas de Maria Bueno, tal qual encontramos nas lojas dedicadas à fé católica. Placas de agradecimento estão por todos os lugares, inclusive na frente da porta de ferro que dá acesso ao interior do mausoléu. Pessoas diariamente acendem velas em um espaço determinado e oram para a santa popular. Um banquinho é disputado por quem não consegue se ajoelhar. Flores de diferentes colorações compõem o cenário.

Quando voltava de uma festa, em 1893, Maria Bueno foi atacada pelo namorado a punhaladas em pleno Centro da cidade de Curitiba. Tomado pelo ciúme, o soldado Ignácio Diniz não teria gostado de algo que achou ver naquela noite. A violência foi tanta que a imprensa tratou o crime como decapitação. A perícia indicou que a vítima ainda tentou reagir, mas foi em vão.

Frio, Ignácio voltou para o quartel onde ocupava um posto de guarda. A arma com o sangue foi lançada em um poço do próprio regimento militar. O crime chocou a então pacata Curitiba, apesar de ter quem julgasse publicamente Maria como uma "mulher de vida alegre", ou seja, distante dos padrões da época. Diniz foi acusado, preso, mas ficou pouco tempo no xadrez. Com a Revolta Federalista, prisioneiros foram soltos para que pegassem em armas.

O lugar onde Maria foi assassinada se tornou um espaço de peregrinação. Pessoas acendiam velas e pediam pela paz do espírito. Não há um consenso histórico de quando se iniciou a veneração à sua alma, entretanto a imprensa já correlacionava milagres a Maria Bueno na década de 1930. São tantos casos que a fé popular a elevou a santa.

No Dia de Finados, o grupo que visita seu túmulo aumenta substancialmente. Ao sair do cemitério, talvez nem todos saibam que naquela região Diniz foi acusado de corrupção pelos militares e condenado sumariamente ao fuzilamento em 1894.

Quando Curitiba esteve no Dia D

Filho de pai diplomata, que foi cônsul da França no Rio de Janeiro, o curitibano Pierre Henri Clostermann estava vendo a distância uma verdadeira tragédia acontecer em Paris: em 1940, a França foi invadida pelos alemães. A capital teve que vivenciar as tropas inimigas marchando sob o Arco do Triunfo, monumento erguido exatamente para representar as vitórias francesas.

Encantado com a Cidade Luz, um vaidoso Adolf Hitler registrou a passagem em fotos e filmes. Com a queda de uma das grandes potências bélicas da Europa, a força e a bravura do III Reich cresciam, e era preciso que houvesse ainda mais soldados voluntários para reverter o cenário, que, para alguns, parecia irreversível.

No Reino Unido, pilotos franceses foram abrigados e formaram as Forças Aéreas dos Franceses Livres, com liderança de um futuro presidente francês, Charles de Gaulle. Aos dezenove anos, com uma licença de piloto conquistada há pouco tempo e entendendo que poderia contribuir na luta contra o nazismo, Clostermann se alista e vai para a Europa. É dessa maneira que consegue verdadeiras façanhas que fazem dele um dos heróis de guerra tanto da França como do Reino Unido — o brasileiro também contribuiu para a Royal Air Force, a Força Aérea do Reino Unido.

Considerado imbatível pelos ares, Clostermann teve, estima-se, mais de seiscentas horas de voo brigando com inimigos. Destruiu submarinos, tanques, dezenas de trens e centenas de caminhões, interrompendo os avanços nazistas. Trinta e três aeronaves foram abatidas por ele. Em 6 de junho de 1944, conhecido como o Dia D, ele era o único brasileiro a fazer parte da tropa aliada que conquistou o litoral da Normandia, na França.

No último ano da Segunda Guerra Mundial, Clostermann acabou ferido na perna. Ficou alguns dias no hospital de campanha e logo voltou para uma nova missão. Com o fim da batalha, candidatou-se a deputado, conseguiu e foi sete vezes reeleito. Além do carinho dos eleitores, recebeu inúmeras condecorações governamentais, em especial da França, onde morreria em 2006 aos 85 anos.

O APELIDO COXA BRANCA DO CORITIBA TAMBÉM NOS LEVA À GUERRA

Em 1941, o líder da zaga do Coritiba era um alemão chamado Hans Breyer. Durante um clássico contra o Atlético Paranaense, o famoso Atletiba, o jogador foi provocado durante toda a partida por um torcedor do adversário. Ao longo do jogo, Breyer foi chamado de Alemão e Quinta Coluna, mas não deu bola. Foi quando um torcedor o chamou de Coxa Branca para provocar. E deu completamente errado. Em vez de raiva, a ofensa gerou foi combustível para Breyer fazer um excelente jogo e o Coritiba ganhar a partida por 3 a 1.

Em 1944, Breyer resolveu parar de jogar futebol. Quando o Coritiba conquistou seu bicampeonato estadual em 1969, a torcida resgatou o apelido de Coxa Branca para exaltar a equipe e o clube. E aí não parou mais. Breyer voltou a frequentar os jogos e foi reverenciado até sua morte, no ano de 2001. Em sua lápide, consta a inscrição: "Hans Egon Breyer, o Coxa Branca".

O NATAL DOS DISCOS VOADORES

Em plena época de Natal, lojistas cerraram as portas mais cedo. Teve quem abandonasse o emprego para se refugiar. Teve quem voltasse para casa para tentar proteger a família. Parece cenário de guerra, mas era 14 de dezembro de 1954 em Curitiba. A capital paranaense não precisou de um tiro sequer para viver esse caos. Bastou a aparição de discos voadores exibicionistas em pleno meio-dia no Centro. A quantidade de testemunhas nos leva a crer que ou foi um surto coletivo ou não entramos no mapa da ufologia mundial à toa.

Respondendo pela polícia, o coronel Carlos Assunção foi um dos que avistaram objetos voadores não identificados da própria janela de casa. Registros da época mostram moças e rapazes olhando e apontando para o céu, além dos próprios óvnis. A rua xv de Novembro e a praça Tiradentes, no marco zero da cidade, são duas das que pararam por causa do alvoroço. Foram várias horas de malabarismos pelos ares. Seguindo o estilo padrão desse tipo de aeronave, o formato lembrava o de um disco e parecia ser de metal. A velocidade variava: ora os extraterrestres queriam se mostrar, ora eles voavam de uma maneira que era impossível acompanhar.

Com tanto temor, a Força Aérea Brasileira foi chamada. Não conseguiu nada — inclusive, não há documentos liberados pelos militares que confirmem essa perseguição. No dia 15 de dezembro, inúmeros jornais retrataram o fato e os lojistas voltaram a abrir as portas. Não preciso nem dizer que a conversa nos botecos era só essa e os brinquedos envolvendo o tema devem ter vendido muito, levando os comerciantes aos céus.

Cataratas do Iguaçu e a Garganta do Diabo

Uma extensa passarela possibilita que o visitante fique cara a cara com a mais conhecida parte do lado brasileiro das cataratas do Iguaçu. A média de vazão das águas é de 1 milhão de litros por segundo — em 1997, constatou-se um número recorde de 24 milhões. É uma quantidade tão grande que, por mais que se esteja com capa de chuva, é quase impossível não sair ensopado. Ainda mais se estiver no extremo da construção metálica, onde há a melhor vista para a Garganta do Diabo, a mais famosa queda de uma das Sete Maravilhas Naturais do Mundo e lugar que guarda o segredo da criação de tudo isso.

Naipi era tão bonita que até as águas do rio paravam quando ela se olhava nestas. A linda indígena era filha do cacique Igobi e, por sua beleza, era consagrada ao deus M'Boi. O problema é que não era isso que ela desejava para o futuro. Apaixonada por Tarobá, um indígena guerreiro, aceitou fugir. Era um jeito de ficarem juntos. Revoltado e doente de ciúmes, o deus M'Boi, que tinha forma de serpente, penetrou na terra e foi se retorcendo, produzindo uma grande fenda, onde se formaram as cataratas.

A canoa com os apaixonados caiu e desapareceu para sempre. Naipi foi transformada em uma das rochas centrais das cataratas, enquanto Tarobá virou uma palmeira. Dentro da Garganta do Diabo, está M'Boi, que até hoje vigia os pombinhos.

Nos anos 2000, grupos religiosos tentaram alterar o nome da Garganta do Diabo para Voz de Deus. Eles defendiam que a imagem que ficou no imaginário popular traz energias negativas. A proposta não foi à frente.

Coincidência ou não, por mais segura que a passarela seja, não é nada raro ela estar fechada por conta de vazões incomuns. Passeios de barcos levam os aventureiros até bem perto da Garganta, mas nenhuma empresa garante que dará para conhecer o violento M'Boi. No entanto, Naipi e Tarobá se transformaram em animações, livros e até bichinhos de pelúcia.

A primeira engenheira negra do Brasil

No prédio Palácio Avenida, o mais famoso e elegante de Curitiba, uma cena marcaria para sempre o ano de 1945 e a história do Brasil: entre 32 estudantes homens e brancos, uma moça negra conseguia alcançar o diploma de engenharia. Os olhares preconceituosos para Enedina Alves Marques nem abalavam a mulher que enfrentou todos os tipos de barras para estar com aquele canudo nas mãos.

A primeira mulher engenheira do Sul do país era filha de negros e pobres. Separada e cuidando sozinha dos filhos, a mãe, Virgília Alves Marques, a dona Duca, trabalhava como doméstica na casa do militar Domingos Nascimento. Para que sua herdeira não estudasse sozinha, ele ajudou a bancar os estudos de Enedina.

Ainda criança, uma das primeiras engenheiras do Brasil trabalhou como babá. Aos doze anos, alfabetizou-se. Contrariando o futuro que era esperado de quem vinha de sua classe social, formou-se professora no Instituto Paranaense e, em 1932, já dava aulas na rede pública de ensino.

Como a grana era curta, continuou a trabalhar como doméstica em uma casa de família. Em troca, também dormia na residência dos patrões, o que facilitou o acesso a novos campos de estudo, em especial no Ginásio Paranaense, que preparava para vestibulares. Assim, entre o fim da década de 1930 e o começo de 1940, ela conseguiu uma façanha: mesmo tendo que combinar as inúmeras responsabilidades em casa de família e em sala de aula, conseguiu passar para o curso de engenharia da Universidade Federal do Paraná. Era a única que, por não ter dinheiro para os materiais, passava a noite copiando os livros dos amigos abonados.

Enedina enfrentou inúmeros desafios também no percurso acadêmico. Nem sempre conseguia ir às aulas. Não era fácil se empenhar da mesma maneira que os outros, que tinham tempo suficiente para se dedicar às complicadas disciplinas. Repetiu matérias. Não desistiu em momento algum.

A formatura em 1945 brindou a chegada de uma sobrevivente a um universo, ainda hoje, majoritariamente masculino. Ela foi fiscal de obras do Estado e a primeira engenheira a chefiar a Divisão de Engenharia da Seção de Estatística do Estado, além de participar ativamente da construção da Usina Hidroelétrica Capivari-Cachoeira, projeto considerado inovador. Fechou a carreira recebendo o mesmo salário de um promotor da Consultoria-Geral do Estado.

Em 1981, morando sozinha, teve um ataque cardíaco. Ficou dias se decompondo. Quando descobriram a morte, ainda teve jornal que estampou que foi vítima de assassinato. Era mais uma afronta. Demorou para reconhecerem os feitos de Enedina. Os alunos, professores e engenheiros da Universidade Federal do Paraná foram fundamentais para que Enedina fosse tratada com o respeito que merece.

Ponte da Amizade

Nas décadas de 1980 e 1990, todo mundo tinha um vizinho ou uma vizinha que ia até Ciudad del Este, no Paraguai, comprar mercadorias para revender nos mais diferentes cantos do país. Ônibus e mais ônibus atravessavam a Ponte da Amizade atrás de carrinhos de pilha, bonecos dos Comandos em Ação, camiseta de time, bonecas importadas e até caixas de ferramentas — isso sem contar os perfumes e os eletrônicos. Os quinhentos e poucos metros que separam Brasil e Paraguai acabaram se tornando o caminho rumo à Meca dos Sacoleiros.

No começo e durante muito tempo, era uma bagunça. Motoqueiros iam de um canto a outro e pessoas jogando sacolas no rio eram vistas com frequência, tudo para fugir da fiscalização. Hoje, a situação é diferente. Está tudo bem mais organizado e há controle — apesar de as filas para passar pela aduana ainda superarem, normalmente, uma hora.

Pronta em 1965, a ponte era um sonho antigo do nosso presidente na época, Juscelino Kubitschek, e do ditador paraguaio, Alfredo Stroessner. Foram eles que deram os primeiros passos para a construção em 1956. Na inauguração, JK não estava mais no poder. O também ditador, mas neste caso brasileiro, Castello Branco fez as honras ao lado de Stroessner. A construção foi considerada um desafio na engenharia. Milhares de funcionários trabalharam para sua realização. A ponte alteraria as configurações do turismo e da economia local, além de trazer no nome uma ligação que nem sempre foi presente entre os dois vizinhos.

Argentina, Uruguai e Brasil formaram a Tríplice Aliança contra os paraguaios. A Guerra do Paraguai foi o mais sangrento conflito em nosso continente. De 1864 a 1870, a América do Sul presenciou o aniquilamento bélico dos paraguaios e o assassinato da maioria de seus soldados. Crianças foram forçadas a pegar em armas para defender o país, que tem como capital Assunção. Durante décadas, os laços diplomáticos entre Brasil e Paraguai ficaram arranhados. A ponte não ajudou somente a permitir sacoleiros a chegarem ao paraíso dos descontos, mas também serve como uma lembrança da necessidade de parceria entre as duas nações.

Bin Laden esteve em Foz?

Osama Bin Laden esteve em Foz do Iguaçu em 1995. Ele teria ido até lá para dar uma palestra destinada à comunidade muçulmana, numerosa na cidade. Essa era a notícia que a revista *Veja* estampou pouco tempo depois do atentado de 11 de setembro de 2001 em Nova York. Desde a ocasião, os Estados Unidos caçavam o saudita em tudo que era canto.

Vídeos do líder da Al-Qaeda mostravam Bin Laden em uma caverna, mas o Serviço de Inteligência norte-americano, segundo a reportagem, não descartava a possibilidade de ele estar mais perto do que se imaginava e até que grupos terroristas atuassem na tríplice fronteira. Apesar de não haver comprovações — e estas são difíceis mesmo nesses casos —, há quem garanta que espiões estadunidenses foram destacados para averiguar a região.

Se muitos levavam a sério a possibilidade, outros resolveram fazer troça e até promover o terrorista a garoto-propaganda. Em 2003, certos de que aquelas ideias não passavam de especulações, alguns jornalistas resolveram criar um anúncio para lá de polêmico. Querendo atrair turistas, fizeram um cartaz com a foto do procurado e a frase "Se Bin Laden arriscaria o pescoço para visitar Foz do Iguaçu, é porque vale a pena! Foz, todo mundo quer ver. O que você está fazendo aí que ainda não veio?". Centenas de países repercutiram a ação — com críticas, é claro. Bin Laden só seria encontrado e morto em 2011, no Paquistão.

Pernambuco

O Cabugá

Para alcançar a entrada do Hôtel des Invalides, em Paris, o visitante precisa atravessar um caminho repleto de cascalhos. O som do atrito dos calçados nas pedras britadas passa a sensação de homens marchando. Isso não é por acaso. Sob as ordens do rei Luís XIV, a construção do século XVII foi feita para dar abrigo aos militares inválidos em guerras. Nesse imponente lugar, destacam-se a igreja de Saint-Louis, onde os soldados participavam de cerimônias religiosas, o pátio principal, que era usado em eventos das Forças Armadas, e o túmulo de Napoleão Bonaparte, o imperador francês que conquistou grande parte da Europa no início do século XIX, liderou cerca de 60 milhões de pessoas, forçou a fuga da Família Real portuguesa para o Brasil e quase foi parar em Pernambuco em 1817.

Após perder a batalha de Waterloo para a Grã-Bretanha e a Prússia, em 1815, Napoleão acabaria preso na ilha de Santa Helena, que era território britânico. Isolado no meio do Atlântico, sobravam poucos recursos para sair dessa situação e, quem sabe, voltar aos dias de glória. Seus admiradores, em especial nos Estados Unidos, estudaram todos os detalhes da fortaleza marítima e tramaram diferentes planos para recuperar o comandante. Só em 1817 que uma luz no fim do túnel apareceria: em 6 de março desse ano, no Recife, estourava uma revolução republicana, inspirada na liberdade e na igualdade. Foi um lufar de esperança para bonapartistas: a proximidade do Brasil com Santa Helena ajudaria, e muito, na fuga.

Procurando reconhecimento diplomático norte-americano, disposto a gastar um bom dinheiro com armamentos e recrutar oficiais engajados na nova república, um dos líderes da revolução pernambucana partiu rumo aos Estados Unidos. Da estada em terras estrangeiras, Antônio Gonçalves da Cruz, o Cabugá, trouxe na bagagem duas escunas, dezenas de oficiais, entre eles vários franceses fiéis a Bonaparte, e a promessa de que iria contribuir para recuperar Napoleão da masmorra. Quatro veteranos importantes das forças militares napoleônicas se engajaram na missão: os soldados Roulet e Artong, o conde Pontelécoulant e o coronel Latapie. Uma das embarcações fretadas por Cabugá saiu da Filadélfia em junho de 1817. A segunda, com armamentos pesados, só chegaria à Paraíba no ano seguinte.

Enquanto Cabugá e os franceses militares sonhavam com a República e com a liberdade de Napoleão, em Pernambuco a revolução já tinha sido controlada em maio de 1817. As lideranças foram mortas e nem se falava mais sobre esse assunto. Sabe quando sonhamos com a festa e erramos o dia? Foi isso que rolou. Quando chegaram ao Brasil, já não tinha mais nada a fazer. Por mais que tivessem estruturado um esquema infalível, com direito a enganar as tropas inglesas, incendiar o navio inimigo, marchar por Santa Helena e trazer o ex-imperador Bonaparte para Fernando de Noronha, tudo indicava que não seria possível. Até tentaram encontrar outras saídas, mas em vão. Alguns, considerados suspeitos até a medula pela guarda do Império Português, foram detidos ao desembarcar no nosso país. Outros, como Roulet, conseguiram fugir. Latapie voltou para a Europa. O maçom Cabugá, que chegou a correr risco de ser morto pelos atos revolucionários, terminou a vida como embaixador do imperador dom Pedro I na Bolívia. Faleceu em 1833, doze anos após o melancólico Napoleão Bonaparte.

BRASIL E FRANÇA QUASE ENTRARAM EM GUERRA
POR CAUSA DE LAGOSTAS

Navios de guerra da nossa Marinha foram deslocados para Pernambuco. Militares franceses atravessaram o oceano para o confronto. Diplomatas dos dois países se enfrentavam nas cortes internacionais. No Carnaval, brasileiros fizeram piada com a situação. O Brasil se desentendeu com os Estados Unidos, que acabaram sendo ignorados. Pescadores nordestinos ameaçaram atacar pesqueiros da França. Franceses mentiram para autoridades brasileiras. O general Charles de Gaulle, presidente do país europeu, se revoltou com as indecisões da Presidência do Brasil. O motivo de tudo isso? A pesca de lagostas no litoral pernambucano.

Crustáceo caro em boa parte do mundo e produto raro pelas dificuldades de pesca, a lagosta sempre deu dinheiro. Estima-se que o Brasil lucrava cerca de 3 milhões de dólares com sua exportação em 1961. De olho nessa riqueza, os franceses pediram ao governo brasileiro o direito de pesquisar o animal. Aparentemente, algo científico e inocente. Na real, os europeus vieram com poderosos pesqueiros.

Enquanto nossos pescadores estavam na idade das pedras, os visitantes eram capazes de fazer uma varredura no fundo do mar. Percebendo a concorrência desleal, os pescadores prometeram fazer justiça com as próprias mãos para manter o ganha-pão. Observando de perto o caso, a Marinha teve que atuar, imediatamente cancelando a licença para os falsos pesquisadores e proibindo que atuassem em nosso território. Caso resolvido, muitos pensaram.

Pouco tempo depois, os franceses pediram uma nova autorização, mas desta vez para agir fora das águas do território brasileiro, em uma região conhecida como plataforma continental. Inteligente, essa estratégia se aproveitava da Convenção de Genebra, assinada em 1958, que defendia que a faixa submersa que se estende até duzentos metros de profundidade pertence ao território de um país, garantindo a ele direitos sobre os recursos do solo e do subsolo, mas as águas acima dessa área são de uso internacional, permitindo a navegação e a exploração por outras nações. Com licença do Brasil, o caso partiria para as esferas diplomáticas.

Em 1962, um pesqueiro francês foi aprisionado pela Marinha brasileira. Na corte estrangeira, a França começou a travar uma batalha para provar que não estava fazendo nada de ilegal e apontando a arbitrariedade dos brasileiros. Eles argumentavam que a lagosta poderia ser considerada um peixe, afinal nadava e se locomovia para uma área onde a pesca era permitida. Contrariando esse argumento, defendíamos que a lagosta, no máximo, dá pulinhos, o que a faz ser um bem nacional. O oceanógrafo Paulo de Castro até brincou que, seguindo a lógica dos franceses, "se lagosta, que dá pulinhos, nada; canguru, que pula, é ave".

Esse intrigante debate tomou conta do noticiário nos dois países, chegando aqui no Carnaval de 1962, com direito a marchinha e tudo. Inspirados nos versos de "Você pensa que cachaça é água?", os foliões cantavam: "Você pensa que lagosta é peixe?". Enquanto nos divertíamos com o período sagrado de Momo, os franceses continuavam na missão de desmoralizar as ações do Brasil e aceleraram na pesca. Nada parecia conter a sana dos europeus. Por mais que fossem presos, fingiam que voltariam para o país natal e davam meia-volta. Em janeiro de 1963, a primeira catástrofe quase aconteceu: um navio da Marinha do Brasil avistou pesqueiros franceses. A ordem de sair dali foi dada, mas ignoraram. Só quando houve a iminência de ataque que obedeceram.

Sempre acostumada a enormes solavancos, a política nacional foi sendo alterada nesse período. No começo do problema, o presidente era Jânio Quadros. Em agosto de 1961, o homem que prometeu varrer a corrupção inesperadamente renunciou ao cargo. No seu lugar, entrou o trabalhista João Goulart, que pegou o bonde andando. Aproveitando-se dessas fragilidades, Jacques Baeyens, embaixador francês no Brasil, não deixava de tentar uma autorização expressa da Presidência para a pesca da lagosta. Ignorando todo o histórico e provavelmente querendo terminar com o imbróglio, Jango, como era conhecido, deu o sinal verde para que seis pesqueiros franceses voltassem a pescar na região. Com essa atitude, João Goulart conseguiu uma unanimidade: as críticas vieram de tudo que era canto. Assustado, tentou voltar atrás, mas era tarde.

O general Charles de Gaulle era um herói de guerra francês. Cultuado por ter enfrentado os nazistas até o fim, ele estava na Presidência da República.

A fama de durão seria vista pelos brasileiros. Revoltado com a indecisão vinda de Brasília, ordenou que os pesqueiros do seu país continuassem o trabalho e enviou, em fevereiro de 1963, o poderoso contratorpedeiro da Marinha Nacional Francesa *Tartu*, uma máquina de guerra. Com a faca no pescoço, o governo brasileiro começou a se preparar para um possível combate, porém o que foi presenciado está mais para um show de horrores.

Nossas Forças Armadas tinham sérias limitações, a ponto de navios quebrarem no deslocamento e alguns não terem velocidade capaz de seguir o inimigo. Não tínhamos nem mesmo um navio-tanque, de forma que uma embarcação da Petrobras foi adaptada para esse fim. Outros navios estavam em reformas e demorariam semanas para serem recuperados e, entre outros desafios, não havia munições suficientes. Não aguentaríamos mais de trinta minutos de trocas de tiros. Os portos de Recife e Salvador se tornaram oficinas de reparo. Para piorar, os melhores veículos de guerra que tínhamos eram arrendados pelos Estados Unidos, que proibiram a utilização dos navios porque a França era um país aliado. O Brasil ignorou a exigência.

Quando fevereiro já estava se despedindo, o momento mais tenso aconteceu: o contratorpedeiro *Pará* estava perto do *Tartu* — e ambos se monitoravam. Aviões da Força Aérea Brasileira começaram a acompanhar o inimigo. Diversos jornais apontavam que o conflito estava próximo e ainda estampavam a foto dos nossos caças rondando os franceses. O país esperava pelo pior e as consequências eram inimagináveis, ainda mais por se tratar de uma potência nuclear. Muitos se perguntavam como uma lagosta havia sido capaz de arrumar toda essa situação. E deve ser isso também que os diplomatas dos dois países começaram a se questionar. Como eram parceiros comerciais antigos, não faria sentido que aquilo escalasse para um cenário bélico. Nos corredores diplomáticos, a temperatura foi abaixando. Os militares franceses foram dando sinais de bandeira branca, inclusive com a saída de cena do *Tartu*. A pesca da lagosta acabou ficando com os brasileiros. E quem fez uma festa imensa foram os militares do Brasil, conscientes de que não havia nem coletes salva-vidas para todo mundo.

Santa Cruz e a viagem que ninguém acredita

Enquanto o mundo vivia os horrores da Segunda Guerra Mundial, o time do Santa Cruz fazia de tudo para não morrer em uma excursão para a Amazônia. O motivo dessa aventura era dinheiro, ou melhor, muito dinheiro. Em uma época de escassos recursos por causa das dificuldades inerentes ao conflito internacional, Manaus, capital do Amazonas, voltava a ser um berço de dólares vindos da produção de borracha, tão procurada pelos Estados Unidos para a construção de veículos militares. Ignorando os riscos de serem bombardeados pelos submarinos nazistas, como dezenas de outros navios foram, jogadores e comissão técnica decidiram se arriscar no comecinho do ano de 1943, um momento mais do que crítico.

O navio zarpou na madrugada de 2 de janeiro rumo à primeira parada, Natal, capital do Rio Grande do Norte, e, em seguida, Belém, capital do Pará. Pelo horário, esperava-se uma temperatura mais amena. Errado. O calor dentro da embarcação era tanto que a turma foi indo, aos poucos, dormir no convés. Muriçocas e afins não davam trégua, ora acordando pelo barulho, ora fazendo com que jogadores se coçassem. Houve quem colocasse calças e camisas de mangas compridas para tentar amenizar o problema, ignorando o que o fez escolher a parte externa. As luzes foram todas apagadas para não chamar a atenção. Dois navios da Marinha de Guerra do Brasil acompanhavam o barco, diminuindo as chances de algum ataque estrangeiro.

Em Natal e Belém, o Santinha, como é carinhosamente conhecido, enfrentou times locais e apresentou um belo futebol para as torcidas, que lotavam estádios e achavam tudo muito novo. O único revés foi contra o Remo, que já era um time conhecido no Norte do país. A próxima parada seria Manaus, capital do Amazonas. Em uma embarcação sem estrutura, bem mais lenta, os jogadores tiveram que enfrentar semanas a bordo. Sem terem o que fazer, bebedeiras homéricas entraram na ordem do dia. A viagem levou duas semanas. Em Manaus, conseguiram três vitórias e duas derrotas. Apesar de alguns resultados frustrantes, até ali, tudo ia bem.

Foi na volta para o Pará que as coisas desandaram. Se você não acredita em falta de sorte, talvez até repense seus conceitos depois de ler esta história. Com uma forte febre tifoide, o goleiro King e o atacante Papeira caíram

158 Thiago Gomide

de cama. Há vertentes históricas que defendem que eles não cumpriram as recomendações médicas. Resultado: ainda na viagem, King não resistiu e foi a óbito. Papeira conseguiria aguentar até ser hospitalizado em Belém. Sem clima para continuar aquela excursão, o Santa Cruz tentou voltar para Recife, mas não foi liberado pelas forças militares — a chance de ataque tinha aumentado. Ao contrário do que sonhavam, o dinheiro estava contado, eliminando a possibilidade de pegarem um avião. Mais jogos precisavam ser feitos, inclusive para cobrir os gastos com o enterro.

Assustados com tudo o que presenciavam, os jogadores Omar, França e o meia-esquerda Sidinho resolveram voltar para Manaus. Não sabiam quando a tormenta terminaria e, mais, no outro estado havia muito mais grana vinda dos seringais. "Sidinho teve mesmo coragem de esquecer o seu clube para ficar no Amazonas?", perguntou o jornal *Diário de Pernambuco*, deixando claro que os outros dois atletas não fariam falta. No meio de uma partida com o Remo, infelizmente Papeira não resistiu e faleceu também. E, assim, houve mais gastos com cemitério. A essa altura, todos os veículos de informação de Pernambuco e do Pará sabiam da melancolia em que se transformou aquela sequência de jogos no Norte. Jogos amistosos foram organizados por times de Belém a fim de arrecadar fundos. Se antes os pernambucanos eram novidade, deixaram de ser. A torcida mal ia ver as partidas.

Somente no dia 28 de março eles seguiram em direção a São Luís, no Maranhão. Era o caminho de volta. Para economizar, resolveram trocar as passagens de primeira para terceira classe. Com isso, foram acompanhados por um comboio de 35 ladrões que estavam sendo transportados para o Nordeste. Em terras maranhenses, usaram a mesma tática: vender o almoço para pagar a janta. Jogaram contra quem aparecesse e não foram mal. Em seis partidas, tiveram uma derrota, dois empates e três vitórias. Com condições econômicas para voltarem de navio para Recife, decidiram embarcar. Porém, não demorou muito tempo para darem meia-volta. A suspeita de ataque inimigo apavorou todos.

A decisão, em sequência, foi irem de trem para o Piauí e, de lá, seguirem para casa. E não é que o trem descarrilou duas vezes? Não houve feridos, pelo menos. O Santa Cruz ainda atravessaria o Ceará antes de pisar em terras pernambucanas — de ônibus, vale ressaltar. Foram cerca de quatro meses fora do Recife, 26 jogos realizados, seis estados atravessados, duas mortes, deserções e amizade com os bandidos.

Perna Cabeluda

Cinco minutos de prosa com moradores mais antigos do Recife são o suficiente para que venha à baila uma das lendas mais famosas do estado: a Perna Cabeluda. Alguns indicam que até hoje é melhor não andar pelas ruas do Centro do Recife à noite. É um jeito de se precaver da triste violência, mas também de não cruzar com esse terrível membro, que ainda teria um pé com unhas grandes, afiadas e malcheirosas.

Relatos dão mais molho à história: ela teria atacado crianças perto do cinema São Luiz, ferido estudantes na rua dos Judeus e até entrado em igrejas, não respeitando nem mesmo a fé. Desde a década de 1970, esse assunto ronda a capital pernambucana.

Ao contrário de muitas lendas, sabe-se quem criou esta. No dia 1º de fevereiro de 1976, o jornalista e escritor Raimundo Carrero publicou no jornal *Diário de Pernambuco* um conto policial sobre a Perna Cabeluda. Ele escreveu o seguinte:

> Juntaram-se aos guerreiros, saíram em busca da perna criminosa. Foi que um guerreiro mais afoito, que corria na frente de todos, armado com um revólver, uma peixeira e um canivete, deu grito, caiu sangrando, o corpo todo dolorido. No escuro, não pôde ver a Perna Cabeluda escondida atrás de uma moita. Vingativa, não apenas deu-lhe uma rasteira, como chutou sua boca e ficou pulando sobre seu peito.

Foi sucesso absoluto. Com o aumento de leitores atrás das aventuras da Perna Cabeluda, três fenômenos foram sentidos: primeiro, o jornal quis continuação; segundo, o público alimentou a farsa, dizendo ter visto ou até mesmo interagido com a perigosíssima perna; e terceiro, as rádios populares investiram na lenda, potencializando a fama — que, por sinal, está acesa até hoje. Há músicas, cordéis, dissertações e até um sanduíche de um bar do Centro inspirados nela. Admito que deste último até eu tive medo.

Boi voou no Recife

No período em que a Holanda colonizou Pernambuco, o vitorioso militar e conde Maurício de Nassau se destacou como gestor. Nascido em uma família europeia importante, Nassau veio para o Brasil com a missão de organizar a economia da nova conquista holandesa e desenvolver aquele povoado tão carente. De 1637 a 1644, ele, entre tantas ações, concedeu liberdade religiosa, fazendo com que judeus viessem para o nosso país; deu crédito a fazendeiros, permitindo investimentos em produção de açúcar; enfrentou a falta de higiene; trouxe de arquitetos a médicos para o país, modernizando a arquitetura e melhorando o acesso à saúde; e construiu casas populares, lagos, praças, um jardim botânico, um zoológico e palácios. Isso sem contar as conquistas territoriais, como a do Sergipe e a invasão do Maranhão.

Ao mesmo tempo em que não poupava esforços financeiros para alcançar seus objetivos, Nassau se estranhava com quem o enviou para cá, a Companhia das Índias Ocidentais, que geria as colônias holandesas na América — e o problema passava também por dinheiro. Nem sempre seus compatriotas entendiam seus gastos. A gota d'água no relacionamento veio com a construção da primeira grande ponte do Brasil. Aos 43 minutos do segundo tempo, Nassau recebeu a notícia de que o cofre estava vazio. Não teria apoio. Sem saídas, tomou uma atitude brusca: usar seus próprios recursos para finalizar a obra. No dia 28 de fevereiro de 1644, ela estava pronta — ou quase.

Para tentar recuperar parte do dinheiro investido, o conde holandês decidiu cobrar pedágio, nada muito caro, de quem atravessasse. Mas como atrair o público? Ele prometeu que um boi "voaria" sobre o rio Capibaribe na inauguração. Até o menos curioso apareceu para ver de perto o que seria aquilo. Nassau montou uma traquitana com roldanas e cordas ligando os dois lados da ponte. Como em um truque de teatro, fez um boi vivo entrar numa área fechada para, em seguida, surgir um boi empalhado "voando" sobre a ponte, para delírio da multidão. Não há garantias de que o militar tenha conseguido o que tanto queria.

Ainda em 1644, Nassau retornou para a Europa. Os holandeses ficariam por mais dez anos em terras, na época, portuguesas. Por mais que outros gestores aparecessem, ninguém jamais conseguiu apagar a memória de Nassau. A ponte sobre a qual o boi voou recebe o nome dele. A prática do pedágio, após esse fato, ganhou força. A diferença é que hoje não há nenhuma atração.

Deus-Dará

Quando você acha que já viu maluquice suficiente, tudo pode piorar ainda mais. No século XVII, um cidadão chamado Manuel Álvares, comerciante português, vivia em Pernambuco. Sempre que alguém pedia uma esmola e ele não tinha, defendia que "Deus dará", ou seja, Deus iria recompensar a pessoa caridosa depois. Quando soldados portugueses precisavam de algo, não era incomum declararem: "Vamos lá ao Deus-Dará". A expressão acabou pegando. O filho do Manuel, Simão, recebeu, então, um sobrenome ao nascer: Simão Deus-Dará. Com o tempo, o "ao" entrou no jogo e ganhou a conotação de "entregue à própria sorte".

Piauí

FLAMENGO DE ZICO PERDEU PARA UM TIME DA PM

O ESTÁDIO DE FUTEBOL ALBERTO TAVARES SILVA, o famoso Albertão, em Teresina, estava abarrotado de gente no dia 29 de outubro de 1975. Todo mundo queria ver de perto a atuação do Flamengo de Zico e Júnior contra o Tiradentes pelo Campeonato Brasileiro. O "Galinho de Quintino", camisa 10, tinha sido o artilheiro do último Campeonato Carioca e já despontava como um craque. Nos bolões informais, era raro encontrar algum otimista que acreditasse em zebra. Há quem defenda que a maioria dos jogadores do clube local não apostava em resultado diferente da derrota. O atacante Roberval Santos, que fez o gol que deu a vitória ao Tiradentes, até tentou ficar de fora justificando não ter chuteira. Prevenido, um dirigente tinha no automóvel um calçado alemão e, assim, o assunto foi terminado.

Zico estava impossível. Desfilando todo o seu talento, driblava adversários em série, organizava o ataque e agitava a massa, que aplaudia na arquibancada — mesmo com o time adversário tendo aberto o placar no comecinho do jogo. Com tanta pressão, o gol flamenguista sairia logo, logo. Aos vinte minutos, o atacante Luisinho Lemos, o Luisinho Tombo, fez o primeiro gol flamenguista. Aos trinta minutos, foi marcada uma falta para o Flamengo perto da área. Como sabemos, com Zico isso era praticamente gol. E foi. Nada parecia detê-lo até o instante em que entra em cena o lateral Bitinho.

Em uma dividida, as travas da chuteira do defensor alcançaram a altura da coxa do ídolo rubro-negro. O corte profundo expôs um sangramento enorme. Urrando de dor, Zico era observado por Bitinho, que pedia desculpas. Zico só retornaria aos gramados após dois meses de tratamento. Sem o craque, a partida teria outros contornos. De maneira inacreditável, o Tiradentes virou o jogo — para o delírio de uma multidão de piauienses.

Conhecido também como Tigre da PM, a Sociedade Esportiva Tiradentes foi fundada no dia 30 de junho de 1959. A origem do clube está intimamente ligada à Polícia Militar do Piauí, afinal foi criado inicialmente como uma forma de lazer e entretenimento para os policiais militares. Com o tempo, tornou-se profissional, ganhando campeonatos estaduais e sendo uma potência capaz de participar quatro vezes do principal campeonato de futebol do Brasil. Se você acredita que o único resultado atípico foi contra os cariocas, está enganado. No primeiro turno do Brasileirão de 1983, o time venceu o poderoso Corinthians de Sócrates e Walter Casagrande no Albertão por 2 a 1 — o jogo do segundo turno foi bem diferente, com o Tiradentes tomando de 10 a 1 no estádio do Canindé, em São Paulo, a maior goleada que um clube já levou no Campeonato Brasileiro. Na década de 1990, o futebol profissional foi descontinuado pelos policiais militares, para o alívio do Flamengo do... Piauí, o grande adversário regional.

Túmulo fora do cemitério era atração no interior do Piauí

O cemitério São Pedro de Alcântara, em Picos, cidadezinha a cerca de trezentos quilômetros de Teresina, seguia o roteiro normal de qualquer cemitério: espaço para proferir a fé, túmulos de diferentes formatos, sala de velório e algumas árvores, o que passava uma sensação de paz. A diferença de todo o resto dos cemitérios do país ficava do lado de fora, junto à grade de proteção. Na calçada que dava acesso à entrada principal, um jazigo isolado, rente à rua, despertava a atenção e estimulava o surgimento de histórias mirabolantes. Por que será que aquele ou aqueles mortos mereciam o distanciamento? Será que foram punidos por algum mal? Essas e outras perguntas marcavam o município, que recebia visitantes dispostos a conhecerem o pitoresco ponto turístico.

A mais conhecida lenda envolvia uma menina que, de tão desobediente e respondona, acabou se tornando uma serpente. Quando faleceu, não podia ficar no mesmo recinto que os simples mortais. A solução foi isolá-la na enigmática sepultura, que ainda enfrentava um desafio de manutenção anual: precisava ser consertada por causa de rachaduras que apareciam de forma natural. Lógico que associavam o fenômeno às tentativas de a menina-serpente sair. Gerações de crianças ouviram isso dos pais como um jeito de colocar medo. Foram décadas de mistério.

Em 2021, o cemitério municipal procurou a família responsável pelo túmulo para que ele finalmente saísse da rua. Ali estavam sepultados os bisavós, os avós e os pais de um motorista de aplicativo da cidade. Manoel Fontes contou à reportagem da TV Globo do Piauí que seus bisavós faleceram de varíola e que, naquela época, entre o fim do século XIX e o início do século XX, não era possível enterrar uma pessoa falecida com essa doença no cemitério. No entanto, por serem de uma família com posses, havia a necessidade de se construir uma sepultura, quase como um monumento, mesmo que do lado de fora do cemitério. E assim foi feito.

Transmitida principalmente por meio de gotículas respiratórias, a varíola se espalhou pelo mundo com facilidade. Altamente letal, estima-se que, nos oitenta anos em que esteve ativa, 300 milhões de pessoas tenham morrido em sua decorrência. O desconhecimento sobre o mal e o manejo dos mortos fez com que casos como o de Picos acontecessem. Teresina só foi ter o primeiro posto sanitário na década de 1920. De acordo com a Organização Mundial da Saúde, o último caso de infecção natural da doença ocorreu na Somália, na África, em 1978. Naquele mesmo ano, houve uma infecção por acidente num laboratório no Reino Unido. Em 1979, houve a comprovação de que o vírus da doença não circulava mais e, no ano seguinte, foi comunicado oficialmente ao mundo o fim da varíola durante a XXXIII Assembleia Mundial da Saúde, realizada em Genebra, na Suíça.

POR FALAR EM MISTÉRIO...

Muito antes de o mundo discutir discos voadores e afins, Teresina já estava conectada ao assunto. No dia 15 de junho de 1943, os moradores da então pequena capital estavam assustadíssimos com o que rolava no céu piauiense. Alguns acreditavam ser o fim do mundo. Outros garantiam que era miragem. Os mais medrosos fizeram o óbvio: se esconderam. Na edição do dia 19 de junho, o jornal *Gazeta* noticiou: "Na manhã de 15 do corrente, às 6 ½ horas, foi observado em Teresina um empolgante fenômeno atmosférico. Passaram no espaço encantadores pontos luminosos, representando a forma de cornetas, em número de três, ligadas entre si. Cerca de 5 minutos depois ouviu-se um forte estampido, como trovão".

Depois do estrondo, até os corajosos procuraram abrigo. Até hoje, é um mistério que raios eram aqueles.

ESPERANÇA GARCIA: A ESCRAVIZADA ADVOGADA

Cansada dos maus-tratos, a escravizada Esperança Garcia tomou uma decisão inacreditável — para a época em 6 de setembro de 1770. Letrada, escreveu uma carta para o então presidente da Província de São José do Piauí, Gonçalo Lourenço Botelho de Castro. Em um relato duro e clemente, explicava o que estava acontecendo com ela, o filho e colegas também cativas do capitão Antônio Vieira do Couto:

> Desde que o capitão lá foi administrar que me tirou da Fazenda Algodões, onde vivia com o meu marido, para ser cozinheira da sua casa, ainda nela passo muito mal. A primeira é que há grandes trovoadas de pancadas em um filho meu sendo uma criança que lhe fez extrair sangue pela boca, em mim não posso explicar que sou um colchão de pancadas, tanto que caí uma vez do sobrado abaixo peiada; por misericórdia de Deus, escapei. A segunda estou eu e mais minhas parceiras por confessar há três anos. E uma criança minha e duas mais por batizar. Peço a Vossa

Senhoria pelo amor de Deus ponha aos olhos em mim ordenando digo mandar ao procurador que mande para a fazenda de onde me tirou para eu viver com meu marido e batizar minha filha.[*]

Nascida em 1751, na Fazenda dos Algodões, a cerca de trezentos quilômetros de Teresina, Esperança Garcia cresceu catequizada pelos jesuítas, religiosos donos dessa e de muitas outras propriedades. Os vizinhos eram grandes fazendeiros de gado, criação importante para a economia do sertão piauiense. O trabalho com o rebanho era feito por vaqueiros, que costumavam ser homens livres. Aos mais diferentes escravizados, cabiam outras atividades, como construção, manutenção, limpeza, preparação da carne a ser vendida e serviços domésticos, entre outros. Com a expulsão dos jesuítas do Brasil a mando de marquês de Pombal, em 1760, a Coroa passaria a administrar todos os bens que pertenciam à ordem. Isso fez com que cativos tivessem que conviver com uma nova realidade. Foi dessa maneira que Esperança Garcia deixou a Fazenda dos Algodões, o marido e uma filha para ser cozinheira de Antônio Vieira em outra fazenda, na inspeção de Nossa Senhora de Nazaré.

As torturas de Antônio eram frequentes. Há pesquisadores que defendem que Esperança teria fugido da sede administrativa da inspeção de Nossa Senhora de Nazaré contando com uma rede de ajudas. O destino teria sido Oeiras, então capital do Piauí. Dessa forma, ela teria entregado a famosa carta ao presidente da província, que se tornou o primeiro *habeas corpus* de que se tem notícia pedido por uma mulher negra no Brasil. Infelizmente, pouco se sabe da trajetória daquela que é considerada a primeira advogada do Piauí — e há grupos de advogados que lutam para que Esperança seja reconhecida a primeira do país. Apesar de não haver certeza, é provável que tenha conseguido voltar a morar na Fazenda dos Algodões. Não há registros da data de seu falecimento nem de onde foi enterrada.

---

[*] LEAL, Maria Ivoneide. *Quando a esperança é símbolo de liberdade*: um estudo sobre a história de Esperança Garcia e a construção de sua imagem. Dissertação de mestrado apresentada na Universidade Federal da Fronteira do Sul. Chapecó, 2021. Disponível em: https://rd.uffs.edu.br/handle/prefix/5150. Acesso em: 30 mar. 2025.

No século XXI, Esperança Garcia finalmente ganhou o reconhecimento merecido. A luta pelos direitos e a sabedoria na defesa de suas ideias inspiraram gerações de juristas. Em 2017, a Ordem dos Advogados do Piauí reconheceu-a como a primeira advogada do estado. Na entrada do fórum da comarca de Oeiras, cidade natal de Garcia, há uma estátua dela. Em Teresina, no Centro de Artesanato Mestre Dezinho, também existe uma homenagem artística à escravizada. Apesar de tantos aplausos, a carta original está desaparecida e ninguém sabe desde quando.

JENIPAPO: A BATALHA ESQUECIDA

Quem atravessa a BR-343 observa a distância um pórtico no município de Campo Maior, no Piauí, onde é possível ler "Batalha do Jenipapo" e "Berço da Independência". Pouco tempo depois da ultrapassagem, encontra-se um enorme monumento que lembra esse fato histórico, com direito a um museu que guarda relíquias da época e o cemitério, que muitos defendem ser o lugar de repouso dos restos mortais de sertanejos que pegaram em armas para enfrentar a bem munida e estruturada guarda portuguesa. Às margens do rio Jenipapo, em 1823, os colonizadores enfrentariam enormes obstáculos e entenderiam que a independência do Brasil havia comovido os mais diferentes cantos do país.

Após dom Pedro I proclamar a Independência em 7 de setembro de 1822, lideranças políticas e intelectuais na então província do Piauí aderiram gradativamente à causa. O poeta Leonardo Castelo Branco, um dos principais nomes por trás da articulação do movimento insurgente, atravessou diferentes municípios convencendo a população de que era preciso se separar de Portugal, com risco de serem colônias por muito mais tempo. O fazendeiro Simplício Dias da Silva, criador de gado, dono de milhares de pessoas escravizadas e conhecido de dom Pedro I, raspou as economias para financiar os conflitos contra as tropas portuguesas. Ricos e pobres se juntavam na ideia do afastamento, até porque havia um desagrado por quem estava no poder. Outro personagem importante foi o jurista João Cândido de Deus e Silva, o qual também liderou tropas contra os colonizadores.

Escolhido pelo rei de Portugal, dom João VI, o militar experiente João José da Cunha Fidié precisava manter as ordens vindas da matriz naquele espaço do Brasil. Ostentando no currículo a presença no exército inglês nas famosas lutas contra as tropas de Napoleão Bonaparte, Fidié e seu exército eram acusados de estupros e saques na região.

Comandando mais de mil homens fortemente armados, ele não teve vida fácil a partir de outubro de 1822. Acostumado ao clima europeu, João José da Cunha Fidié precisou encarar o calorão do Piauí em missões desafiadoras: rodou os milhares de quilômetros do hoje estado a pé e em cima de burricos. Na lagoa do Jacaré, em Nossa Senhora do Carmo da Piracuruca, teve o primeiro desafio, um "tira-gosto" do que viria a acontecer alguns dias depois. Tiros foram trocados, e houve perdas para ambos os lados.

No dia 13 de março de 1823, centenas de soldados brasileiros, vindos especialmente das áreas rurais de Ceará, Maranhão e Piauí, muitos sem capacitação e contando com armas inapropriadas como facões, foices, velhas espadas e espingardas, esperavam os portugueses em Campo Maior. A liderança principal era de Luís Rodrigues Chaves.

Fidié, que soube que a capital tinha aderido às ideias de dom Pedro I, precisava ultrapassar o cerco dos insurgentes para reconquistar Oeiras. O que se viu foi a luta de facão contra mosquete, de foice contra canhão, do amadorismo contra a experiência. Ambos os exércitos se dividiram em dois flancos. Ao ouvirem os primeiros estampidos em um determinado lado, os brasileiros apostaram que todos os inimigos tinham ido por aquele canto — o que não era verdade. Do alto, metade da tropa portuguesa tinha visão completa dos revoltosos. Quando percebeu o equívoco dos comandados, Rodrigues foi para o tudo ou nada, tal qual camicases. No fim do dia, eram centenas de mortos do lado do Brasil, mas também houve muitas perdas na tropa de Fidié, que estava exausta e com pouca munição.

Essa resistência anormal alteraria os rumos do militar português, que decidiu não seguir para a capital, e sim para o Maranhão. No trajeto, sofreu outras emboscadas e perseguições. Em junho de 1823, os soldados portugueses não aguentavam mais e se renderam. Fidié foi preso e, após uma passagem pelo Rio de Janeiro, deportado para Portugal, onde foi recebido com festa, apesar de o objetivo de dom João VI de manter o Norte e o Nordeste sob o poder Portugal ter naufragado. No monumento à Batalha do Jenipapo, há estátuas que homenageiam Leonardo Castelo Branco e dois camponeses munidos de facão e foice, o que demonstra perfeitamente a coragem de quem brigou contra poderes muito maiores.

Rio de Janeiro

"Dunas da Gal": a praia de Ipanema nunca mais foi a mesma

A praia de Ipanema estava dividida em 1972. O motivo era a construção de um emissário submarino, responsável por levar o esgoto a alto-mar. Para abrigar essa tubulação em terra firme, foi feito um píer. Para a instalação das pilastras que sustentavam a estrutura de madeira e ferro, foi preciso remover a areia do mar, o que gerou dunas enormes, capazes de tampar o horizonte de quem caminhava livremente pelo calçadão. Uma das consequências de todos esses movimentos foi sentida no mar, com o surgimento de altas ondas. Até então pouco procurada por surfistas, artistas e intelectuais, a faixa de areia em frente à rua Teixeira de Melo se transformou no *point* mais improvável da história da orla carioca.

Vivendo uma ditadura militar e aproveitando a privacidade que as dunas geravam, os jovens encontraram naquele espaço um reduto de experimentações artísticas, encontros amorosos e ondas alucinantes. Os surfistas ficavam o dia inteiro na água, contrariando a lei da época, que indicava que, após as oito da manhã, nada de prancha e parafina. Quem reinava nesse quesito era José Artur Machado, mais conhecido como Petit. Ele ficou eternizado na canção de Caetano Veloso: "Menino do Rio, calor que provoca arrepio. Dragão tatuado no braço, calção, corpo aberto no espaço. Coração, de eterno flerte, Adoro ver-te...".

Os Novos Baianos, que moravam em Vargem Grande, partiam da Zona Oeste para organizar nas dunas um futebol para lá de complicado, com trinta jogadores de um lado e trinta do outro. Era comum sair alguém da água e marcar um gol de fim de partida. As galeras se misturavam e, inevitavelmente, subiam as dunas para aplaudir o pôr do sol.

No alto das montanhas de areia, os debates políticos tomavam conta. Músicos, como Jorge Ben (hoje Ben Jor) e Luiz Melodia, estavam sempre por lá. A contracultura ganhou força ali com os poetas marginais e suas chinelas de dedo, cabelos encaracolados e pele tostada. A tribo do teatro também marcava presença, normalmente representada pelo músico Caique Botkay e o ator e diretor José Wilker. A musa do local era a cantora baiana Gal Costa, que tinha recentemente lançado o álbum *Fa-tal* e levava uma multidão ao teatro Tereza Rachel, em Copacabana. Não por acaso, seu conterrâneo, Waly Salomão, poeta e diretor do show de Gal, foi o responsável por batizar aquele sonho de verão como "Dunas da Gal". Em 1975, com o fim da construção do emissário, o píer foi destruído e tudo ficou plano, tristemente plano.

Apitos geram polêmica em Ipanema

Domingão de sol, janeiro de 1996. A praia de Ipanema fervia. A água estava uma delícia e a cervejinha, gelada. E um fuminho proibido rolava. Um não, vários. Parecia sinopse de capítulo da série *Armação ilimitada* versão para adultos. O cenário era esse, com um elemento a mais: uma tentativa policial de combater o uso do tal fumo. Revoltado com o choque, um grupo de cerca de vinte pessoas resolveu distribuir panfletos a favor do debate da legalização. Junto, entregavam apitos. Era para que o usuário ou o simpatizante da causa não poupasse os pulmões ao avistar a polícia. Dessa maneira, nascia um dos verões mais doidos de todos os tempos.

Indignadas com aquele deboche, as autoridades se pronunciavam na mídia acreditando que aquilo era um verdadeiro absurdo. O secretário de Segurança Pública, o general linha-dura Nilton Cerqueira, deu declarações de que iria intensificar a perseguição ao que chamou de "apitos da maconha". A turma nem ligou. Ao contrário, mais apitos, comprados baratinhos na Saara, região de comércio popular no Centro do Rio, foram distribuídos.

O slogan da campanha caiu na boca do povo: "Quem apita amigo é". Era só pisar um policial na areia que o apitaço começava. Se prendesse alguém, aí a galera apitava mais forte ainda. O objeto se tornou o inimigo número um da ordem.

Câmeras de vídeos caríssimas foram usadas para ver quem estava com o apito, com os cigarrinhos — ou com os dois — na boca. Teve gente presa e agredida, além de acusações de formação de quadrilha. Teve flanelinha indo para a delegacia suspeito de vender bagana. Teve apito apreendido. Teve guarda tomando bronca por apitar no trânsito.

Apitar era correr risco, por isso a moçada da praia teve uma nova ideia: substituir o perigoso artefato pelo assovio. Parecia a nona sinfonia de Bob Marley. Cobrado por tomar algum posicionamento, o então governador Marcello Alencar defendeu que, "se houvesse muita disputa nesse debate, ou seja, se as opiniões estivessem muito divididas, ele fumaria um pra saber como é que é". Quase deram um apito pro governador.

O maior encrenqueiro do Rio

Indo ao velório de um amigo, Ronald Russel Wallace de Chevalier entrou sem querer em uma sala errada do cemitério. O morto era outro. Não perdeu a chance de comentar: "Esse defunto é horroroso. O nosso é muito mais bonito". Quase apanhou. Quando estava sóbrio, o economista era um lorde erudito, capaz de encantar as mais diferentes plateias. Mas, ao beber três doses de uísque, virava no Jiraya e se transformava em Roniquito, um encrenqueiro inveterado, dono de piadas rápidas e causador de situações humilhantes. Antes de dar o primeiro gole, até brincava dizendo que uma personalidade se despedia da outra a partir daquele instante.

Um dos criadores da Banda de Ipanema, Roniquito costumeiramente enfiava os amigos nas maiores roubadas. Com o cartunista Jaguar, foi expulso de diversos bares em uma mesma noite. Nem por isso o criador do ratinho Sig, símbolo do jornal *O Pasquim*, abandonou o companheiro e as farras — com ele, claro. Outros tiveram que trocar tapas para defendê-lo. Frágil fisicamente, diversas vezes escapou por verdadeiros milagres. Não tinha temor em debochar dos mais fortes.

Não pense, porém, que entre os parceiros de copo havia complacência. Eles sofriam também, em especial os escritores. "Ao cruzar com Fernando Sabino num restaurante, Roniquito perguntou-lhe: 'Quem escreve melhor, você ou Nelson Rodrigues?'. Fernando gaguejou: 'Bem... Nelson Rodrigues, é claro'. Foi então que Roniquito fulminou: 'E quem é você para julgar Nelson Rodrigues?'", escreveu Ruy Castro no livro *Ela é carioca*. Caso entrasse em bares onde não conhecesse os presentes, não se furtava, em alta e boa voz, a dizer que o lugar estava repleto de "ninguém".

Em 1964, bebendo em Copacabana com dois amigos, resolveu criticar as Forças Armadas — aos berros. Azar: na mesa ao lado, um grupo de militares à paisana não tardou a impor ordem naqueles cidadãos. Não conheciam Roniquito. A polícia foi chamada para prendê-los. Roniquito desacatou os policiais também. O delegado logo se arrependeria de o ter levado em cana. O repertório de piadas e provocações era inesgotável.

Foram liberados contando com ajuda de um padrinho influente. Aluno de importantes economistas, como Mario Simonsen e Roberto Campos, Ronald Chevalier era muito bem relacionado nos corredores do poder — apesar de também não os respeitar.

Amigo de infância de Walter Clark, foi chamado pra trabalhar no começo da TV Globo. Sem ter função bem definida, ao ser perguntado sobre o que fazia, Roniquito costumava responder que era "aspone", ou seja, assessor de "porra" nenhuma. A expressão acabou caindo no gosto popular e até hoje é utilizada.

Asmático e com saúde débil, sofreu um acidente em 1981: foi atropelado por um automóvel. O motorista não prestou atendimento. Apesar de não ter perdido a vida imediatamente, essa tragédia aprofundaria seus problemas médicos. Sem abandonar o uisquinho, morreu cedo, com pouco mais de 45 anos, em 1983. A causa foi infarto, e ele estava sozinho em casa. Nos obituários dos jornais, até quem foi xingado prestou as homenagens.

Petrópolis já teve praia

Em uma aposta de baralho, o empresário mineiro Joaquim Rolla conseguiu abocanhar parte do famosíssimo Cassino da Urca. O jogo não era o forte do homem, que começou nos negócios como tropeiro, mas ganhou dinheiro de verdade investindo em estradas e construções. Megalomaníaco, entendeu que o Brasil precisava de um cassino que destoasse de qualquer outro no país, se tornasse o centro dos jogos na América do Sul e impressionasse o mundo, tão abalado pela Segunda Guerra Mundial, ainda em curso.

Petrópolis, na Região Serrana do estado, foi a cidade escolhida. O renomado arquiteto Oscar Niemeyer foi chamado para fazer o projeto, mas o resultado não agradou. Dessa maneira, o também arquiteto Luiz Fossati foi contratado para liderar outros cinquenta profissionais.

Após caminhar alguns metros do pórtico de Petrópolis, o visitante encara uma edificação nababesca, daquelas que nos remetem aos filmes de castelos na Alemanha. É o hotel Quitandinha, com seus 50 mil metros quadrados, os quais acomodam um imponente e histórico teatro, 440 apartamentos e mais de dez salões — entre eles, um com trinta metros de altura. A decoração é um capítulo à parte: foi feita pela cenógrafa nova-iorquina Dorothy Draper e inspirada na estética hollywoodiana. Já a piscina nos leva para o universo do escritor Júlio Verne e seu *Vinte mil léguas submarinas*, com pinturas de grandes animais aquáticos.

A obra foi orçada, na década de 1940, em 10 milhões de dólares. Sem regular os gastos, Rolla pediu grana emprestada para o banqueiro Walter Moreira Salles, que, em contraproposta, tentou uma sociedade. Não rolou no Quitandinha. Tiveram juntos, porém, um cassino em Poços de Caldas, no interior de Minas Gerais.

Do lado de fora, há um vistoso gramado, com direito a um lago que nos remete ao mapa do Brasil. Para impressionar, Rolla contratou centenas de caminhões, que subiram a serra levando areia da praia de Copacabana, já uma das mais conhecidas do planeta. Era o toque final do empreendimento. Além de jogar, o hóspede podia pegar um bronze, com o pé na areia e caipirinha, e, se batesse uma vontade, dava um mergulho. As fotos da época mostram que alguns não tiveram vergonha em botar uma roupa de banho e se proteger embaixo do guarda-sol.

Mesmo sem estar pronto, o Quitandinha foi inaugurado em 1944. E era possível ver suas luzes de longe. Não era pra menos: uma central elétrica capaz de abastecer uma cidade foi montada para que nem um único brilhinho se apagasse. Líder de audiência, a rádio Tupi transmitiu ao vivo toda a festa. Entre marchinhas de Carnaval e afins, um comentário predominava: era um feito colocar de pé aquele colosso em plena guerra, com todas as dificuldades logísticas e os recursos escassos. Gasolina, por exemplo, estava cara e em falta.

O único problema apresentado foi a demora em servir comidas. Com a alta quantidade de bebidas alcoólicas, a turma foi ficando bêbada. Lá pelas tantas, o encrenqueiro Benjamin Vargas, irmão do ditador Getúlio Vargas, resolveu tirar satisfação com o empresário Roberto Marinho. Ao contrário de muitos outros, Marinho não teve medo e peitou o rapaz. Beja, como era conhecido, chegou a puxar o revólver. Graças a Deus, os seguranças do Quitandinha e o próprio Joaquim Rolla apartaram.

No pequeno período em que esteve em funcionamento, o hotel-cassino recebeu diversas celebridades, entre elas o cineasta Orson Welles, a atriz Greta Garbo, o empresário Walt Disney, a cantora Carmen Miranda, o ator Henry Fonda e a primeira-dama da Argentina Evita Perón. Em 1946, o general Eurico Gaspar Dutra, presidente do Brasil, tornou ilegais os jogos em nosso país — a decisão teria sido fortemente influenciada pela sua esposa, Carmela Dutra, mais conhecida como "Dona Santinha". Religiosa fervorosa, a primeira-dama teria apresentado os males dos jogos. Com isso, o Quitandinha e todos os outros cassinos foram fechados.

Não adianta fugir do "beijoqueiro"

Se você andasse pelo Centro do Rio nas décadas de 1980 e 1990, um risco o espreitava: o português José Alves de Moura aparecer e te tascar um beijo na bochecha do mais absoluto nada. O Beijoqueiro, como ficou conhecido, defendia os tostões no táxi, mas não foi dirigindo que se tornou uma figura mítica entre os cariocas. Havia quem olhasse para o lado para não correr o risco de ser percebido por ele e também quem desse dois passos atrás ao entrar no seu automóvel. Quando alguém era surpreendido, gargalhadas e aplausos eram ouvidos. A turma amava quando isso acontecia. Democrático, Alves beijava anônimos e famosos, o que alavancou ainda mais sua fama. O homem não poupava esforços para encostar os lábios em quem desejasse.

Foram muitos políticos e celebridades brindados pelo Beijoqueiro, como o cantor Roberto Carlos, os craques do futebol Garrincha e Romário, o apresentador Serginho Groisman e as atrizes Grazi Massafera e Dercy Gonçalves. Sem preferência política, ele beijou o ex-presidente João Figueiredo e o ex-governador do Rio Leonel Brizola. A cena do beijo em Brizola pareceu, digamos, um ataque do afeto. Tentaram segurar o gajo, mas foi tarde demais. O político gaúcho se estrebucha, não entende e, quando vê, só lhe resta abrir um amarelo sorriso.

Não pense que João Alves se restringiu aos brasileiros. Estrangeiros sofreram com o homem de estatura média, cabelos ralos que deixavam nítidas as entradas e sorriso largo.

A maior atração do ano de 1980 era a inédita vinda do cantor Frank Sinatra ao Rio. Ele cantaria no Maracanã sob forte esquema de segurança. Esse era um dos pedidos da equipe do norte-americano, que passou a vida sendo acusado de ter um esquema com a máfia italiana. Nada disso foi o bastante para intimidar o Beijoqueiro, que invadiu o palco e correu para beijar o cantor. A plateia foi ao delírio, aplaudindo muito. Assustado, Sinatra até tentou se desvencilhar, mas não conseguiu.

Um empurrão não foi suficiente. Com segundos de atraso, os seguranças chegaram e praticamente arremessaram o invasor para fora do show. Sem problemas, ele já tinha conseguido o que queria: o beijo, mais fama e capas de jornais espalhados pelo mundo.

Ainda em 1980, o Beijoqueiro travou mais uma epopeia. O papa João Paulo II veio ao Brasil. A primeira parada do religioso foi o Rio de Janeiro. Cautelosos, os policiais armaram uma estratégia perfeita para que não houvesse constrangimento ao polonês Karol Józef Wojtyła: prenderam o Beijoqueiro no período em que Sua Santidade estivesse em terras cariocas. Em vez de essa atitude extrema aquietar o nobre português, só gerou ainda mais vontade. No exato momento em que foi solto, ele pegou suas trouxinhas e se mandou para São Paulo.

Apesar de não haver comunicação fácil entre os policiais dos dois estados, os passos do Beijoqueiro estavam sendo monitorados. Foi só botar o pé na rodoviária do Tietê que a polícia o deteve. Assim, precisou retornar ao Rio. O mesmo aconteceria em Curitiba, a terceira parada do papa no país. Ele só conseguiu burlar a segurança após fazer uma vaquinha com populares para viajar de avião ao Pará. Foram dezessete beijocas nos pés do religioso.

Tantas aventuras renderam problemas: foram mais de setenta prisões e diversas partes do corpo fraturadas pela violência de seguranças. No dia 8 de dezembro de 2006, o site *G1* trouxe uma reportagem a respeito de uma dessas agressões: "Segundo informações da própria vítima, houve um tumulto na rua Uruguaiana porque ele estava beijando algumas pessoas. Policiais militares mandaram José Alves ir embora do local, mas por ter desobedecido à ordem ele teria sido agredido". Foram feitos inúmeros exames para comprovar a sanidade de José Alves de Moura, mas nenhum atestou que este apresentasse algo de incomum. Aos poucos, ele foi saindo das ruas e deixando os beijos de lado. Morreu em 2019, aos 79 anos.

Pombo subversivo foi preso em Cabo Frio

De repente, um policial entrou na sala do delegado carregando um pombo afirmando que estava com um meliante perigosíssimo, um tipo de Fernandinho Beira-Mar de asas. Atento aos mínimos detalhes e com os olhos abertos para as curvas sinuosas do bichinho, o delegado Newton Waltz suspeitou de que aquela rolinha poderia ser um caso sério de animal treinado para a subversão. A ave parecia carregar um recado em uma das patas. Os dizeres "Brasil 73 — 198627" intrigaram os oficiais.

Em 1977, tanto em Cabo Frio, na Região dos Lagos, como em outros lugares do estado do Rio de Janeiro, havia protestos contra o governo militar e a favor da volta da democracia. Apesar de as guerrilhas armadas estarem esfaceladas e as lideranças políticas, isoladas fora do país, qualquer movimentação suspeita era investigada com rigor pelo Departamento de Polícia Política e Social, o DPPS. Na dúvida, Waltz entrou em contato com a Secretaria de Segurança do Estado e solicitou instruções para o que fazer com o pombo-correio. A resposta foi rápida: manter o meliante preso até que averiguassem o que poderia ter acontecido e o motivo daqueles números tão misteriosos.

Investiga daqui, investiga dali, tenta decifrar daqui, tenta decifrar dali, e nada. Nadinha. "Tem que abrir a caixa-preta do pombo", diriam atualmente. O bichinho não tinha nada a ver com o negócio. Alguns dias depois, um relojoeiro entrou enfezado na delegacia. "Cadê meu pombo?", perguntou. O bichinho perdeu o rumo devido ao mau tempo. Não tinha ficha corrida. O número era de identificação de propriedade. Foi liberado.

ETs EM CASIMIRO DE ABREU:
A CIDADE PAROU PARA RECEBER OS ALIENÍGENAS

Estava tudo certo: os jupiterianos iriam descer em Casimiro de Abreu, a cerca de duas horas e meia de distância do Rio de Janeiro, em 8 de março de 1980. A notícia saiu até no *Jornal Nacional* e criou comoção no mundo todo. A imprensa estrangeira foi até a cidade cobrir o feito. A Nasa mandou um representante. O prefeito chegou a comprar uma enciclopédia *Barsa*, caríssima, para presentear os amigos intergalácticos. No centro de pouso da fazenda Nossa Senhora da Conceição, milhares de curiosos esperavam o contato.

Para manter o rigor e não influenciar na conexão de terceiro grau, Edílcio Barbosa, organizador do evento e o mensageiro de Júpiter, como era conhecido, determinou que não poderia haver bebidas alcoólicas, pessoas alcoolizadas, nem descontrole emocional ao ver os visitantes. Mesas com frutas foram postas para que os extraterrestres experimentassem as belezas alimentícias da Terra. Os jupiterianos viriam acompanhados de quatro humanos que foram abduzidos. Muitos se perguntavam quem seriam esses sortudos. O horário marcado para o pouso era 5h40. Os extraterrestres viriam nos contar algo muito importante nessa manhã.

Enquanto não chegava o momento, danças eram vistas. Violeiros solitários e grupos musicais entretinham o público terreno. Se fosse pela folia, os ETs não voltariam pra casa. Com a aproximação do horário, a ansiedade aumentava. Bastava uma luz surgir no céu que todos logo apontavam pensando se tratar do disco voador. Foram muitos enganos naquela madrugada, mas sem problema, afinal os extraterrestres deveriam ser pontuais.

Quando o relógio indicou 5h40, todos ficaram observando o que viria. Nada. Bateram 5h45, e nada; 5h50, e nada. Bateram 6h — nem uma piscadinha para dar uma animada surgiu. Não demorou para chegar a bombástica notícia de que os jupiterianos não dariam as caras. O lugar estava muito cheio. Uma turma queria linchar Edílcio, que saiu escoltado. Até hoje ninguém sabe quem foi o primeiro a abrir a garrafa de uísque, entocada por respeito à possível troca de energia com seres superiores.

Zéfiro: o maior cartunista erótico do Brasil

Alcides Aguiar Caminha era funcionário público, batia cartão no Ministério do Trabalho e morava em Anchieta, bairro do subúrbio carioca. Os vizinhos chamavam de seu Alcides. Era casado e pai de cinco filhos. Essa era a faceta da manhã, com a luz do dia. À noite, Alcides se transformava em Carlos Zéfiro, uma lenda dos quadrinhos eróticos do Brasil — enquanto a mulher dormia, ele desenhava histórias picantes. Alcides era um homem que, sem querer, desafiava os bons costumes oferecendo a diversão solitária para os garotos entre os anos 1950 e 1970. Era um ídolo anônimo. Ficou sem mostrar o rosto por décadas, o que gerava ainda mais mistério. Até o cartunista Ziraldo foi acusado de estar por trás do mito.

Chamados graciosamente de "catecismos", os livrinhos do Carlos Zéfiro eram vendidos em bancas e foram pioneiros nesse mercado. Cabiam no bolso, facilitando a locomoção e a discrição. Houve tiragens de 30 mil exemplares. Em muitos casos, os cartuns eróticos eram inseridos estrategicamente pelos jornaleiros no miolo de revistas que não chamavam a atenção, como as destinadas ao público feminino ou de futebol. O comprador acabava pagando mais, entretanto esse era o menor dos problemas.

Não só no Rio de Janeiro as obras eram procuradas. Os distribuidores, também cheios de segredos, as levavam para os quatro cantos do Brasil. A repressão militar, é evidente, queria acabar com essa parada. O *soft porn*, como os norte-americanos definem, do Zéfiro atacava, sem interesse do autor, vale sempre ressaltar, as bases religiosas e desafiava um regime que queria trazer seriedade ao país.

Em pleno jogo do Brasil contra a Romênia pela Copa do Mundo de 1970, o distribuidor de Zéfiro, Hélio Brandão, o famoso Hélio Gordo, dono de um sebo na região da praça Tiradentes, no Centro do Rio de Janeiro, foi preso. Em Brasília, milhares de revistas também foram apreendidas.

Foram realizadas investigações sobre Alcides, mas nenhuma foi à frente por falta de provas. Quando alguém era detido, o funcionário público entrava em desespero, afinal sua identidade poderia ser revelada, e isso acarretaria ataques à família, perda do emprego e até corte da aposentadoria. Um jornalista seria o responsável por revelar quem era o homem mais misterioso do mundo erótico brasileiro.

Diretor da revista masculina *Playboy*, o jornalista Juca Kfouri tinha uma vontade: mostrar aos leitores finalmente quem era Carlos Zéfiro. O começo da investigação passa exatamente por Hélio Gordo, que pediu a Juca que nunca mais o procurasse depois de uma dica sobre quem era o cartunista: "O codinome de um parceiro anônimo de uma grande composição da música popular brasileira". Fácil, não?

Com a ajuda da irmã, estudiosa da MPB, o jornalista encontrou alguns nomes. Entre eles estava Alcides Caminha, que morava no Rio de Janeiro e dividia com Nelson Cavaquinho e Guilherme de Brito a antológica composição "A flor e o espinho".

Juca se lembrou de um editor de São Paulo que havia editado Zéfiro e, embora não falasse com o próprio, se comunicava com a irmã do cartunista, que também tinha o sobrenome Caminha. Estava quente. Munido da lista telefônica do Rio de Janeiro, que reunia os telefones de todos os moradores da cidade, Juca ligou para Leila Caminha, irmã de Alcides, e avisou que faria uma reportagem sobre compositores anônimos de grandes músicas. Conseguiu o acesso de que tanto precisava.

Na casa simples de Anchieta, Alcides Caminha recebeu o jornalista. A conversa primordialmente foi sobre a relação dele com o amigo mais famoso, Nelson Cavaquinho. Muitas fotos e composições não conhecidas foram mostradas. Com o passar do tempo, Juca percebeu uma estante de aço com muitas pastas coloridas. Em uma distração do criador de Carlos Zéfiro, Kfouri puxou uma delas, e não encontrou nada demais, porém a reação nervosa de Alcides Caminha ficou evidente. Era um sinal de que ali havia um tesouro escondido. "Seu Alcides, por que o senhor não quer ser reconhecido como Zéfiro?", perguntou o jornalista. Embora tentasse negar uma ou duas vezes, Caminha preferiu o caminho da explicação. O funcionalismo público e a aposentadoria pesavam fortemente para o anonimato.

Para conseguir a anuência para a reportagem, o jornalista teve que falar com familiares e prometeu mostrar o que escreveria antes da publicação. Caso Caminha não gostasse, rasgaria a matéria e nunca mais voltaria ao assunto. Em uma mesa repleta de familiares, Juca leu o que escreveu e teve a aprovação de todos. Católica fervorosa, a esposa do desenhista, Mont'Serrat, até se emocionou.

Em novembro de 1991, a revista masculina *Playboy* publicava na capa "Acabou o mistério de trinta anos: revelamos a identidade de Carlos Zéfiro, o lendário autor dos quadrinhos eróticos que enlouqueciam o país". Ao contrário do que imaginava, Alcides foi abraçado por fãs de tudo que era canto e laureado por colegas de profissão. Reconhecido, foi entrevistado no programa do humorista Jô Soares. "Eu não tenho original nenhum. Era perigoso conservar. Bastava uma denúncia e a polícia podia encontrar tudo ali", disse ao apresentador. No ano seguinte, dias após ser condecorado com o Troféu HQ Mix, importante reconhecimento do setor de quadrinhos, teve um mal-estar em uma festa e morreu a caminho do hospital.

FERA DA PENHA E A SANTA POPULAR

No cemitério de Inhaúma, no Rio de Janeiro, um túmulo destoa de todos os outros. Pintado de rosa, ele é lotado de brinquedos, flores e muitas placas de agradecimentos pelas graças alcançadas. A distância, lembra um altar. Todos os fins de semana, pessoas de diferentes cantos do Rio de Janeiro vão em romaria rezar pela intercessão de Tânia Maria Coelho Araújo, a Taninha, uma santa popular que em vida sofreu uma das maiores barbáries com que o país já teve contato.

Pai de duas filhas, Antônio Araújo, de 27 anos, era casado com Nilza Coelho Araújo. Moravam em uma residência simples em Piedade, bairro do subúrbio carioca. As crianças eram pequenas. Solange, a mais velha, e Taninha, de quatro anos, a caçula.

Defendendo o sustento como motorista de ônibus, Antônio atravessava a cidade. Bonito, chamava atenção. E uma das que se encantaram pelo sorriso do rapaz foi Neyde Maia Lopes. Na condução, começaram trocando olhares. Isso avançou para marcarem um encontro. Não demorou para engatarem um romance. Para quem observava de longe, pareciam apaixonados. Tão apaixonados que Neyde engravidou. O que seria motivo de comemoração logo se tornou uma tormenta, com Antônio exigindo que a amante abortasse. Ela cedeu.

Vítima de inúmeros problemas na infância, Neyde contava toda a sua história em detalhes, ao contrário de Antônio, que mentia descaradamente. Nas conversas, jamais relatou ter esposa e filhas. Ao contrário, exibia-se como solteiro e disposto a viver um grande amor.

Neyde só foi descobrir a realidade após investigar a vida do amado. Aos 22 anos, sentiu-se traída e cobrou que Antônio se decidisse entre a velha ou a nova família que criariam. "Vou matar toda a sua família se não ficar comigo", teria dito. Ele não ficou. E a vingança prometida foi posta em prática.

Aproveitando que Antônio trabalhava o dia inteiro fora e que Nilza não sabia da traição, Neyde, usando o nome falso de Odete, foi se aproximando da companheira do antigo namorado — uma das desculpas para o contato era de que tinham estudado juntas no colégio. Na espreita, aguardava o motorista assumir a direção para operar seu plano.

Agradável, aos poucos ganhou a confiança da matriarca da família Araújo. Das conversas no portão, tão normais no subúrbio até hoje, partiu para o interior da casa. Para conquistar as duas crianças, levava balas, pirulitos e outros presentinhos. Virou a "tia Odete". Nilza não dividiu com o marido essa nova amizade, o que custaria caro.

No dia 30 de junho de 1960, Neyde, passando-se por Nilza, ligou para a escola e disse estar muito adoentada, de forma que uma amiga, Odete, iria buscar Taninha. Embora a diretora desconfiasse, a reação da menina ao ver a tia que dava balinhas foi tão calorosa que jamais pensou na tragédia que viria em sequência. Quando chegou à escola, Nilza ficou assustada. Não foi preciso muito para acreditar em um sequestro. A polícia foi acionada.

Enquanto isso, Neyde caminhava com a menina pela cidade. Na época, a comunicação era muito ruim, o que dificultava o trabalho dos policiais. Quando Antônio soube do fato, não teve dúvidas: era a ex-amante.

No bairro da Penha, havia um matadouro de gado que também contava com espaço para pasto e armazenamento dos animais. Era ermo e ficava deserto quando a tarde caía. Foi para lá que Neyde levou Tânia por volta das oito da noite. Taninha chorava, queria a mãe.

Primeiro, Neyde cortou um pedaço do cabelo da menina. Depois, pegou um revólver calibre 32 e lhe deu um tiro. Com a criança morta, ela ainda teve o sangue-frio de botar fogo no corpo da menina — há quem defenda que Taninha ainda estaria viva até ser queimada. Alguns empregados do matadouro viram Neyde fugindo — as descrições batiam com o depoimento da diretora.

A fogueira também despertou a curiosidade dos funcionários. Quando a polícia chegou, não teria tempo para mais nada. Abalado, Antônio teve que confessar o relacionamento extraconjugal de meses, o que aumentou a suspeita. No dia 1º de julho, Neyde foi chamada à delegacia e inicialmente negou tudo, mas era impossível enganar a todos por tanto tempo.

Chamada de Fera da Penha pela imprensa, Neyde viu de perto a fúria da população. Tentaram de todas as maneiras agredi-la, ainda que sem sucesso. A reconstituição do crime foi impossível. Em 1963, após já ter passado anos na prisão em Bangu, recebeu a sentença de 33 anos de cárcere. Com revisões futuras, foi posta em liberdade em 1975.

Nilza e Antônio não se separaram e tiveram mais três filhas. Exposta em todos os jornais, revistas e canais de televisão e rádio, a Fera da Penha não conseguia caminhar tranquilamente na rua. Em 2011, morou a poucos quilômetros do casal. Segundo uma reportagem do site UOL, ela teria morrido em 2023, aos 86 anos. No lugar onde Taninha foi assassinada, há uma placa, já bastante desgastada, contando esse fato. O matadouro fechou as portas pouco tempo depois da tragédia.

BURRO VIDENTE FEZ FAMA NO CASSINO DA URCA

O Cassino da Urca era sinônimo de glamour. Havia noites em que o público só entrava de *black tie*. Duas orquestras se revezavam. Caso fosse o dia do seu aniversário, ganhava um bolo e os músicos tocavam o "parabéns para você". Quem bebia demais era expulso. Os taxistas que levavam gringos recebiam polpudas gorjetas — isso seria copiado por hotéis e restaurantes em seguida. De tão poderoso, o cassino patrocinou a Seleção Brasileira na Copa de 1938. Muitos shows marcaram a inauguração em 1933. Ali, Carmen Miranda apareceu para o mundo. Pessoas, de diferentes lugares do país, iam até lá para escutar aquela que se tornaria uma das maiores estrelas da nossa música. Toda semana era necessário uma nova atração para entreter quem realmente sustentava o grande templo do jogo na então capital da República.

Treinado por Manuel Fernandes e tendo como dono o pernambucano Fausto Moreira, homem capaz de negociar até o que acreditamos ser invendável, o burrico Canário ganhou fama em apresentações pelo Rio de Janeiro. O espetáculo dele se baseava em responder às perguntas dos espectadores, em especial balançando a cabeça positiva ou negativamente. Isso era traduzido por alguns como vidência. Era aplaudido em praças. O chapéu colocado no chão lotava de moedas e notas.

Foi vendo a desenvoltura do bichinho que Joaquim Rolla, grande investidor do Cassino da Urca, teve a ideia de inseri-lo no dia a dia dos apostadores. Sem pestanejar, comprou o animal e utilizou toda a sua máquina de propaganda pra divulgar a novidade. Não tinha um veículo de comunicação no Rio que ignorasse a notícia.

Todo dia, de 23h30 a meia-noite, Canário rondava as mesas de roleta. Caso os apostadores quisessem saber se o preto 17 era bom para aquela noite, ele respondia. Se a dúvida fosse sobre relacionamento amoroso, o bichinho também estava lá para ajudar.

Pedro Aurélio de Góis Monteiro, um dos generais mais importantes do governo Getúlio Vargas, era um dos apaixonados pelo burrico. Lógico que a estratégia deu certo, contribuindo para que curiosos fossem ao cassino, senhoras se divertissem com o animal e cavalheiros gastassem mais do que podiam — há quem defenda que as previsões da versão equina do Walter Mercado tenham ajudado em decisões importantes.

Ao mesmo tempo que atraía os olhares mais carinhosos, Canário também despertava as dúvidas de como conseguia responder às perguntas dos frequentadores do cassino. Renato de Almeida, jornalista do *Diário da Noite*, a primeira pessoa a escrever sobre os feitos do animal, até ofereceu uma grana pra quem descobrisse qual era a mágica. Nesse mesmo periódico, a farsa seria desmontada.

Hoje, seria moleza descobrir. Na época, porém, a coisa não era bem assim. Após a pergunta, o burrico mirava o treinador, que dava um sinal imperceptível para o público. A farsa foi um soco no estômago de Joaquim Rolla, que, até provarem o contrário, também entrou de gaiato na história. Sem ter o que fazer, o empresário mineiro enviou Canário para a fazenda que tinha em São Domingos da Prata, distante quase três horas de Belo Horizonte.

A UFRJ JÁ FOI ATACADA POR ARANHAS: A SOLUÇÃO FOI UM BOMBARDEIO

A estranha e pouco conhecida história aconteceu em 1961 e envolveu o então presidente Jânio Quadros, a Força Aérea Brasileira, bombas incendiárias e um enorme ninho de aranhas.

Os estudantes, professores e funcionários da Universidade do Brasil, atual Universidade Federal do Rio de Janeiro, estavam assustados em 1961. Os moradores da ilha do Fundão pareciam só ter um assunto: a proliferação de aranhas conhecidas como flamenguinhas, primas distantes da perigosa viúva-negra. Elas eram vistas em tudo que era canto e não respeitavam nem a hora do almoço ou o sono sagrado — muitos alunos acordaram com uma bichinha na testa. Entravam nos sapatos, subiam pelas calças e pelos vestidos.

Além do evidente incômodo, havia a informação de que eram peçonhentas. Diversos casos de ataque foram registrados. O gigantesco ninho ficava perto do Instituto de Puericultura da universidade. Crianças, inclusive, estavam internadas nesse lugar.

Para resolver esse imenso problema, foi chamada a Força Aérea Brasileira. A estratégia criada pelos militares foi instalar cem tambores de óleo e gasolina no ninho e jatos passariam jogando bombas exatamente nesses alvos, ampliando a potência e destruindo o que estivesse pela frente. Foi sacramentado que 26 de julho de 1961 era o Dia D das aranhas na UFRJ. A população observava tudo a distância. A imprensa compareceu em peso, buscando entender o resultado efetivo dessa inédita ação.

No instante marcado, bombas incendiárias, que lembram aquelas lançadas pelos americanos no Vietnã, tomaram conta do cenário. De longe, só era possível perceber que pedaços de terra pulavam para tudo que é canto. E havia fumaça, muita fumaça. As fotos impressionam.

Houve aplausos. Alguns oravam para ser o término daquela praga, enquanto outros sonhavam apenas com um almoço tranquilo. Havia, ainda, quem pensasse que, enfim, poderia dormir em paz. Infelizmente, não demorou a chegar a informação de que nossos bravos pilotos tinham sofrido a concorrência do vento. As bombas não acertavam os tambores.

E pior: com as explosões e contando com um mecanismo de defesa, as aranhas mais jovens conseguiram acompanhar as correntes aéreas e pararam em outros lugares. Deram as caras até na Barra da Tijuca e em Niterói. Não é preciso saber de reprodução animal para fazer um cálculo básico: quanto mais aranhas espalhadas, maiores eram as chances de surgirem novos ninhos.

Tentando corrigir o gravíssimo erro, a Força Aérea Brasileira teve que estudar novas missões, incluindo mais homens. As semanas seguintes ao Dia D da "Operação Aranha", como era chamada, foram de novas incursões.

Partes da UFRJ foram isoladas. Ao menos, conseguiram acabar com o imenso ninho e não se escutou mais sobre os aracnídeos em uma das instituições de ensino mais prestigiadas do Brasil.

QUEM FOI O PROFETA GENTILEZA?

Nos arredores da rodoviária Novo Rio, na área central do Rio de Janeiro, um homem vestindo túnica branca, ostentando barba grande e segurando uma placa com dizeres religiosos ora recitava versos, ora berrava palavras irreconhecíveis e dava sermões intermináveis. Muito conhecido na década de 1980, José Datrino, o Profeta Gentileza, ocupou o imaginário da cidade.

Lendas foram criadas e multiplicadas, como a de que ele seria capaz de curar enfermos. São inúmeros os relatos de que corria atrás de moças, o que também alimentava a ideia de que a gentileza poderia estar somente no apelido. Tratado por muitos como louco, Datrino tem atrelada à sua imagem a ideia de que sua "missão", supostamente, era consequência de ter perdido um filho em um incêndio criminoso em Niterói.

Nascido no interior de São Paulo, na pequena cidade de Cafelândia, José Datrino era um entre os dez filhos de um casal de camponeses. Em 1928, com onze anos, começou a trabalhar no campo, puxando carroças e vendendo lenha pela cidade. Ainda muito jovem, dizia que guardava uma premonição: estava predestinado a ter sua própria família, acumular pertences e depois abandonar tudo para seguir uma missão. Achando que o filho poderia estar com algum problema psiquiátrico, os pais levaram o garoto a médicos. Nada mudou. Então procuraram o conselho da fé, com curandeiros, e o resultado foi o mesmo.

Aos vinte anos, José Datrino saiu de Mirandópolis, município onde sua família morava, rumo ao Rio de Janeiro. A mãe, o pai e os irmãos só foram ouvir falar de novo em José quatro anos depois. Ele já estava estabelecido no Rio e fazia fretes para sustentar seu casamento com Emi Câmara, com quem teve cinco filhos. Gentileza chegou a ter uma transportadora de cargas na rua Sacadura Cabral, no Centro da capital fluminense, com três caminhões, além de uma casa e terrenos. Era a tal prosperidade que antecederia o ofício divino.

O começo da transformação de José Datrino em Profeta Gentileza foi quando ele recebeu uma visita de um homem que desejava ser sócio da empresa de transportes. Quando o visitante foi embora, Datrino se jogou no chão do quintal de casa. Sujo de lama e barro, libertou todos os animais que tinha — pássaros, galinhas, tudo.

Essa manifestação foi mais adiante quando ele recebeu um chamado logo após uma tragédia. No dia 17 de dezembro de 1961, o Gran Circo Norte-Americano em Niterói foi vítima de um incêndio criminoso: quinhentas pessoas morreram, a maioria crianças. O número de feridos passou de oitocentos. Seis dias depois da tragédia, na antevéspera do Natal, Datrino passou todos os seus bens para a família, entrou em um dos seus caminhões e dirigiu para a área onde a catástrofe tinha acontecido. Passou a plantar flores e uma horta nas cinzas do circo.

Várias pessoas achavam que ele tinha surtado por ter perdido algum filho ou algum parente. Foi ali que Datrino passou a ser chamado de Profeta Gentileza. A reunião de plantas que cultivou ficou conhecida como Jardim Gentileza.

Por mais que andasse por diferentes cantos do Rio, o Centro acabou se tornando seu reduto mais conhecido e que ainda preserva os pensamentos do profeta. Em diferentes pilastras do viaduto do Caju, que se estendem do começo da avenida Brasil à rodoviária Novo Rio, há 56 pinturas de José Datrino, que mais tarde foram estampadas em copos, canecas, tapetes, cangas, camisetas e túnicas. Sua frase mais famosa é "Gentileza gera gentileza".

No fim da década de 1990, parte dessa obra foi apagada. A gritaria popular foi intensa. Em resposta, a cantora e compositora Marisa Monte escreveu a letra "Gentileza", a qual diz que: "Apagaram tudo, pintaram tudo de cinza, a palavra no muro ficou coberta de tinta". O Profeta Gentileza faleceu em 1996, aos 79 anos, em Mirandópolis, onde, após passar por problemas de saúde, foi viver com parte de sua família. Ele foi enterrado no cemitério da cidade. Em 2024, a Prefeitura do Rio inaugurou um grande terminal que integra diferentes meios de transportes, bem próximo às pinturas do Profeta. O nome não poderia ser outro: Terminal Intermodal Gentileza.

Rio Grande do Norte

Mossoró disse não ao Lampião

Um simplório bilhete chegou às mãos do prefeito de Mossoró, cidade no oeste potiguar, em junho de 1927. O remetente era Virgulino Ferreira, o Lampião. Sem muitas delongas, o grande nome do cangaço exigia um pagamento para que seu bando não invadisse o município e causasse os estragos tão conhecidos por tantos outros cantos. Não demorou para que um novo recado chegasse ao gabinete do coronel Rodolfo Fernandes. Desta vez, quem escrevia era o empresário Antônio Gurgel, que estava sequestrado, avisando que o grupo estava perto, era numeroso, bem armado e que quatrocentos contos de réis era o valor necessário para não haver "pânico e derramamento de sangue". No dia 13 de junho, Rodolfo Fernandes respondeu que "não é possível satisfazer-lhe a remessa dos quatrocentos contos, pois não tenho, e mesmo no comércio é impossível encontrar tal quantia [...]. Estamos dispostos a recebê-los na altura em que eles desejarem. Nossa situação oferece absoluta confiança e inteira segurança". Com a negativa, só restava a Lampião atacar.

Na semana que antecedeu a entrada do bando de Lampião, a cidade de Mossoró já estava em alerta. Lugares próximos sofreram com os cangaceiros, que costumeiramente saqueavam estabelecimentos, destruíam o que encontravam, agrediam, matavam e estupravam. Na vila de São Sebastião, perto de Mossoró, Lampião incendiou um vagão de trem carregado com algodão e depredou a estação e uma sede de telégrafos. Esse era o modo de operação do bando. Atacando a estação telegráfica, a cidade-alvo ficava incomunicável para pedir ajuda e reforços policiais. Entendendo o *modus operandi* e tomando a decisão de não ceder ao mais temido homem do cangaço, Rodolfo Fernandes precisou organizar uma verdadeira operação de guerra. Havia diversas trincheiras instaladas em partes estratégicas da cidade, como no mercado, nos correios, na companhia de luz, no Grande Hotel, na agência bancária, na estação de trem, no Ginásio Diocesano, na casa do próprio Rodolfo e até na Igreja de São Vicente, do folclórico padre Luiz Ferreira Mota, respeitado por seu comportamento humano, pela ampla cultura e pela religiosidade. Nessas trincheiras, diversos homens, cidadãos comuns e policiais, ficaram armados nos telhados em posição de tiro à espera do primeiro sinal dos inimigos.

No mesmo 13 de junho, dia de santo Antônio, com a cidade vazia, o bando de Lampião, sem o seu líder, entrou em Mossoró. Com sangue nos olhos, foi imediatamente para a prefeitura. Queriam vingar a negativa. Em segundos, os cangaceiros foram recebidos por uma verdadeira chuva de balas. Há quem chame o episódio de "Batismo de Fogo de Mossoró".

Atordoados, eles não sabiam de onde vinha tanto tiro. Sem dúvida, a igreja foi o efeito-surpresa. Como imaginar que o templo da fé iria abrigar tantas armas? Até hoje, as marcas de bala daquela tarde são visíveis nas paredes e na torre. Após horas de um intenso tiroteio e vendo homens importantes de seu bando caírem, os cangaceiros fugiram. Deixaram para trás ícones do crime como "Colchete", morto com um tiro na cabeça, e "Jararaca", ferido, em seguida capturado e, para muitos, enterrado ainda com vida. Esse feito ajudou a derrubar o mito de invencibilidade de Lampião e seus soldados. Assim, a própria polícia passou a enfrentá-los com mais vigor em outros lugares do Nordeste, até que o bando fosse inteiramente neutralizado onze anos depois, em Sergipe.

Alzira Soriano, a primeira prefeita do Brasil

Casada com o promotor de justiça Thomaz Soriano de Souza, Luiza Alzira Soriano tinha tudo para seguir a cartilha imposta às mulheres no começo do século xx: cuidar da casa e dos filhos. Conhecida na sociedade de Lajes, cidade distante cerca de 130 quilômetros de Natal, sua vida teve uma primeira reviravolta em 1918. Com a morte do marido por gripe espanhola, voltou a morar com os pais na fazenda da família e ajudou em sua administração. Nesse período, já tinha duas filhas — e estava grávida da terceira. Sob forte influência do pai, o fazendeiro e poderoso político local Miguel Teixeira de Vasconcelos, começou a se interessar por política. Isso seria o gatilho para a grande revolução que promoveria em 1928.

Em outubro de 1927, a Lei Estadual nº 660 foi promulgada, permitindo que mulheres, alfabetizadas e com determinadas características (como serem maiores de 21 anos e não interditadas judicialmente), pela primeira vez, tivessem reconhecido o direito de votar e serem votadas. Impulsionada pelas ideias da bióloga feminista paulista Bertha Lutz e tendo o apoio político do pai, que havia sido prefeito de Lajes, e do governador do estado, Alzira Soriano, então com 32 anos, sairia candidata pelo Partido Republicano nas eleições municipais de 1928. A resistência foi enorme. Enfrentou desde xingamentos públicos em comícios a tentativas de intimidação de homens que iam até sua família para falar que política não era "coisa de mulher".

Sem pestanejar, Alzira seguiu em frente e foi eleita com 60% dos votos, tornando-se a primeira mulher eleita do país e da América Latina. Seu oponente, Sérvulo Pires Neto Galvão, ficou com tanta vergonha de perder a eleição para uma mulher que abandonou a política — e também a cidade. No discurso de posse, Alzira destacou que sua vitória abria "uma clareira no convencionalismo, fazendo ressurgir nova faceta dos sagrados direitos da mulher".

Numa entrevista ao jornal *O Paiz*, logo após o pleito, a então prefeita declarou: "A luta é prazer para os fortes; por isso tenho vencido e hei de vencê-lo, a mulher pode ser mãe e esposa amantíssima e oferecer, ao mesmo tempo, à Pátria uma boa parcela de suas energias físicas e morais". A conquista foi notícia no jornal norte-americano *The New York Times*, que salientou a proeza de Alzira ser eleita antes de as mulheres poderem votar em todo o território brasileiro, o que só aconteceria em 1932.

Alzira ficou pouco tempo no cargo, mas construiu estradas e escolas e modernizou a iluminação pública da pequena cidade. Em 1930, com a revolução de Getúlio Vargas, renunciou. Não concordava com o governo do ditador gaúcho. Em 1945, com a redemocratização, voltou à vida pública, elegendo-se três vezes vereadora. Faleceu em 1963, deixando plantada a semente para inúmeras outras mulheres votarem, se candidatarem e até chegarem à presidência da República.

Viúva Machado: a maior fake news do Rio Grande do Norte

Um casarão imponente e tombado na praça Dom Vital, em Natal, costumeiramente está com os portões fechados. Aos visitantes, resta se encantarem com os detalhes da construção *art nouveau* de 1910. Nitidamente, é um símbolo de bonança e que guarda a memória de uma das mulheres mais conhecidas e difamadas na história do Rio Grande do Norte. Amélia Duarte Machado, a Amelinha, viveu nessa residência e ali presenciou a riqueza, um levante comunista, a Segunda Guerra Mundial e a reviravolta com o falecimento do marido, gerando uma lenda que perdura até os dias de hoje.

Nascida em uma família simples de Mossoró, Amélia se casou na capital potiguar com o empresário Manoel Machado. Empreendedor, ele gerenciava diferentes empresas, tinha grandes proporções de terras, gado e plantações e chegou a doar o terreno para que franceses construíssem o primeiro aeroporto da região. Era respeitado.

O casarão dos dois se tornou um lugar de encontros de políticos, homens de negócios e personalidades. As festas paravam Natal. O aviador português Gago Coutinho foi um dos que brindaram na residência dos Machado.

Em 1934, acontece uma catástrofe: Manoel Machado vai ao Rio de Janeiro para se tratar de um raro câncer na boca, mas não volta. A distância, Amelinha recebe a notícia de que o cônjuge havia sido enterrado no cemitério São João Batista, na Zona Sul da então capital do país. Sem escolhas, teve que assumir os negócios, tornando-se a primeira grande empresária de Natal. E se saiu bem: não vendeu nada (seguindo, acredita-se, uma sugestão do próprio Manoel caso ele viesse a falecer), ampliou os investimentos e fez o patrimônio se multiplicar algumas vezes. Embora fosse visível o tino para o empreendedorismo, a imprensa teimava em rotulá-la apenas como a "viúva do sr. Manoel Machado".

Se os veículos de comunicação não eram tão amigáveis, imagine o que pensavam os invejosos. Em uma época que abertamente se defendia que lugar de mulher era em casa cuidando dos afazeres domésticos, Amélia surpreendia em ramos de investimentos diversificados, que iam de comércio de itens raros, como vinhos importados, a caminhões e produtos para o mercado petrolífero. Ainda em vida, sofreu todos os tipos de ataques e tentativas de assassinato de reputação.

Até hoje, uma lenda perdura e faz com que as pessoas tenham medo e atravessem a rua para não cruzar com o imponente palacete da praça Dom Vital. Amélia, que teria lepra, sequestrava crianças para comer seus fígados. Essa seria uma maneira eficiente de retardar os efeitos da doença. Acabou ficando conhecida como "Papa-figo", em referência à figura da cultura popular local que rouba crianças para devorá-las.

Em frente ao casarão está a Igreja Nossa Senhora do Rosário dos Pretos, uma das beneficiadas pelas ações filantrópicas de Amélia Machado. A empresária ainda teria a vida marcada pela doação de gêneros para as tropas brasileiras e americanas que combatiam os nazistas na Segunda Guerra Mundial — no período, inclusive, instalou um *bunker* em sua residência. Em caso de ataque, estaria protegida. Morreu aos cem anos, em 1981. Apesar de inúmeras tentativas (e abortos espontâneos), não teve filhos.

NATAL: ESTRATÉGICA NA SEGUNDA GUERRA MUNDIAL

Parecia inacreditável — e, de certo modo, era. Parnamirim, município da região metropolitana da capital potiguar, em 1942 estava sendo alterado completamente para acomodar a maior base aérea norte-americana fora dos Estados Unidos durante a Segunda Guerra Mundial. Centenas de operários trabalhavam noite e dia para a construção de duas pistas de pouso, doze áreas de estacionamento, dez hangares e setecentas edificações. Havia depósitos subterrâneos para armazenar água e combustível, além de outros produtos. No entorno, também havia restaurantes e cafeterias para servir até quinhentas pessoas de uma só vez, uma padaria, um supermercado, um hospital, uma biblioteca com 5 mil livros, discoteca, sorveteria, capela com capacidade para quatrocentos fiéis, quadras de beisebol e outros esportes, escritórios de seguros e câmbio, teatro, cinema, clubes, agência dos correios, cabarés e, até mesmo, uma fábrica da Coca-Cola, a primeira da bebida no Brasil.

Instalados em diferentes cantos de Parnamirim, alto-falantes transmitiam comunicados e a rádio BBC de Londres. Além disso, uma estação de rádio norte-americana foi montada especialmente para o local. Assim, por causa da convivência entre brasileiros e estrangeiros, a língua inglesa começou a ser introduzida no vocabulário cotidiano. Palavras, como *black out*, *cigarette* e *milkshake*; saudações, como *hello* e *thank you*; e expressões, como *my friend*, *all right* e *ok*, passaram a fazer parte do dia a dia.

Não há um número exato de norte-americanos que foram para o Rio Grande do Norte, mas se estima terem sido cerca de 10 mil. A cidade de Natal tinha por volta de 50 mil moradores na época. Era muito comum que artistas renomados de Hollywood fossem até a base realizar shows e apresentações.

Além da base, que movimentava de quatrocentos a seiscentos aviões diariamente, os norte-americanos ainda ocuparam outros quartéis pelo município de Natal e também o porto. No rio Potengi, instalaram um apoio para hidroaviões que ficou conhecido como "Rampa". Tudo isso porque o Rio Grande Norte tem uma posição estratégica no mapa: é o ponto mais próximo na América do Sul da África e da Europa, onde acontecia o grande conflito.

Em 1943, no decorrer da Segunda Guerra Mundial, após se encontrar com Winston Churchill, primeiro-ministro britânico, e Charles de Gaulle, líder militar francês, em Casablanca, no Marrocos, o presidente norte--americano, Franklin Roosevelt, foi para Natal encontrar o presidente ditador brasileiro Getúlio Vargas e ambos visitaram todas as dependências da base.

A reunião de apenas um dia propiciou a histórica foto dos dois rindo em um jipe militar e estreitou ainda mais o relacionamento entre os países, com promessas brasileiras de fornecimentos de insumos essenciais à produção de material bélico, como a borracha. No ano seguinte, a Força Expedicionária Brasileira iria combater em campos italianos.

Rio Grande do Sul

REVOLTA MUCKER

Dezenas de pessoas esperavam a sessão começar. Em poucos instantes, entraria em cena uma mulher que ganhou fama no hoje município de Sapiranga, na região metropolitana de Porto Alegre, por fazer previsões e curar enfermos. Desde muito criança, Jacobina Mentz desenvolveu uma relação com o sobrenatural. Ao se casar com Jorge Maurer, que era carpinteiro e curandeiro, deixou fluir com mais velocidade seu interesse pelo tema. Em pouco tempo, estava ajudando o cônjuge nas pomadas e nos remédios que eram produzidos para as mais diferentes dores.

Sofrendo com o sonambulismo, muitos fiéis acreditavam que ela conseguia trazer palavras divinas e receitar tratamentos com precisão para quem sofria do problema. Os muitos relatos de sucesso aumentavam a curiosidade do povo, fazendo com que mais e mais pessoas procurassem a casa no Morro Ferrabraz.

Mesmo tendo a Bíblia como centro das pregações, uma enorme parcela da população no ano de 1874 enxergava com péssimos olhos a Comunidade Mucker, como ficou conhecida. Não demorou para começarem os mais diversos ataques. No início, eram verbais, com deboches e provocações. Depois com roubos de animais e depredações de patrimônio — roupas, por exemplo, foram rasgadas e queimadas. Vendo que a situação poderia escalonar para algo mais grave, Jacobina, o esposo e muitos fiéis reuniram armas e escudos. A guerra estava armada. Só faltava um motivo. A polícia, que já tinha pedido o fim do movimento, sabia perfeitamente disso.

Em junho de 1874, um incêndio tomou conta da região. Mulheres e crianças morreram. Sem julgamento e provas, os Muckers foram acusados como os responsáveis pela tragédia. Centenas de colonos e policiais se organizaram para pôr fim ao movimento religioso. O que se viu em seguida foi um massacre.

Com pouca resistência e bem menos preparados para o conflito, Jacobina e os fiéis se prepararam para morrer ou fugir. A líder preferiu encarar os inimigos. Todos que ficaram foram fuzilados e os cadáveres, desrespeitados, inclusive sexualmente. Nem mesmo as crianças foram poupadas. Jorge Maurer escapou pelos fundos da casa, e pouco se sabe sobre o que aconteceu com ele.

MARIO QUINTANA, O POETA PRETERIDO PELA ACADEMIA BRASILEIRA DE LETRAS

Em sua terceira tentativa de assumir uma cadeira na disputada Academia Brasileira de Letras (ABL), o escritor e jornalista Mario Quintana teria pela frente um peso-pesado da política. Menos pelo talento literário e mais pela trajetória, que anos depois o levaria ao cargo mais alto da República, o maranhense José Sarney tornava-se um obstáculo enorme em 1980. Alguns críticos otimistas até ponderavam que o gaúcho de Alegrete tinha chances, mas não foi isso que aconteceu. O maranhense de fartos bigodes demonstrou que sabia fazer alianças e alcançou o poder sem sustos. Sobrou a Quintana voltar para o hotel onde morava no Centro de Porto Alegre e que ainda hoje guarda memórias do período em que o poeta viveu em um pequeno quarto.

Imponente, o Hotel Majestic teve sua construção iniciada em 1916 e, desde seus primeiros dias, já era tratado como um verdadeiro marco. Seus sete andares chamavam a atenção. Era um prédio muito alto para os padrões da época. Eram quatrocentos quartos e 310 banheiros. O restaurante tinha capacidade para atender até seiscentas pessoas ao mesmo tempo.

Na década de 1950, contava com colchões de mola, telefone e água corrente em todos os apartamentos — fato raro, é importante lembrar. Com tanto esplendor, artistas, intelectuais, empresários, políticos e clubes de futebol faziam o que era possível para se hospedarem lá. O time do Bangu, então potência do Campeonato Carioca, esteve no hotel em 1957.

A década de 1960 trouxe desafios enormes para o Majestic, que começou a presenciar um fenômeno que jamais teria fim: o nascimento e o crescimento de novos hotéis. Muitos eram maiores e tinham melhor estrutura. Foi um baque naquele reinado. Sem força para competir no mesmo padrão, o jeito encontrado pela administração foi alterar o público-alvo. Em 1968, quando o poeta se mudou para o Majestic, viviam ali especialmente idosos e funcionários aposentados. No hoje Centro Cultural Mario Quintana, há uma réplica do quarto do escritor, que valoriza objetos pessoais, como a bengala e alguns livros. Desde 1990, quando o hotel ganhou essa nova finalidade, há exposições, encontros artísticos e oficinas, além de espaços voltados para o cinema, as artes plásticas, a dança, o teatro, a literatura e muitos outros movimentos culturais.

Pouco antes de falecer, aos 87 anos, Quintana pediu um café no CTI. Já muito debilitado por causa de problemas respiratórios, desejava sorver preciosos goles da sua bebida favorita. Em 5 de maio de 1994, o escritor morreu, deixando uma extensa obra, com livros de poesia e infantis, além de traduções. No rol dos que fizeram questão de se despedir, estava o ex-presidente José Sarney, que afirmou que Quintana foi uma das "expressões maiores da inteligência brasileira em todos os tempos".

COLÔNIA ITAPUÃ:

"Engastada nos contrafortes da serra do Mar, às margens da lagoa Negra, a olhar placidamente as verdes ondulações [...], a 60 km de Porto Alegre, ergue-se a colônia Itapuã, magnífica realização do Estado Novo", anunciava o governo ditatorial de Getúlio Vargas em 1940. Situado na cidadezinha de Viamão, o hospital-colônia Itapuã vinha para resolver uma questão que incomodava muitos brasileiros, em especial os gaúchos, que não tinham nenhum espaço determinado para abrigar — e isolar — portadores de hanseníase, também conhecida como lepra. Comprado pelo governo do estado do Rio Grande do Sul no fim da década de 1930, com mais de 3 mil hectares, no início o espaço foi inspirado no leprosário de Carville, na Louisiana, nos Estados Unidos, seguindo uma tendência internacional. Carville entrou na história pelo pioneirismo em estudos de hanseníase na América do Norte.

Sem um medicamento que pudesse combater a doença de maneira eficiente, muitos leprosários foram abertos pelo país. Desde 1924, quem era diagnosticado com hanseníase era internado compulsoriamente e isolado do convívio com a sociedade, sendo obrigado a ser transferido para um desses leprosários ou hospitais-colônia. Quando na década de 1940 o tratamento com remédios passou a ser utilizado e os doentes puderam sair do hospital, o preconceito da sociedade não tinha diminuído. Os estigmas continuavam exatamente os mesmos. Por isso, muitos pacientes decidiram voltar a viver dentro dos muros do hospital.

O HCI, como ficou conhecido, foi pensado para ser uma cidade com estruturas de lazer, prédios hospitalares, casas, igrejas, escolas, cemitério e prisão para quem tentava fugir do local. A área era separada por zonas: sadia, intermediária e doente, que era a de isolamento mais radical. Para que os doentes permanecessem sem nenhum contato com materiais do exterior, roupas foram produzidas especialmente para a colônia e até uma moeda própria foi inventada.

O hospital-colônia Itapuã abrigou 2.474 pacientes entre 1940 e 1985. Em 1954, a internação deixou de ser compulsória. No ano de 1972, a colônia passou a receber também pacientes do hospital psiquiátrico São Pedro, que estava superlotado. Até 2018, a colônia ainda recebia pacientes com problemas mentais graves. Muitas crianças foram arrancadas das mães logo após nascerem — em 1949, uma lei endossava isso. Ela vigorou até o finalzinho da década de 1960. Relatos dão conta de que as mães não podiam nem tocar seus filhos. O Ministério da Saúde aponta que cerca de 40 mil crianças foram separadas das mães em diversos leprosários pelo país.

Em novembro de 2023, o último paciente foi retirado de Itapuã, que atualmente parece uma pequena cidade-fantasma, com prédios abandonados, instalações caindo aos pedaços e um pórtico que ostenta a frase "Nós não caminhamos sós".

MERCADO PÚBLICO DE PORTO ALEGRE É O MAIS ANTIGO DO BRASIL, MAS JÁ PENSARAM EM DEMOLI-LO

Na grande enchente de 1941, em que o rio Guaíba não teve dificuldade para encontrar o Centro Histórico de Porto Alegre, o Mercado Público foi atingido em cheio, com a água alcançando 1,5 metro nas suas dependências — uma placa até foi instalada na marca exata do nível da enchente para registrar na história a altura. Um dos símbolos turísticos da capital gaúcha, o mercado teve que, mais uma vez, se reerguer. "Reerguer": esse é, de fato, o verbo mais propício para descrever o primeiro centro comercial brasileiro.

A então praça Paraíso, atual praça xv, no Centro de Porto Alegre, reunia vendedores de frutas e hortaliças na metade do século xix. O número de comerciantes crescia tanto que logo aquele espaço — e até as ruas nas redondezas — não era mais suficiente para o imenso número de bancas. A saída foi a construção de um local que comportasse todos os vendedores.

Inaugurado em 3 de outubro de 1869, o Mercado Público logo de cara chamou a atenção dos gaúchos e visitantes, o que fez com que mais feirantes fossem atraídos para o espaço. Assim, novas áreas foram abertas, enquanto outras passaram a ser reconstruídas para dar mais conforto aos consumidores — na década de 1910, por exemplo, o segundo andar foi inaugurado para abrigar escritórios. Até mesmo um hotel para aqueles que viajavam para visitar o mercado já funcionou em suas dependências.

O tempo fez também aumentar a variedade de comércios, com açougues, peixarias, lojas de lembrancinhas, queijarias, cervejarias, sorveterias e restaurantes. O Gambrinus, restaurante mais antigo do Rio Grande do Sul, está nesse local e data de 1889.

A década de 1970 trouxe grandes desafios. Conhecido por realizar obras faraônicas e estimular o transporte automotivo na capital, o prefeito Telmo Thompson Flores defendia que, para continuar modernizando Porto Alegre, era necessário demolir o mercado para construir uma esplanada. Não conseguiu convencer ninguém e ainda sofreu com as inúmeras críticas da opinião pública.

Em 1912, 1976, 1979 e 2013, grandes incêndios atingiram o prédio. Todos foram controlados e o mercado conseguiu se reerguer. Em 2013, mais um contato estreito com o fogo. No último, segundo uma reportagem do site *G1*, "a parte superior do Mercado Público teve 60% de sua área destruída, atingindo oito estabelecimentos comerciais e o memorial". Ligado à Coordenação da Memória da Secretaria Municipal da Cultura, o Memorial do Mercado tinha acervos fotográfico e iconográfico da trajetória dessa joia brasileira.

Em junho de 2024, um milagre parecia estar acontecendo: o Mercado Público reabria as portas após uma enchente ainda mais avassaladora que a de 1941. A água atingiu 1,70 metro de altura. Os fartos registros que viralizaram nas redes sociais mostravam que não havia sobrado nada. As lojas foram destruídas, e havia lama por tudo que era canto. Na maioria dos lugares do mundo, o tempo para a recuperação seria muito maior ou talvez isso nem acontecesse. Só que o Mercado Público de Porto Alegre mostrou mais uma vez por que leva tão a sério o verbo "reerguer".

MARIA DEGOLADA

No alto do morro da Conceição, em Porto Alegre, uma capelinha atrai fiéis e curiosos de diferentes lugares da capital gaúcha e de outros cantos do país. O lugar, hoje repleto de placas de agradecimento e velas, foi cena de um crime em 12 de novembro de 1899.

A imigrante alemã Maria Francelina Trenes, de 21 anos, fazia um piquenique com o namorado, o soldado Bruno Soares Bicudo, e três casais de amigos — todos os homens eram companheiros de farda. Com uma vista panorâmica para Porto Alegre, eles se divertiam. Tudo parecia ir bem até um surto de ciúmes de Bruno — Maria teria se relacionado com outro rapaz ainda naquele dia. O bate-boca se instaurou. Em minutos, ela partiu para cima do companheiro com um pedaço de madeira, e foi desarmada. Em seguida, procurou um ferro, e, mais uma vez, foi rendida. A turma do deixa-disso entrou em cena, mas pouco adiantaria.

Possesso com a situação e empunhando uma faca, Bruno partiu para cima de Maria — algumas vertentes históricas afirmam que tudo aconteceu na frente dos amigos, mas ninguém conseguiu contê-lo, enquanto outras apontam que o casal estava afastado do restante do grupo no momento do ataque. De qualquer maneira, os namorados estavam debaixo de uma figueira quando Maria foi brutalmente assassinada e degolada. Restou aos outros três militares encaminharem Bruno com as mãos ainda sujas de sangue a uma delegacia, onde ele foi preso.

Em 31 de março de 1900, um júri popular votou unanimemente pela condenação de Bruno Bicudo, que deveria cumprir trinta anos de prisão e trabalhos comunitários na Casa de Correção de Porto Alegre. O soldado chegou a alegar legítima defesa, afirmando que a vítima o teria agredido com um pedaço de pau e uma barra de ferro, mas sua ponderação não teve efeito. Ele, porém, não cumpriu toda a pena. Apenas seis anos depois, morreu na prisão por causa de uma nefrite intersticial.

Comovidas pelo caso aterrorizante, inúmeras pessoas iam até o local do crime rezar pela alma da jovem. Aos poucos, foram surgindo histórias de que Maria aparecia e, até mesmo, concretizava promessas de quem orasse por sua intercessão. Com cada vez mais fiéis, a consequência natural foi a construção de uma pequena capela para resguardar sua memória e oferecer maior conforto aos que procuravam por graças. O local escolhido foi exatamente onde ficava a figueira. Assim, o lugar durante muito tempo foi conhecido por "Morro da Maria Degolada".

Crianças em todo o Rio Grande do Sul cresceram e ainda crescem ouvindo que nunca é para repetir "Maria Degolada" três vezes olhando para o espelho, pois a imagem dela aparece. São comuns relatos de quem desafiava os colegas no colégio para medir a coragem da turma. Há quem jure que dá certo.

Rondônia

QUEM FOI O RONDON QUE DEU O NOME A RONDÔNIA?

No Espaço Cultural Marechal Rondon, em Santo Ângelo, Rio Grande do Sul, uma peça está no centro das atenções: uma flecha. Foi essa arma que acertou a cartucheira de Cândido Rondon. O cão do marechal, chamado Rio Negro, foi também ferido por indígenas, mas não resistiu. Tendo pouco tempo para raciocinar, Rondon puxou a espingarda e atirou para o alto, afastando a ameaça.

Em 1907, o Brasil já vivia conflitos entre os exploradores que chegavam à floresta e os povos originários. O ataque ao homem que deu nome à Rondônia era mais um episódio de defesa de território. Enquanto muitos teriam raiva ou até mesmo defendessem uma resposta à altura, o militar não desistiu de suas missões — entre elas, a de defender os indígenas.

Nascido no Mato Grosso, Cândido Rondon foi aluno de Benjamin Constant, um dos grandes responsáveis pela queda do Império. Apoiando o professor, na República teve um papel fundamental na construção de milhares de quilômetros de linhas telegráficas, o que interligaria os cantos mais remotos do Brasil, inclusive dentro das matas. Para esse trabalho, encarou especialmente inúmeras doenças tropicais, como a malária e o beribéri, e muitos animais selvagens.

A Expedição Rondon foi um marco para a Comunicação do Brasil. O marechal passava anos embrenhado na floresta. Chegou a ser tratado como desaparecido no começo do século xx, fazendo com que o governo federal destacasse equipes para encontrá-lo.

Com os indígenas, teve uma relação de defesa. Em junho de 1910, ajudou no nascimento do Serviço de Proteção aos Índios (SPI), que, além de defender as populações originárias, organizava a conexão destas com o restante da sociedade. Se na floresta Rondon não tinha moleza, na capital, então o Rio de Janeiro, a situação não era diferente. Os inimigos políticos, descrentes da necessidade de relacionamento com os indígenas, criticavam suas medidas, que consideravam um atraso — civilizar utilizando, se necessário, a força era um ponto corriqueiramente levantado. Habilidoso, porém, o marechal seguia em frente com a contribuição dos então presidentes da República, como Nilo Peçanha, que criou o Serviço de Proteção aos Índios, e Getúlio Vargas.

Em 1939, na ditadura de Vargas, conseguiu convencer as altas esferas da política de que era preciso ampliar os direitos dos povos originários. E assim surgiu o Conselho Nacional de Proteção aos Índios (CNPI). Aos 74 anos, Rondon se tornaria o primeiro presidente da instituição.

E quando todos acreditavam que estava "aposentado", aos 87 anos, conquistou mais uma vitória para a sustentabilidade: a criação do Parque Nacional do Xingu, que protegia a flora, a fauna e os indígenas locais. O Museu do Índio veio em sequência, promovendo o contato da população com os mais diferentes saberes oriundos de aldeias espalhadas pelo Brasil. Seu lema foi seguido à risca: "Matar, nunca. Morrer se for preciso".

Muito popular na década de 1990, a cédula de mil cruzeiros trazia estampado o rosto de Cândido Rondon. Nas escolas, é comum os professores solicitarem trabalhos sobre o brasileiro que o cientista Albert Einstein acreditava merecer um Nobel da Paz. Quem vai ao cemitério São João Batista, na Zona Sul do Rio de Janeiro, sempre encontra flores no túmulo dele, símbolo do carinho de seus inúmeros admiradores até os dias de hoje.

Em 1956, ainda vivo, Cândido Rondon recebeu a maior das honrarias: o território federal de Guaporé, tão conhecido nas suas andanças, teve o nome alterado para Rondônia. O local se tornaria estado em 1981.

Um presidente americano quase morreu na Amazônia

Uma sinuosa cachoeira em Pimenta Bueno, distante mais de quinhentos quilômetros de Porto Velho, esconde uma história trágica. O rio no qual ela está presente se chama Dúvida. A razão é simples: ninguém sabia o curso direito.

Ignorando os perigos e as indicações de autoridades, em março de 1914 Kermit Roosevelt, filho do presidente americano Theodore Roosevelt, instigou o piloto da canoa em que viajava a chegar mais próximo da queda-d'água. Queria ver de perto a cachoeira e ter uma ideia de sua altura. Não demorou para perderem o controle. João, o canoeiro, até pulou para o leito do rio e tentou sustentar o cabo da proa, mas foi em vão. Kermit sobreviveu por um milagre. A canoa e o ajudante do guia, Simplício, foram tragados e desapareceram. A cachoeira recebeu o nome do falecido e uma placa onde se lia "Aqui pereceu o infeliz Simplício".

Kermit acompanhava o pai em uma verdadeira aventura amazônica. Ted Roosevelt, como era conhecido, foi presidente dos Estados Unidos por oito anos, de 1901 até 1909. Nesse período, ele desmantelou cartéis de empresas, bateu de frente com poderosos empresários, como o banqueiro J. P. Morgan, e endureceu negociações com outros países. Ficou famoso pela diplomacia do Big Stick, o "grande porrete", ou seja: o outro lado cedia ou as consequências seriam violentas.

Bancando o vigoroso, Ted gostava de ser fotografado caçando animais perigosos. Em 1912, disputou mais uma vez a cadeira mais cobiçada da política norte-americana, mas perdeu. Triste, queria encontrar sorrisos na Amazônia, explorando a fauna e a flora e atirando em bichos.

Para essa expedição, que deveria ser científica, o governo do Brasil escalou um expert na área: o marechal Cândido Rondon. Nada poderia sair errado, porém o destino escolhido foi exatamente o que não havia sido estudado. Os perigos, dessa maneira, se multiplicavam. Além do desconhecimento fluvial, a turma sabia que poderia encontrar crocodilos, formigas venenosas, aranhas mortais, piranhas, mosquitos, onças e muitos outros animais. As doenças tropicais também não dariam refresco ao grupo. Com tudo isso na mesa, era preciso uma rotina militar de cuidados. Quando Kermit não deu ouvidos às recomendações, parecia ser um presságio de que algo ainda pior aconteceria a qualquer instante.

Bastante naturais em toda a Amazônia, as chuvas estiveram presentes durante a Expedição Rondon-Roosevelt. A comitiva acordava e dormia molhada. Com o tempo, todos estavam esgotados; alguns, deprimidos; e outros, doentes. Formigas comeram roupas e sapatos, forçando uma parte dos homens a andar descalça e sem as vestimentas necessárias. Os desentendimentos eram constantes, havendo até um caso de assassinato: descontente com as cobranças, um soldado matou um superior e fugiu.

Depois de se machucar gravemente na canoa e ter febres altas, o ex--presidente norte-americano pediu para o deixarem morrer ali mesmo. Ted só não bateu de fato as botas porque Rondon não permitiu. O estadunidense ainda sofreria com os mosquitos e os furúnculos, sendo necessário se locomover apenas de bruços para diminuir as dores constantes.

Ao final de abril, a aventura terminou. A foto que registra a inauguração de uma placa comemorativa mostra um Roosevelt acabado, com o chapéu sob o peito e o olhar de um verdadeiro sobrevivente de guerra.

Antes de voltar aos Estados Unidos, o político seria operado em Belém por causa das infecções na pele. Na bagagem, levou milhares de aves, mamíferos, répteis e peixes, entre outros bens amazônicos, para o Museu Americano de História Natural. Era o resultado da viagem científica. O rio, que anteriormente se chamava Dúvida, ganhou um novo nome após esse episódio: Roosevelt. É o único que homenageia um presidente estadunidense na região que atravessa os estados de Rondônia, Mato Grosso e Amazonas.

FERROVIA DO DIABO

Indianos, gregos, franceses, antilhanos e pessoas de dezenas de outras nacionalidades estavam em Rondônia (entãoTerritório Federal do Guaporé) em 1907. Uma obra faraônica, questionada até pelos mais otimistas, atraía a mão de obra daqueles que desejavam enriquecer em plena Floresta Amazônica. Sofrendo com a seca, nordestinos se juntaram ao grupo que tinha uma missão inglória: abrir 366 quilômetros de ferrovia ligando Porto Velho, que na época nem mesmo sonhava em ser capital, a Guajará-Mirim, divisa com a Bolívia. A ferrovia Madeira–Mamoré era uma ideia antiga, um grande estímulo para os produtores de borracha e o pagamento de uma dívida diplomática.

Ainda no século XIX, o engenheiro boliviano José Augustin defendeu que a dificuldade de acesso ao mar do país vizinho seria mais facilmente eliminada se houvesse uma conexão com o rio Amazonas. Mesmo tendo todo o apoio do Brasil, um desafio geográfico precisava ser superado: o trajeto fluvial de Guajará-Mirim para Porto Velho contava com inúmeras cachoeiras, o que impedia a circulação de embarcações. A solução, portanto, seria a construção de uma ferrovia. Por outro lado, brasileiros também defendiam esse empreendimento para acelerar o transporte do látex, valioso em todo o mundo.

Vários estudos foram feitos, inclusive nos Estados Unidos, para tirar o plano do papel, e um grupo de ingleses até tentou implementar o projeto, mas desistiu logo nos primeiros obstáculos. As obras, porém, só começaram de fato em 1903, quando o hoje estado do Acre foi comprado da Bolívia. Para a assinatura do tratado que alteraria mais uma vez o mapa do nosso país, o governo do Brasil se comprometeu a construir o tão sonhado acesso dos bolivianos ao oceano Atlântico.

Nascido em Nova York e conhecido por não ter medo de investimentos de risco, Percival Farquhar já tinha participado de inúmeras construções pelo mundo, inclusive do início do canal do Panamá, obra que despertou atenções e se tornou símbolo da engenharia moderna. No Brasil, seus negócios eram variados, como a participação na empresa de eletricidade no Rio de Janeiro, a concessão do porto de Belém, no Pará, fazendas de gado no Mato Grosso e ferrovias estratégicas no estado de São Paulo.

Em 1907, Farquhar recebeu a permissão governamental para erguer aquele que seria o maior cartão-postal de seus empreendimentos. Pensando no retorno que teria com o dinheiro da borracha, produzida até então somente na Amazônia e que abastecia indústrias nos quatro cantos do planeta, investiu quase trinta toneladas de ouro no novo negócio. Mal sabia ele que a aventura em ambiente inóspito se tornaria uma de suas maiores dores de cabeça.

Sem as proteções devidas, as doenças tropicais atacavam sem dó os funcionários da construção. Em carta ao amigo e médico Egydio Salles Guerra, o sanitarista Oswaldo Cruz, que foi contratado pela empresa de Farquhar para ajudar no combate aos males que abatiam a equipe, escreveu: "Meu caro, isto aqui é de impressionar. A cifra de impaludismo é colossal [...]. É um espetáculo tétrico [...], ataca de 80% a 90% do pessoal".

As fotos de Cruz reforçam a utilização de roupas e adereços que eram importantes para combater insetos, mas dificultavam o dia a dia no canteiro de obra, como o mosquiteiro. É estimado que milhares de operários tenham morrido, em especial de malária. Não foi à toa que a Madeira–Mamoré ficou conhecida como Ferrovia do Diabo.

Os cinco anos de obras também foram marcados por chuvas que castigaram a região, atrasando o avanço dos trabalhos. Somente em 1910 inaugurou-se o primeiro trecho da ferrovia, com apenas noventa quilômetros. Era um ritmo aquém do esperado e que trazia preocupações para os investidores e o governo federal. Foi preciso ampliar o número de funcionários e injetar ainda mais dinheiro na operação.

No primeiro semestre de 1912, enfim se concluiu o último intervalo. A comemoração, porém, durou pouco. Desta vez, o problema vinha da Malásia, no Sudeste Asiático. Décadas antes, os ingleses investiram pesadamente no florescimento de seringueiras na então colônia. Depois de tanto serem regadas, as árvores começavam a dar lucro. E, ao contrário do que acontecia no Brasil, a logística de captação na Ásia era fácil, barateando o produto — isso sem contar que a qualidade do produto oferecido pelo concorrente era superior. O resultado foi catastrófico, com o colapso do ciclo da borracha na Amazônia.

Com os prejuízos se acumulando, Percival Farquhar se desfez do negócio poucos anos após a inauguração. Um consórcio de banqueiros ingleses se interessou pela obra e geriu a Madeira–Mamoré até a década de 1930, quando o ditador Getúlio Vargas estatizou a empresa e nomeou homens de sua confiança para gerir o difícil projeto. E, claro, o óbvio aconteceu: o plano de Getúlio não deu certo.

Em maio de 1966, o também ditador Humberto Castelo Branco resolveu acabar de vez com a Estrada de Ferro Madeira–Mamoré. Uma rodovia tomaria seu lugar. Totalmente desativada na década de 1970, todas as peças da ferrovia foram vendidas como sucata. Quem vai à região encontra poucos trilhos restantes, que servem apenas para lembrar do sonho faraônico que um dia tentaram tornar realidade naquele local.

Banda do Vai Quem Quer: uma epopeia de Carnaval

Em Porto Velho, todos sabem que existe uma tradição carnavalesca: desfilar na Banda do Vai Quem Quer. Segundo os próprios dirigentes da agremiação, esse é o maior bloco da região Norte do país. Os números realmente não são tímidos: em 2024, mais de 250 mil foliões foram ao Centro da cidade cantarolar a letra composta pelo produtor cultural Silvio Santos, conhecido como Zé Katraca: "Chegou a banda, a banda, a banda, a Banda do Vai Quem Quer/ Nós não temos preconceito, na brincadeira entra quem quiser", diz o hino. Bonecos gigantes, *à la* Olinda, enfeitam o ambiente. Se voltarmos aos primeiros passos desse sucesso da época do Momo, parece que tudo isso não passa de mentira.

Dono de um corpanzil de quase duzentos quilos, o comerciante Manoel Mendonça, o Manelão, era um viciado em festejos. Bom de copo e de conversa, chegou a ser Rei Momo em 1979. Dois anos depois, um desejo mudaria os rumos do Carnaval na capital de Rondônia. Querendo fundar um bloco, Manelão juntou diversos amigos.

As primeiras reuniões foram confusas: eles chegaram a ser expulsos de um boteco por algazarra — sacrilégios dos grandes, convenhamos. Mas nada poderia parar a gana daquele grupo liderado pelo vendedor de porcas e parafusos. Faltando cerca de um mês para a festa que marca o início do ano, a Banda do Vai Quem Quer estava fundada.

Para sustentar o desfile, que envolve dinheiro para bancar músicos e demais estruturas, Manelão teve a ideia inovadora de confeccionar camisetas e vendê-las. Quem as comprava tinha ainda uma vantagem: trajando esse abadá, a pessoa poderia beber à vontade caipirinhas e cervejas. Essas bebidas, por sinal, saíram à base de fiado.

Atualmente, essa estratégia funciona que é uma beleza. Em 1981, o papo era outro. Primeiro, porque não se confeccionavam camisetas com esses fins em qualquer canto, o que elevava — e muito — o preço. Segundo, Manelão e a moçada da banda não tinham grana para fazer ao menos uma peça. Precisavam que o dono da confecção acreditasse neles e fizesse o trabalho fiado. Em Rondônia, não rolou. Tiveram que contar com uma boa alma em São Paulo. Terceiro, enviar a estampa para a capital paulista e fazer com que as roupas chegassem ao Norte não era fácil. A viagem era longa. E, por fim, o quarto desafio era convencer os foliões a comprarem um produto que agregava um serviço inovador. No fim das contas, porém, na boca do festejo, as 359 peças estavam nas mãos dos organizadores do bloco.

No começo do dia de desfile da Banda do Vai Quem Quer apenas cerca de vinte camisetas tinham sido vendidas. Pior: a chuva não parecia dar trégua. Quem rezava rezou. Quem estava devendo promessa reforçou que pagaria a dívida. Tudo para que, ao menos, saísse o cortejo e que a sorte viesse brindar aqueles verdadeiros insistentes. Na hora da concentração, no começo do percurso, já não garoava e havia algo em torno de quinhentas pessoas — embora apenas setenta vestissem as camisetas oficiais.

Quanto mais o bloco caminhava, mais foliões se aproximavam. Perto do fim, eram milhares. Essa realidade nos faz crer que todos os abadás foram vendidos, entretanto, o Zé Bonitinho, que ficou responsável pelo comércio, bebeu demais, foi encontrado caído em um meio-fio e não sabia nada do dinheiro nem das roupas.

Em 2023, a emoção foi imensa no desfile. Os homenageados foram Manelão, falecido trinta anos depois do surgimento do bloco, e Silvio Santos, morto dois anos antes em decorrência da pandemia de Covid-19. Para o presidente e o vice-presidente inesquecíveis, os foliões cantavam a parte final do hino: "Já tentei brincar organizado/ Isso nunca deu pé/ Hoje estou realizado na banda do Vai Quem Quer".

As caixas-d'água que estão na bandeira de Porto Velho

De uma hora para a outra, Porto Velho, que praticamente não existia, ganhou notoriedade nacional como uma das pontas da ferrovia Madeira–Mamoré. Para trabalharem na construção, pessoas dos mais diferentes cantos do Brasil e do mundo se mudaram para a hoje capital do estado de Rondônia. Naquele período, a cidadezinha era uma terra sem lei, com direito a jogatinas, brigas homéricas, bebidas alcoólicas contrabandeadas e pouca fiscalização. O que mais interessava aos investidores era o avanço do projeto, custasse o que fosse.

Para abastecer essa primeira leva de moradores, caixas-d'água foram encomendas dos Estados Unidos. A empresa Chicago Bridge & Iron Works foi a responsável pela venda. Em 1910, a primeira delas chegou. Dois anos depois, as duas restantes vieram para compor o trio que está na cidade até hoje. Como vieram desmontadas, o erguimento das estruturas nos leva ao universo mágico dos quebra-cabeças. Em 1912, a distância já se observavam essas grandes peças cilíndricas, com cerca de vinte metros de altura e que lembram grossos foguetes.

As Três Marias, como são conhecidas, ficaram na ativa até 1957. Símbolos do desenvolvimento de Porto Velho e testemunhas do nascimento do estado de Rondônia, estão presentes na bandeira da capital.

Roraima

Indígena é atacado por onça e milagre acontece

Quando o indígena Sorino, da aldeia Ianomâmi, foi encontrado, a sensação era de que as chances de sobrevivência pareciam mínimas. Para dizer a verdade, o fato de ele estar vivo já era por si só um feito. Em fevereiro de 1996, Sorino sofreu um ataque de uma onça-pintada, felino que pode pesar mais de cem quilos e chega a vencer jacarés grandes. Como é de se esperar, as fraturas foram múltiplas. Muito atingida, a cabeça do indígena também foi aberta. Até hoje especulam-se os motivos da raríssima agressão. Esse animal só costuma reagir quando está acasalando, na presença de filhotes, defendendo a alimentação ou se sentindo acuado.

Para piorar a situação de Sorino, o transporte para o hospital em Boa Vista, capital de Roraima, demoraria quase dez horas para chegar. Apenas um milagre salvaria o indígena. E foi isso que aconteceu. Enquanto ele repousava na cama, um grupo de missionários e missionárias da associação católica Consolata pediu a interferência divina do padre José Allamano, religioso italiano falecido em 1926 e beatificado pelo papa João Paulo II na década de 1990. Deu certo.

Sorino conseguiu ser removido, internado e operado. Enfrentou desafios na recuperação, mas em maio do mesmo ano já estava de volta aos afazeres diários na aldeia. A intercessão de Allamano foi considerada pela Igreja um milagre, e o religioso foi canonizado em outubro de 2024.

Pai de Sherlock Holmes se inspirou no monte Roraima

A criação do emblemático detetive Sherlock Homes foi um divisor de águas na trajetória do escritor britânico Arthur Conan Doyle. No começo do século xx, ele já era conhecido mundialmente. Os livros nos quais apareciam Holmes e seu inseparável companheiro, dr. Watson esgotavam rapidinho e eram debatidos nos cafés. Qualquer nova obra de Conan Doyle vinha acompanhada de muita expectativa. Em 1912, ele lançaria O *mundo perdido*, que conta a história de um jornalista e um cientista que se embrenham na Amazônia atrás de dinossauros vivos e tribos de homens-macacos. Adiante: encontram tudo isso e vivem perigos enormes.

Os mistérios do monte Roraima e dessa parte da Amazônia começaram a ser instigados mundialmente em meados do século xix. O explorador britânico Robert Schomburgk foi um dos responsáveis por isso, vendendo a ideia de que aquele lugar era mágico e pouco conhecido. Apesar de Doyle não falar especificamente sobre o monte Roraima na obra, sabe-se que compôs o livro pensando em elementos que tinha ouvido acerca do local.

Em 1925, ainda na época do cinema mudo, foi lançado um filme baseado no livro. Contando com cenas que retratam aquilo que os gringos acreditavam ser a Amazônia brasileira, com muitos bichos e plantas, é possível observar dinossauros se digladiando e até um homem-macaco tomando um tiro de um aventureiro. O filme conta com uma tecnologia pouco conhecida na época, o *stop motion*. Foi revolucionário e inspirador para uma sequência de obras que seguiriam nesse mesmo caminho, como O *planeta dos macacos* e O *parque dos dinossauros*.

Embora o visitante não tenha que encarar o tiranossauro rex ou outras criaturas extintas, indica-se que tome algumas precauções antes de visitar o monte Roraima, como pedir permissão aos espíritos guardiões. Há muitas lendas indígenas que permeiam o local, e uma delas diz que é necessário estar conectado aos protetores da floresta, deixando claro que não fará nada de mal. Caso contrário, problemas dos grandes podem acontecer.

Foi isso, por exemplo, que ocorreu no próprio nascimento desse cartão-postal brasileiro e venezuelano. A regra era clara: os indígenas não podiam mexer em um belo pé de bananeira nem comer os seus frutos.

Os pajés avisaram. Comida não faltava na região. Certo dia, um cacho foi cortado e, em pouco tempo, o céu foi tomado por trovões. Nada bobos, os bichos meteram o pé. Um dilúvio veio em sequência. Das terras, que eram alagadas, emergiu o imponente monte Roraima. A pergunta que resta é: quem contrariou as ordens e causou a tragédia? Ninguém sabe. Talvez Sherlock Homes pudesse descobrir.

INGLESES GANHARAM NA JUSTIÇA PARTE DE RORAIMA

A decisão arbitral sobre o futuro da região de Pirara, um território maior que o hoje estado do Alagoas encravado na Amazônia, na divisa entre Roraima e Guiana, estava nas mãos do rei da Itália Vítor Emanuel III. Ele era o juiz internacional que avaliaria uma questão que atravessou décadas de combates diplomáticos entre brasileiros e britânicos. Essa história envolve um missionário, um botânico aventureiro e uma parte do continente americano que gera debates até hoje.

Em 1838, desembarcou na região de Pirara o missionário anglicano Thomas Youd. Ele não precisou de muito tempo para instalar uma missão religiosa por ali, catequizando os indígenas e lhes ensinando a língua inglesa. Carismático, foi atraindo mais e mais fiéis para o rebanho e mais e mais ingleses para aquele pedacinho perdido na Amazônia. Quando os gestores brasileiros souberam que havia um estrangeiro construindo uma base em nosso país, agiram.

Do forte São Joaquim, um colosso construído no século XVIII pelos portugueses a fim de defender o extremo norte do Brasil, saíram um militar e um religioso acompanhados por tropas. Foram cerca de duzentos quilômetros de viagem. O capitão Ambrósio Aires e o frei José dos Santos expulsaram o missionário e ocuparam as terras nacionais. No entanto, já era tarde. Thomas Youd tinha levado consigo os muitos indígenas fiéis e ainda lançaria um livro em 1840 sobre a experiência e a importância de Pirara, além de questionar as fronteiras. Os ingleses voltariam, mas, em vez de palavras da fé, trariam armas e a acusação de que os brasileiros escravizavam e exploravam os indígenas.

Em 1842, uma expedição militar entrou naquele espaço sem a anuência do governo brasileiro. Na liderança, estava um explorador e naturalista alemão que contestaria os tratados e traria novas configurações a quem mandava em Pirara. Robert Hermann Schomburgk foi categórico em defender que os marcos fronteiriços estavam equivocados até então e que o território pertencia aos britânicos, donos da Guiana Inglesa.

Na mesma época, militares do Reino Unido ocuparam a ilha Camaçari, pertinho de Pirara, alegando que era terra de indígenas ligados aos ingleses. Apesar de toda a tensão, com a iminência de conflito armado, ficou estabelecido que o melhor seria enviar aquele problema para uma corte internacional neutra, capaz de avaliar e decidir a questão. Enquanto a burocracia não avançava, os ingleses foram catequizando mais indígenas e, aproveitando a letargia do Brasil, ocupando mais terrenos.

No começo do século xx, a bomba estava prestes a cair. Finalmente, a questão ganhou os holofotes mundiais e os tribunais. Nosso representante diplomático, Joaquim Nabuco, fez de tudo, usou mil e um argumentos, mas não contava com a indisposição do rei da Itália, que não demonstrava nenhum apreço pelo Brasil. Em 1904, quase 20 mil quilômetros verde-amarelos deixaram de ostentar essas cores, passando a se tornar território da Guiana Inglesa. Um pouco antes, em 1899, a Venezuela perdeu 90% do território Essequibo, também contestado. Ao contrário dos brasileiros, os venezuelanos até hoje reclamam do arbitramento e do resultado final.

Boa Vista: da fazenda ao barzinho

Na entrada do bar Meu Cantinho, no centro de Boa Vista, o freguês não tem dificuldades para encontrar o cardápio. Ele está exposto em cartazes, que também anunciam as promoções e o prato do dia. A cerveja está sempre gelada, o que é bom para refrescar do calor, que insiste em permanecer o ano inteiro — com pouquíssimas exceções. Apesar de alguns obstáculos, como novas construções, há vista para o rio Branco. O som é de artistas sertanejos, invariavelmente. Em um lugar de destaque, há uma placa que informa que ali nasceu a cidade de Boa Vista em 1830: "Berço das tradições, das conquistas, da história do nosso povo".

O cearense capitão Inácio Lopes de Magalhães parou nesse cantinho do Brasil na década de 1820. Após rodar por Belém e Manaus, foi designado pelas forças políticas e militares a ser o responsável pelo forte de São Joaquim, a cerca de 32 quilômetros da atual capital, principal trincheira na defesa contra invasões de estrangeiros. Onde hoje está o barzinho, ficava a fazenda Boa Vista, de propriedade dele. Ao redor, desenvolveu-se o povoado, com direito a uma igrejinha em homenagem a Nossa Senhora do Carmo. A fazenda Boa Vista foi uma das primeiras a investir em pecuária. Da época, pouco restou. As fotos do antes e depois revelam isso com clareza. Houve muitas reformas, especialmente quando o local se transformou em bar, na década de 1960.

Será que foi tudo invenção?

Quem cometesse crime em território francês poderia ter como destino um lugar que, para muitos, era pior do que a morte. A ilha do Diabo, que fazia parte de um arquipélago prisional, ficava na Guiana Francesa e foi a casa de centenas de detentos entre o século XIX e a década de 1950. O trabalho era exaustivo. Havia poucas possibilidades de retornar ao país de origem. Quem tentasse fugir teria que encarar vigias 24 horas, um mar lotado de tubarões e pedras que dificultavam a saída da terra firme, entre outros desafios. Se fosse pego, os castigos aumentavam. Quem morria era enterrado em um espaço dedicado a esse fim ou, na maioria das vezes, jogado no mar, o que atraía mais animais para a costa.

Publicado em 1969, o livro *Papillon* rapidamente caiu no gosto popular, tornando-se um dos mais vendidos no mundo. O motivo do sucesso era a narrativa de como, em 1935, um prisioneiro conseguiu realizar a façanha de atravessar todos os obstáculos rumo à liberdade. O dia a dia da então pouco conhecida colônia penal estava destrinchado.

Repleto de aventuras e planos mirabolantes, com as inúmeras tentativas de fuga, *Papillon* alçou Henri Charrière ao estrelato. Condenado pelo tribunal da França por um crime que jurava não ter praticado, o ex-prisioneiro era conhecido pelos roubos em Pigalle, zona boêmia de Paris e perto da região do Moulin Rouge. Papillon, defendia Henri, era um apelido que ganhou dos amigos da época em que aterrorizava a capital francesa.

Nas inúmeras entrevistas que concedeu, Charrière se contradizia quando detalhes eram abordados. Isso fez crescer uma desconfiança de se ele era realmente o autor dos cadernos de anotações que sustentaram um dos mais impactantes best-sellers de todos os tempos. Enquanto alguns defendiam que as confusões eram naturais e consequências dos traumas sofridos, outros argumentavam que aqueles relatos escritos poderiam ser verdadeiros, mas ninguém garantia que o francês fosse mesmo o autor. Dessa forma, investigações por tudo que é canto surgiram. Uma delas, capitaneada pelo fotojornalista Platão Teixeira, dá como certo que o verdadeiro Papillon é o criminoso René Belbenoît, que teve seus escritos roubados por Charrière.

Por diferentes questões, entre elas a necessidade de não ser identificado, René não desmentiu o antigo colega de prisão. Poliglota e escritor, René, que teria investido em garimpos e fazendas, teria morrido em Roraima em 1973 — há outra versão que indica o falecimento nos Estados Unidos, mas há quem conteste dizendo que era outra pessoa usando identidade falsa. Charrière faleceu em 1966, e até hoje se sustenta na opinião pública mundial seu título de Papillon, que em francês significa "borboleta", o mesmo animal que René tinha tatuado.

Santa Catarina

Taxista de Florianópolis ganha grande rali e desbanca nome importante do automobilismo

O jornal *O Estado* do dia 18 de novembro de 1940 estampava orgulhosamente que Clemente Rovere havia vencido "o rêide Rio–Porto Alegre". A foto que acompanhava a notícia era de um Clemente vestido como se estivesse indo pro baile de gala do Copacabana Palace: terno preto com lapela, camisa branca, gravata-borboleta e lenço no bolso do paletó. Apesar da surpreendente vitória, que tomou quase 28 horas de prova, não esboçou nem um único sorriso na hora do registro. Era um campeão improvável que ainda se acostumava com os flashes: afinal, sua fama passava longe de ser um homem sisudo.

Rovere era motorista de táxi na praça xv, Centro da capital catarinense. Conhecido por todos como carismático e habilidoso na direção, em 1937 recebeu um convite inesperado: disputar uma corrida de Montevidéu, no Uruguai, até o Rio de Janeiro, então capital da República. Grandes pilotos da América Latina estavam no páreo. Para correr mais de 3 mil quilômetros, o governo lhe cedeu um automóvel fabricado quinze anos antes. Se a oportunidade era inédita, o resultado também era: Rovere conquistou o quinto lugar, sendo tratado pela imprensa como um verdadeiro herói. Depois do feito, porém, retornou para a labuta diária.

Quando foi preparada a corrida Rio de Janeiro–Porto Alegre pelo Automóvel Clube do Brasil, Clemente de novo foi chamado. Era a primeira grande corrida no Brasil que cortava vários estados. Os pilotos sairiam do Rio e, antes da bandeirada final, teriam três paradas: São Paulo, Curitiba e Florianópolis. Em cada uma dessas capitais, descansariam e, respeitando os horários de chegada, retornariam para a prova. Foram 23 corredores, entre eles o uruguaio Héctor Sedes, vencedor de muitas corridas e favoritíssimo.

As estradas eram de terra e os carros não estavam preparados para tal desafio. Do dia 11 ao dia 17 de novembro de 1940, o país assistiu a um dos maiores duelos automobilísticos da sua história.

A imprensa acompanhava o trajeto, informando os detalhes para ouvintes ou leitores. É dessa maneira que hoje sabemos que, em Florianópolis, última parada antes do término do rali, houve uma comoção para estimular o filho da terra. Alguns periódicos valorizavam a destreza do rapaz no volante do Ford v8.

Sabe-se lá se por sorte ou olho gordo alheio, faltando poucos quilômetros para o fim da prova, o motor do carro de Sedes fundiu. Quem estava em segundo? Rovere, que acabou levando o caneco e fazendo com que a população de Porto Alegre protagonizasse uma festa digna de final de Copa do Mundo. O troféu era do filho de imigrantes italianos, que ainda venceria outros prêmios. O Ás das Curvas, como ficou conhecido, mesmo com todo sucesso, continuou trabalhando no táxi. Atualmente, só é lembrado como um nome de rua, distante da praça por onde durante muito tempo reinou absoluto.

Urna eletrônica nasceu em Santa Catarina

Carlos Prudêncio, desembargador do Tribunal de Justiça de Santa Catarina, tinha uma certeza: era preciso automatizar a votação e a contagem dos votos das eleições. Antes da urna eletrônica, a eleição era uma maratona da democracia: o eleitor precisava assinalar em uma cédula de papel o candidato escolhido e depositá-la em uma urna de papelão ou madeira, para que, após o término da votação, começasse um longo e trabalhoso processo de contagem. Não raro, o país só sabia muito tempo depois quem havia vencido a eleição para os mais diferentes cargos. Em Brusque, a cerca de duas horas da capital Florianópolis, essa história começou a ser alterada.

O ano era 1989 quando aconteceu a primeira eleição direta para a Presidência da República após mais de duas décadas de Regime Militar. Sem pedir autorização ao Tribunal Regional Eleitoral, Prudêncio, que era juiz eleitoral, resolveu propor que os eleitores de uma seção votassem no papel e também no computador. Uma empresa de informática ajudou na empreitada, emprestando as máquinas. Foi um sucesso absoluto. Em pouquíssimo tempo, todos sabiam o resultado.

A imprensa nacional divulgou o ousado experimento. "Brusque é o único município do Brasil a utilizar a informática nesse pleito presidencial. O sistema foi testado na última quinta-feira, quando os eleitores convocados pelo juiz eleitoral compareceram ao fórum e pré-inauguraram os terminais", reportou o *Jornal de Santa Catarina* de 16 de novembro de 1989. Nesse dia, 373 eleitores participaram da experiência.

De filho bonito, todo mundo quer ser pai. Não demorou para que os órgãos responsáveis quisessem ver de perto aquela inovação tão aplaudida. Até o presidente do Tribunal Superior Eleitoral pousou em Brusque. Dali para frente, o sistema foi sendo evoluído e cada vez mais utilizado. Ainda em Santa Catarina, Florianópolis experimentou em algumas seções a urna eletrônica para a eleição de governador em 1994. No ano seguinte, Xaxim, no oeste catarinense, iniciou uma eleição totalmente informatizada. Mais de 10 mil eleitores participaram do processo.

Desde 1996, as urnas eletrônicas são usadas de forma oficial. No começo da década de 2000, o Brasil já estava com 100% do território informatizado para as eleições.

TORRES DE IGREJA SE DESTACAM NO MEIO DAS ÁGUAS DE CIDADE SUBMERSA

Do alto, a cena impressiona: no meio de muita água, duas torres de uma velha igreja e uma imagem de São Pedro permanecem intactas. Fundado na década de 1930, o templo sagrado em homenagem a São Pedro Apóstolo é a última lembrança da cidadezinha de Itá, a cerca de setenta quilômetros de Chapecó.

Pequena, Itá tinha aproximadamente duzentas casas e vivia, sobretudo, da agricultura. Nas fotos antigas, é possível perceber construções simples e a arquitetura que lembra a chegada dos colonos alemães ao nosso país. Quase tudo ficaria nos livros de recordações a partir do começo da década de 2000. Os moradores tiveram que dar espaço a um lago que alimentaria uma hidrelétrica.

Apesar de a notícia ter sido mal recebida por quem vivia por ali, não havia muito a ser feito. Um novo município estava sendo construído para abraçar a comunidade. Em 2000, com as mudanças, começaram as destruições. As casas, o comércio e a escola pouco a pouco iam sendo derrubados. Com a igreja, o negócio foi diferente. Tentaram colocá-la abaixo uma vez, e o cabo de aço do trator se rompeu. Na segunda tentativa, não tiveram resultados satisfatórios. Na terceira, o próprio trator parou de funcionar. Na quarta, houve outro problema. A população já estava acreditando no poder da fé. Foi então que as autoridades decidiram alagar o local do jeito que estava, deixando tudo submerso, menos as torres e um telhadinho com a imagem de São Pedro, padroeiro da cidade.

Há quem defenda que um padre, que se relacionava mal com os fiéis, ao sair chutado de Itá, lançou uma maldição segundo a qual a cidade seria inun-dada — bem, a igreja, ao menos, resistiu. Há quem diga que a permanência do prédio religioso é uma jogada turística, afinal é o que mais chama a atenção de quem vê a antiga cidade do alto ou sentado em um dos banquinhos ao redor do lago.

O AMOR PROIBIDO DE UM INDÍGENA E UMA BRUXA

Não é à toa que Florianópolis é conhecida como Ilha da Magia. Parece que lá existe uma lenda para cada morador. Tudo sempre se dá de maneira romântica e epopeica. A lagoa do Peri, no sul de Floripa, é um dos casos mais famosos. O indígena Peri e a bruxa Conceição se apaixonaram perdidamente, entretanto era um amor proibido pelas famílias. Como um indígena poderia se encantar por uma bruxa? Como alguém dotada de tantos poderes místicos se deixou levar por um homem da mata?

No começo, a dupla ignorou os familiares e continuou a viver o romance na região que hoje compõe o Parque Municipal da Lagoa do Peri. No entanto, a perseguição dos pais e dos amigos foi tanta que precisaram se separar — aos prantos, é claro. O relacionamento dos dois era tão forte que a lagoa acabou ficando com o formato de um coração. Não é nada raro ver pessoas se declarando aos amados ou amadas às margens daquele lugar, que um dia foi marcado pela separação.

Cerca de 25 quilômetros de distância separam a lagoa do Peri da praia de Itaguaçu. A atração turística deste paraíso é um conjunto de pedras que guarda uma das lendas mais conhecidas do Brasil: bruxas resolveram fazer uma grande festa. Para isso, chamaram vampiros, lobisomens, curupiras e até mulas sem cabeça. Era uma mistura geral de culturas.

Tudo ia bem, sob uma lua cheia, até que surge um penetra jamais desejado: o diabo. O coisa-ruim ficou possesso porque não foi convidado para o rega-bofe. Como punição, resolveu transformar as queridas bruxinhas, que não tinham nada de más, em pedras. Pelos formatos tão distintos e pela quantidade, dá para imaginar que o negócio estava, além de lotado, animadíssimo.

SOLDADOS VINDOS DA ALEMANHA QUASE FIZERAM DE FLORIANÓPOLIS UM PAÍS INDEPENDENTE

Às vésperas da Proclamação da Independência do Brasil, o alemão Georg Anton von Schäffer, que já tinha rodado pela Turquia e pela Rússia e era extremamente bem relacionado na Europa, tinha uma missão: arrumar para o governo brasileiro soldados independentes, sem nenhum vínculo com nação, que pudessem contribuir nas Forças Armadas da colônia que brevemente se tornaria independente. A preocupação era válida, pois não havia militares suficientes para encarar os portugueses e ainda manter a ordem em um território tão extenso.

Os primeiros navios dos soldados de Von Schäffer, normalmente chamados de mercenários, começaram a chegar entre 1823 e 1824. Suas fileiras foram aumentando com o passar dos anos.

Esse contingente de paramilitares seria largamente usado pelo Império do Brasil para controlar rebeliões internas e até conflitos com países vizinhos, como a Argentina. No começo, era tudo maravilhoso. As promessas que a turma ouviu ao embarcar rumo ao desconhecido eram tentadoras, como altos salários, bom tratamento e terras. O segundo capítulo dessa história traz uma realidade distante do imaginado.

Muitos soldados estavam insatisfeitos com o que viviam a quilômetros de distância da Europa. O mau comportamento de alguns fez com que a Corte tomasse a decisão de expulsá-los da corporação. É aí que entra a tentativa de tornar Floripa um país independente.

Em 1827, o Brasil estava imerso na Guerra da Cisplatina contra a Argentina. Alguns mercenários expulsos propuseram ao país vizinho que ajudasse a montar uma república independente na hoje capital de Santa Catarina. Em troca, contribuiriam na luta contra o Império Brasileiro. Ainda na argumentação, teriam defendido que milhares de soldados sem nação se juntariam a essa missão. Esperavam dinheiro, apoio internacional e armamentos, mas ficaram somente no sonho. Mesmo com políticos a favor, o presidente argentino, Bernardino Rivadavia, não foi a favor da conspiração.

A Oktoberfest de Blumenau foi criada após uma catástrofe

Um casamento mudaria para sempre a história da cerveja: em outubro de 1810, o príncipe Ludwig da Baviera iria trocar alianças com a princesa Therese von Sachsen-Hildburghausen. Os pombinhos ofereceram aos convidados comidas típicas e cervejas de Munique, tudo acompanhado por muita dança da região. O festejo ficou tão famoso e agradou tanto realeza e plebeus que o evento acabou se transformando no maior e mais tradicional festival de cerveja do mundo, a Oktoberfest.

Inspiradas na original, surgiram muitas outras festas espalhadas pelos quatro cantos do planeta. A segunda maior Oktoberfest do mundo acontece em Blumenau. Quem lê assim acha que foi tudo pensado e superfácil de ser implantado. Ledo engano.

Entre 1983 e 1984, o Vale do Itajaí foi destruído por sucessivas enchentes. A sensação era de que levaria muito tempo para se reerguer. No entanto, o que aconteceu foi exatamente o contrário. A saída para a catástrofe foi fazer, em tempo recorde, uma festa inspirada naquela que os colonos alemães tanto elogiavam.

"O contraste é flagrante: quem visitou Blumenau durante a Oktoberfest, no início de outubro, e encontrou uma cidade limpa, alegre, cheia de flores, com gente cantando e dançando descontraidamente pelas ruas, dificilmente poderia imaginar que estas mesmas pessoas, dois meses antes, foram expulsas de suas casas pela inundação que levou grande parte do seu patrimônio e provocou um colapso na economia", relatou o *Jornal do Brasil* em 19 de outubro de 1984.

A primeira edição, por motivos óbvios muito tímida, foi realizada em apenas um pavilhão, com capacidade para cerca de 3 mil pessoas. Atualmente, o espaço é bem maior, e estima-se que centenas de milhares de pessoas lotem a cidade atrás de barracas de diferentes cervejas, festejos em áreas abertas, culinária bávara, com muito salsichão e *bretzel*, canecões de um litro, pessoas vestidas a caráter e, para os mais aventurados e sóbrios, um parque de diversões.

FLORIANÓPOLIS: O NOME QUE ATÉ HOJE GERA REVOLTA

Iluminada, a ponte Hercílio Luz fica ainda mais encantadora. Cartão-postal de Florianópolis, conhecida nacionalmente, homenageia um político que tomou uma das atitudes mais polêmicas de toda a trajetória de Santa Catarina: a mudança do nome da capital de Nossa Senhora do Desterro para o que conhecemos atualmente. Florianópolis é a Cidade de Floriano — Floriano Peixoto, o segundo presidente da nossa República.

Conhecido como Marechal de Ferro, o alagoano Floriano fazia uma gestão presidencial baseada na força e na perseguição aos opositores. Em vez de organizar uma nova eleição após a renúncia de Deodoro da Fonseca, decidiu assumir a Presidência até o fim do mandato do colega, o que não era o acordado entre os poderes.

É evidente que essa postura acalorou o período e trouxe para as ruas e os mares a convulsão de muitos insatisfeitos. Esse foi o caso de militares e políticos que lideraram a Revolta Federalista. Em 1894, Nossa Senhora do Desterro era um dos epicentros da crise. Conflitos armados entre militares pró e contra Floriano ocorreram em diferentes cantos, incluindo cidades do Vale do Itajaí. O mar de Floripa também foi testemunha de violentos tiroteios.

Na liderança das tropas do governo, estava um coronel conhecido pela frieza na hora de executar os adversários. Contando com muitos homens, mais armamentos e navios, Antônio Moreira César liquidou os revoltosos. Concorrentes políticos de Hercílio Luz foram perseguidos. Na caça aos opositores, teria feito saques, incêndios criminosos e até estupros. Na Fortaleza de Santa Cruz, na ilha de Anhatomirim, um massacre entrou para a história: 185 pessoas foram fuziladas. A maioria era de militares, que não puderam nem mesmo ser enterrados com suas fardas.

Apesar dos protestos da população, Hercílio Luz, que havia assumido o poder após cerca de três anos de atuação do interventor federal Lauro Müller, assinou a lei que alterava o nome da capital para Florianópolis no dia 1º de outubro de 1894.

A relação da cidade com Floriano sempre foi turbulenta. Em 1979, em um ato de comemoração aos noventa anos da proclamação da República, o ditador João Figueiredo mandou instalar uma placa homenageando o marechal na praça XV.

Ao contrário do que o presidente imaginava, o dia 30 de novembro foi marcado pelos protestos contra o ato em si e os problemas econômicos do país. "Não sorria, a panela está vazia" estava escrito em uma das faixas. Estudantes lideravam os gritos. A polícia tentou esvaziar a manifestação, causando ainda mais indignação. Com isso, a placa acabou quebrada. Xingamentos foram ouvidos, inclusive direcionados à mãe do presidente da República. "Eu queria saber por que a minha mãe está em pauta", queixou-se Figueiredo com a imprensa.

São Paulo

JOSEF MENGELE: UM NAZISTA LIVRE EM SÃO PAULO

CONHECIDO COMO "ANJO DA MORTE", o médico nazista Josef Mengele teve a vida alterada quando foi trabalhar no campo de extermínio de Auschwitz, na Polônia, em 1943. Aos 32 anos, depois de ter sido condecorado por bravura na própria Segunda Guerra, ele era o responsável por separar os presos, indicando aqueles que seriam imediatamente mortos nas câmaras de gás, os que iriam realizar trabalhos forçados e os que serviriam como cobaias para os mais enlouquecedores experimentos científicos. Como médico-chefe do campo, não demorou para colocar em prática os diversos estudos sobre aprimoramento genético na tentativa de estabelecer uma raça ariana e forte.

Nos quase dois anos de trabalhos em Auschwitz, Mengele fez experiências que envolviam a tentativa de mudança de cor de olhos ou a amputação de membros sem anestesia e com a vítima acordada, testes de novos medicamentos, infecções propositais, experimentos para descobrir quanto tempo o corpo é capaz de sobreviver quando imerso em tanque de gelo ou ao ser jogado nas chamas e em outras situações-limite, verificações para saber se o raio X poderia causar esterilidade etc. — a lista de atrocidades parecia não ter limites. Muitas vítimas morriam durante as experiências ou em consequência delas.

Com uma fixação em indivíduos gêmeos, Mengele chegou a trocar órgãos entre os irmãos para averiguar qual seria a reação do organismo. Em homens gays, injetava hormônios masculinos e até promovia a castração. Segundo a *Enciclopédia do Holocausto*,[*] "pelo menos 960 mil judeus foram exterminados em Auschwitz, além de cerca de 74 mil poloneses, 21 mil ciganos, 15 mil prisioneiros de guerra soviéticos, e entre 10 mil a 15 mil civis de outras nacionalidades (cidadãos soviéticos, tchecos, iugoslavos, franceses, alemães e austríacos)".

Com a guerra já se encaminhando para o fim, em 1945, Josef Mengele, como tantos outros nazistas, buscou uma forma de sair impune. Contando com uma extensa rede de amizades e usando nomes e documentos falsos, conseguiu fugir para a América Latina. Foi parar na Argentina e no Paraguai até fixar residência no Brasil, onde encontrou a tranquilidade que tanto desejava. Por cerca de vinte anos, apresentando-se como Wolfgang Gerhard, de nacionalidade austríaca, viveu em diferentes residências pelo estado de São Paulo. A mais conhecida foi um casebre perto da represa Billings, onde era conhecido como Pedro. Apesar de alguns cúmplices saberem do passado de Mengele, a maioria dos vizinhos acreditava que ele era mais um simples imigrante que tentava se reerguer após o conflito que dizimou o continente europeu. De acordo com a carteira profissional, que sempre levava consigo, Wolfgang Gerhard teria chegado ao nosso país em 26 de abril de 1949, era casado e trabalhava como funcionário da indústria.

No dia 7 de fevereiro de 1979, um corpo foi estendido na praia da Enseada, em Bertioga, cidadezinha distante 120 quilômetros do Centro de São Paulo. Não era preciso ser especialista em medicina para constatar que estava sem vida. Os sinais não eram de afogamento, o que dava a impressão inicial de que o homem sofrera um mal súbito.

Quando a polícia chegou, um casal de austríacos, Wolfram Bossert, ex-soldado nazista, e Liselotte Bossert, professora de um colégio alemão, que moravam no bairro paulistano do Brooklin, estava ao lado do cadáver e poucos curiosos olhavam à distância. A praia estava praticamente vazia.

---

[*] Disponível em https://encyclopedia.ushmm.org/pt-br. Acesso em: 12 abr. 2025.

Constatada a morte, verificaram-se os documentos do falecido: tratava-se de Wolfgang Gerhard, um senhor muito branco que ostentava um farto bigode.

Os restos mortais do nazista mais procurado do mundo repousaram no cemitério do Rosário, em Embu das Artes, cidade a quarenta minutos da capital, até 1985, quando investigações apontaram que ali estaria o que sobrou de Mengele — a família dele também teria contribuído com informações. Em junho, em uma das cenas mais bizarras de toda essa história, o legista responsável pelo caso pegou o crânio e afirmou que seria do Anjo da Morte. Fotógrafos do mundo todo registraram o momento.

Em 1992, um exame de DNA realizado pelo britânico Alec Jeffreys, um papa na identificação genética, confirmou o resultado e convenceu quem ainda não estava certo de que aquele era, de fato, o carrasco. Depois de passar décadas no Instituto Médico Legal de São Paulo, a ossada agora está na Faculdade de Medicina da Universidade de São Paulo, a USP. Até hoje, porém, há quem duvide da identidade dos ossos, dizendo que Mengele teria fugido para os Estados Unidos.

O ESCRAVIZADO QUE CONSTRUIU SÃO PAULO

Em 1792, dezenas de pessoas escravizadas, em especial mulheres, iam corriqueiramente até uma novidade revolucionária para São Paulo: o chafariz da Misericórdia, no largo da Misericórdia, no Centro da cidade. Em vez de terem que caminhar horas rumo aos rios Tietê, Anhangabaú ou Tamanduateí, era possível pegar água com muito mais facilidade no primeiro chafariz público paulistano. Enquanto abasteciam os recipientes, colocavam a conversa em dia. A crônica da cidade passava por aquele canto. Fiscais botavam ordem na fila, exigindo que regras e horários fossem cumpridos. Um universo de negócios acabou sendo gerado ao redor do invento, como casas de banho e comércios diversos. O chafariz construído por um homem marcado pelas dores da escravidão alterou os rumos de São Paulo.

Nascido em Santos, Joaquim Pinto de Oliveira, o Tebas, foi parar em São Paulo acompanhado de seu senhor, o mestre de obras português Bento de Oliveira Lima. Eles encontraram uma cidade modesta, que, embora buscasse o crescimento, carecia de serviços especializados em construção.

Reconhecido por trabalhar bem nas alturas e ser especialista em cantaria, uma técnica artística em que se esculpe a partir de pedras brutas, Tebas não demorou a ser requisitado para diferentes serviços, em especial nos templos religiosos. Foi assim que criou a torre da primeira catedral da Sé, construiu a fachada da igreja da Ordem Terceira do Carmo e talhou a pedra de fundação do mosteiro de São Bento. Com Tebas, São Paulo foi se afastando das edificações de taipa e entrando no universo arquitetônico que encontrávamos há séculos na Europa.

Falecido no começo do século XIX, Tebas foi sepultado na igreja de São Gonçalo, nos arredores da catedral da Sé. No entanto, é impossível visitar o túmulo e não há informações concretas de onde estaria, de fato, localizado. Isso mostra bem a dificuldade de encontrar dados sobre a trajetória de um dos homens mais importantes da nossa arquitetura.

Após a morte do mestre de obras Bento de Oliveira, Tebas foi escravizado de Matheus Lourenço de Carvalho, arcediago na catedral da Sé, que o comprou desejando que Joaquim Pinto de Oliveira fizesse mais obras no templo sagrado. Logo em seguida, Tebas conseguiu comprar sua própria alforria. Livre, construiu sua obra mais famosa, o chafariz da Misericórdia — que, em 1866, foi tirado do largo para nunca mais sabermos notícias de onde está.

CHAGUINHAS, O PROTETOR DOS EXCLUÍDOS

Esqueça a praça da Liberdade, que se tornou um dos pontos mais conhecidos de São Paulo. Esqueça as barracas de comidas japonesas, os pastéis e o caldo de cana, os postes que remetem ao universo nipônico, pessoas vestidas de personagens da cultura asiática ou qualquer coisa do tipo. Em 1821, a então praça da Forca, como o nome já antecipa, era o espaço de execução dos condenados pelo governo. Esse era um método de avisar qual seria o fim de quem, porventura, se pusesse contra as ordens do poder.

Como verdadeiros eventos públicos, os enforcamentos atraíam curiosos e podiam, até mesmo, ser encarados como um momento de congregação. No dia 20 de setembro daquele ano, foi a vez de dois militares de Santos serem punidos por organizarem uma rebelião por melhores condições de trabalho.

O soldado José Joaquim Cotindiba e o cabo Francisco José das Chagas, o Chaguinhas, serviam às Forças Armadas no Primeiro Batalhão de Caçadores da Praça de Santos. Nascidos na colônia, estavam cansados das diferenças salariais entre eles e os militares portugueses, além de os soldos estarem atrasados. Com o apoio de outros companheiros de farda, estruturaram um levante que durou cerca de uma semana. Nesse período, até uma embarcação portuguesa foi incendiada e militares portugueses foram detidos. Se queriam chamar a atenção, conseguiram: não demorou para que tropas da capital da província, São Paulo, fossem enviadas. Muitos foram os presos, mas, como as duas lideranças assumiram a culpa sozinhas, preservando os colegas, a sentença foi a pena capital. Por crime de lesa-majestade, seriam assassinados.

Em uma praça da Forca cheia de gente, Cotindiba foi o primeiro a ser levado à forca. Sem intercorrências e em segundos, sua vida foi tirada. O mesmo não aconteceu com Chaguinhas. A corda estourou. Atento, o público já começava a observar aquele fenômeno de maneira distinta. Alguns até esboçaram ser um milagre. Na segunda tentativa, houve um novo fracasso do carrasco. A corda mais uma vez cedeu. Diante da inusitada situação, houve quem defendesse a misericórdia. Na terceira oportunidade, uma nova corda também se rompeu, preservando a integridade daquele que até então era tratado como criminoso. Foi a vez de gritos de "Liberdade, liberdade, liberdade" ecoarem — essa, inclusive, é uma versão para o surgimento do nome do futuro bairro. Sem saber o que estava acontecendo, autoridades usaram o porrete para terminar com a existência de Chaguinhas.

Enterrado como indigente no primeiro cemitério público da cidade, o dos Aflitos, na região onde ficavam as forcas, o militar negro que ousou protestar contra as desigualdades e protegeu os companheiros de motim foi aos poucos se tornando mártir, inicialmente para as rezadeiras da região. Velas com o nome de Chaguinhas eram acesas. Gradativamente, o cabo se tornou um santo popular, conhecido por proteger os excluídos.

Apesar de não haver uma comprovação de onde está a ossada de Francisco José das Chagas, muitos fiéis creem que esteja nas redondezas da capela dos Aflitos, também na Liberdade, lugar onde ele amargou a prisão antes da morte. No simples templo religioso, é comum ver pessoas escrevendo pedidos em pedaços de papel, colocando na porta da antiga cela e batendo três vezes, o mesmo número de cordas arrebentadas. Velas são acendidas em seguida. A quantidade de agradecimentos impressiona. Chaguinhas é um símbolo de resistência.

PALACETE DA MARQUESA DE SANTOS: DO ROMPIMENTO COM DOM PEDRO I ÀS FESTAS EM SÃO PAULO

Pouquíssimo tempo antes de dom Pedro i declarar a Independência do Brasil à beira do rio Ipiranga, em São Paulo, ele se encantou por uma moça. Extremamente inteligente, Domitila de Castro, que mais tarde se tornaria a marquesa de Santos, entrou na vida do imperador como uma flecha. Foram sete anos de relacionamento extraconjugal — para ele, vale lembrar. Ela não tinha embaraços matrimoniais que atrapalhassem o namoro, afinal estava distante do violento primeiro marido, que, inclusive, a agrediu fisicamente. Habilidosa na política, foi conseguindo mais espaço nos corredores do poder. Na então capital do Brasil, Rio de Janeiro, morou em uma casa perto do grande palácio da Quinta da Boa Vista, residência oficial de Pedro e da imperatriz Maria Leopoldina.

O casal trocava inúmeras cartas. As assinadas pelo futuro imperador nos dão a sensação de que, se vivesse no século xxi, ele seria um fã ardoroso do Wando. Dom Pedro i se alcunhava "Fogo Foguinho". Também era chamado de Demonão. O apelido de Domitila de Castro era Titília — bem mais tranquilo, vai. Momentos picantes são narrados. Como demonstração de afeto e cumplicidade, o jovem dom Pedro enviava até... pelos pubianos. Juntos, tiveram tantos filhos que daria para montar um time de futebol de salão. Mas, dos cinco herdeiros, somente duas filhas sobreviveram.

O amor de Domitila por Pedro não tinha limites. Ela chegou a ser acusada de mandante do atentado contra a baronesa de Sorocaba, sua própria irmã, na ladeira do Outeiro da Glória, Zona Sul do Rio de Janeiro. A carruagem foi alvejada, mas a outra amante do imperador não se feriu. O motivo teria sido ciúme.

Independente em uma época em que isso era improvável para uma mulher, Domitila assustava os poderosos e os influentes tanto no Brasil como no exterior. Em Portugal, a nobreza rechaçava o romance.

Em 1826, uma tragédia abalou a vida de dom Pedro I e abriu um caminho de esperança para a marquesa: a imperatriz Leopoldina faleceu e a amante sonhava em assumir o cargo de primeira-dama. Só que isso não aconteceu. Por mais dinheiro que tivesse, ela não era de alta linhagem — e casamento, na época, era um negócio de família para a manutenção e a expansão de poder.

Depois de muita dificuldade por conta da péssima fama internacional de dom Pedro I, em 1829 ele selou a união com Amélia de Leuchtenberg. Foi só a princesa da Bavária chegar ao Rio de Janeiro para Domitila de Castro, grávida, arrumar as malas e voltar para São Paulo.

Na capital paulista, ela teve uma avassaladora paixão pelo brigadeiro Rafael Tobias de Aguiar. Conhecido como brigadeiro Tobias, este se tornou importante para os primeiros passos da polícia de São Paulo — a Rondas Ostensivas Tobias de Aguiar, a tão famosa Rota, homenageia o segundo marido da marquesa de Santos.

Casando-se em 1842, foram morar no Palacete do Carmo, na então rua do Carmo, pertinho do Pateo do Collegio, berço da fundação de São Paulo. Nessa residência, Tobias chegou a participar da Revolta Liberal — por isso, foi preso e enviado para o Rio de Janeiro.

Grande protetora dos estudantes de advocacia, Domitila abria a casa para festas de formatura. Muitos casamentos da alta sociedade paulistana passaram pelos corredores da mansão e pelos olhos atentos de uma das mulheres mais poderosas do Império. Atualmente, a casa é o Solar Marquesa de Santos, que preserva a memória daquela que também escancarou tabus em uma corte turbulenta e faleceu em 1867.

Viaduto do Chá: da briga de poderosos contra o pedágio

É impossível olhar para o viaduto do Chá, cartão-postal de São Paulo, e imaginar a enorme plantação de folhas de chá que havia naquela região na década de 1820. Isso era também fruto de um grande estímulo do príncipe-regente dom João VI, que, olhando o rico mercado internacional da bebida, trouxe chineses especialistas no cultivo e incentivou empreendedores a se aventurarem nesse ramo. Em São Paulo, o maior deles foi um tenente que daria nome a um dos largos mais conhecidos da capital.

José Arouche de Toledo Rendon não poupou esforços na produção: trouxe maquinários da China e transformou sua chácara em campo de plantio. O atual bairro de Vila Buarque, que fazia parte das propriedades do militar, chegou a ter 44 mil pés de folhas de chá. Com o avanço, outros chacareiros resolveram investir no negócio. Joaquim José dos Santos Silva, que ficaria conhecido como barão de Itapetininga, abriu largos cultivos na região do Anhangabaú. O morro que havia ali recebeu o nome de Chá, o que acabou influenciando a denominação do futuro viaduto. A planta se tornou importante para a economia da cidade.

Inicialmente por se tratar de um produto medicinal e depois por acompanhar a cultura das cortes europeias, a bebida caiu no gosto dos paulistanos. Era sorvido logo pela manhã e no cair da tarde. Apesar de alguns relatos apontarem que o nosso chá não se equiparava em qualidade ao produzido em solo asiático, o que dinamitou esse negócio foram o preço da engenharia para levar o produto à Europa, o solo brasileiro e o custo de produção. O imperador dom Pedro I colocou a pá de cal nas plantações de chá quando começou a privilegiar o plantio de café. Essa decisão seria fundamental para São Paulo se tornar o motor econômico do Brasil algumas décadas depois.

No começo da década de 1870, a cidade já vislumbrava a prosperidade vinda do café. Ferrovias eram construídas, a produção no oeste do estado apontava para um futuro esplêndido e investimentos chegavam do exterior. Com pouco mais de 30 mil habitantes, a capital precisava deixar de ser modesta, preparando-se para um alto contingente de pessoas e empresas que logo, logo se instalariam ali. Dessa maneira, ruas, avenidas, bairros e, entre outros, viadutos precisavam ser construídos — além de se diminuírem as carências que já marcavam o município, como saneamento básico, iluminação pública e segurança. Em 15 de agosto de 1877, o jornal *O Estado de S. Paulo* publicou: "Falta de luz, sobra lama e ausência de polícia [...]. Pagando os moradores do morro do Chá os impostos que lhes são exigidos, por que estão privados da luz? Por que suas ruas não se acham niveladas e apedregulhadas? Por que não é este bairro policiado?". Naquele mesmo ano, um sonho começou a ser debatido: a criação de um viaduto que ligasse duas partes da região central de São Paulo — projeto idealizado pelo arquiteto francês Jules-Victor-André Martin. O problema era convencer a todos de que era um bom projeto.

Francisco Xavier Pais de Barros, o barão de Tatuí, há muito tinha propriedades na região. O poder dele aumentou ao se casar com a viúva do barão de Itapetininga. Para construir um elo entre as hoje ruas Líbero Badaró e Coronel Xavier de Toledo, era preciso desapropriar a residência do casal. A luta foi arrastada. Após brigas jurídicas e proibições à obra, somente em 1889 a sentença do juiz Melo Alves deu ganho à Prefeitura. Tão desejosos pela inovação, populares fizeram festa. Em 1892, estava inaugurado o viaduto do Chá, com materiais vindos da Alemanha, 240 metros de extensão e cerca de catorze metros de largura. Virou símbolo de modernidade e ponto badalado. Cafés e lojas se espalharam ao redor. Por ser uma concessão à iniciativa privada, um pedágio foi instalado. Era preciso pagar três vinténs para atravessar.

Em 1896, após protestos, a Câmara Municipal pagou uma indenização à concessionária e o patrimônio se tornou público. Já em 1938, o primeiro viaduto do Chá foi substituído por uma nova versão, construída em concreto armado, que permanece como a estrutura atual.

O Bandido da Luz Vermelha

A São Paulo da década de 1960 era um prato-feito para o bandido João Acácio. As mansões costumavam ter o muro baixo, sem grades nem seguranças particulares. Muitos nem trancavam a porta. Era um outro universo, que facilitava a vida daquele que ficou conhecido por algumas características:

tentar se vestir como o cantor Roberto Carlos ou integrantes do grupo inglês The Beatles, usar perucas e chapéu e proteger o rosto com um lenço vermelho, tal qual um caubói norte-americano, e, para iluminar o caminho, utilizar uma inseparável lanterna. Ele costumava acordar a vítima com um facho de luz vermelha no rosto. Era viciado por essa cor. Houve quem apontasse uma relação com o diabo, e o próprio dava sinais de que isso fazia sentido.

Conhecido como Bandido da Luz Vermelha, João Acácio nasceu em Joinville, Santa Catarina. Muito jovem, perdeu os pais. Morou por pouco tempo com um tio, mas foi para as ruas. Até tentou trabalhar. Nos mais diferentes empregos, só se meteu em confusão — em uma tinturaria, furtou um terno para ir ao cinema, porém foi visto pelo dono da roupa. Logo, os roubos passaram a fazer parte do seu dia a dia.

Manjado pelas forças policiais, resolveu se aventurar em outro estado. Assim, foi parar na Baixada Santista, de onde partia rumo à capital para praticar os mais diferentes crimes. Os escolhidos costumavam ser os ricos. No começo de agosto de 1967, o jornal *Notícias Populares* avisava: "Ricaças estão na lista do mascarado".

Quando o relógio batia quatro horas da manhã, era a hora de agir. Com destreza, pulava o muro do alvo. O macaco do carro era usado para arrebentar portões ou janelas — muitas vezes, nem isso foi preciso. Caso os moradores estivessem trancados no quarto ou ele tivesse alguma dificuldade para entrar no cômodo principal, botava fogo no corredor, o que forçava a rendição. Há relatos de querer seduzir as mulheres.

Atuava acompanhado apenas de uma pistola, o que fez aumentar sua fama de ousado. Com óbvio temor, ricos da Aclimação, de Perdizes, da Consolação e de outras áreas nobres experimentavam pela primeira vez um serviço que, futuramente, seria natural: a contratação de seguranças particulares.

Cobrada até o pescoço, a polícia pouco avançava nas investigações. O bandido utilizava diferentes estratégias, inclusive a de morar bem distante dos locais escolhidos. O rosto encoberto e a luz da lanterna contra a vítima prejudicavam a identificação. Enquanto um batalhão de homens treinados tentava fazer seu dever, o Bandido da Luz Vermelha levava uma vida de rei. Após vender as joias para um intermediário, gastava o dinheiro em festas, romances, automóveis e, lógico, roupas. Parecia que a diversão não teria fim, mas um deslize e a imprensa foram fundamentais para a queda de um dos assaltantes mais folclóricos da história do Brasil.

Em julho de 1967, ao assaltar uma casa no Ipiranga, brigou com um vigia. Conseguiu vencer o adversário, porém saiu desnorteado. Ao tentar quebrar o vidro da janela, feriu-se, deixando escapar sangue e suas digitais por onde encostava. Dentro da residência, havia uma mulher, que, por não atender às ordens do bandido, tomou três tiros, mas sobreviveu.

Após muito tempo de busca, a polícia tinha o queijo e a faca nas mãos. Em minutos, foi constatado que aquelas digitais eram de um tal Roberto da Silva, que já havia sido fichado por receptação de joias roubadas, e a foto batia com o relato da última e de muitas outras vítimas. Os jornais, em especial a *Folha de S.Paulo*, estamparam o retrato falado, popularizando o rosto por trás da lanterna vermelha.

Percebendo que estava sem escapatória, João Acácio fugiu para o Sul do Brasil — em vão. Os registros do bandido já haviam chegado até lá. No dia 8 de agosto de 1967, um vendedor de bilhetes de loteria o reconheceu e entregou o endereço onde acreditava que o foragido estava morando. Foi tiro e queda. João Acácio mostrou resistência, alegando ser inocente; contudo, foi preso e levado para São Paulo, onde seria julgado. Na cadeia da capital paulista, uma surpresa: recebia diariamente presentes e cartas de fãs, que queriam dar início a um relacionamento amoroso e parabenizá-lo por roubar os ricos.

Foi condenado a mais de 350 anos de cárcere por quatro homicídios e dezenas de assaltos — há provas de que estuprou inúmeras mulheres. No entanto, de acordo com as nossas leis, após trinta anos foi solto, e a história de João Acácio teve mais uma reviravolta.

O homem voltou para Joinville ainda em 1997. Primeiro, acolhido por familiares, que acreditavam em sua recuperação após três décadas atrás das grades. Não deu certo. Conflitos fizeram com que ele fosse expulso. Depois, quem lhe deu guarida foi a família Pinzegher — um dos motivos ventilados pela imprensa para esse acolhimento foi a bondade.

Nelson Pinzengher trabalhava como pescador, e seu irmão, Lírio, defendia o sustento como dono de bar. No dia 5 de janeiro de 1998, o Bandido da Luz Vermelha teve um surto e destruiu o empreendimento de Lírio. A vítima tentou salvar o que havia restado do comércio, e os dois acabaram brigando.

Não satisfeito, Acácio pegou uma faca e partiu para cima de quem lhe dava abrigo. Para defender o irmão e munido de uma espingarda, Nelson atirou na cabeça daquele que abalou a segurança em São Paulo. Na década de 1970, as casas e os prédios já estavam gradeados. De lá para cá, a situação só piorou.

O PRÉDIO QUE MUDOU SÃO PAULO

Poucas construções na história do Brasil despertaram tanto interesse quanto a do edifício Martinelli, no Centro de São Paulo. Populares se aboletavam para acompanhar cada centímetro da obra. As autoridades averiguavam com lupa aquele grandioso empreendimento, que inovava a construção civil com o uso de concreto armado.

Responsável pelo projeto, o arquiteto húngaro William Fillinger garantia que logo, logo estaria erguido o maior arranha-céu do país, ultrapassando o A Noite, na então capital, Rio de Janeiro. A cada problema, um fuxico tomava conta do canteiro e da imprensa, que tratava o projeto megalomaníaco como Monstro de Aço. Por mais que todos soubessem que por trás de tal iniciativa estava um dos homens mais ricos e poderosos do Brasil, as dúvidas — e até as apostas — pairavam.

Vindo da Itália sem dinheiro e tendo no currículo o ofício de pedreiro, Giuseppe Martinelli chegou ao porto do Rio de Janeiro na virada do século XIX para o XX. Ainda jovem, começou a trabalhar em um açougue e, depois, como mascate em fazendas de café. Alto, beirando os 1,90 metro, forte e muito articulado, Martinelli acabou sendo convidado a cuidar de uma firma italiana de exportação e importação no porto de Santos. Foi um pulo para que entendesse a dinâmica do negócio, dominasse os meandros do principal porto brasileiro e, em seguida, montasse sua própria empresa. Em 1906, já era um homem rico, porém uma grande guerra mundial faria o italiano multimilionário.

Guerras costumam significar contenção de gastos e limitações geográficas. Com Martinelli, foi o oposto. Vendo que os países europeus estavam atolados no primeiro grande conflito do século xx e seus navios tinham dificuldades para navegar pelos mares, em 1917 ele investiu em sua própria frota naval. Sem concorrentes à altura, tornou-se símbolo de transporte de café rumo ao Velho Continente. Sua companhia de navegação, a Lloyd Nacional, quando foi vendida à União se transformou em exemplo do poderio brasileiro nessa área.

Ricos, há muitos. Ricos com imponentes realizações, nem tantos. Vaidoso, Martinelli queria uma joia para a coroa. Sem poupar esforços, trouxe o que havia de melhor do exterior para construir o seu próprio edifício no Centro de uma cidade que despontava como umas das capitais financeiras do planeta. "O cimento, que só dois anos depois começaria a ser produzido no Brasil, era importado da Suécia", lembra o jornalista Roberto Pompeu de Loureiro no livro *A capital da vertigem*.

Em 1924, nas primeiras marretadas, o programado era levantar de catorze a dezoito andares. No entanto, o povo queria mais e, embalado por ser o maior do país, o prédio foi crescendo. Os problemas que aconteceram pelo caminho foram encarados de maneira simples: com dinheiro. Fazendo uso de seus dons de pedreiro, o proprietário não cansou de palpitar, alterar e até colocar, literalmente, a mão na massa. Nada, nem ninguém, pararia o italiano com fama de ostentador.

Enquanto todos lamentavam o *crash* da Bolsa de Nova York, o que gerava um terremoto econômico no mundo, Giuseppe Martinelli inaugurava seu edifício com trinta andares. Para eliminar qualquer dúvida se aquele colosso se aguentaria de pé, ele montou sua residência nos últimos andares. Eram 46.123 metros quadrados de área construída, com 247 apartamentos e mais de 2 mil janelas. O conglomerado, que ficou famoso pela coloração em rosa-claro — ou, para alguns, bege-rosado — e por causa das quatro imponentes colunas, abrigava também um hotel luxuoso, cinema, lojas e salões para eventos. Tudo seria um espetáculo se não fosse a crise. Ao contrário do que imaginava Martinelli, poucos paulistanos quiseram (ou puderam) se aventurar a adquirir um imóvel no prédio.

Baqueado pelo investimento sem retorno e sofrendo também com o tsunâmi econômico, o empresário teve que vender o edifício para um instituto italiano. No decorrer da Segunda Guerra Mundial, com o Brasil entrando em conflito com a Itália, o prédio acabou sendo expropriado e não demorou a se transformar em cortiço.

O hotel São Bento não aguentou e fechou as portas. Os outros comércios acompanharam sua saída. Já na década de 1950, encontrava-se de tudo no edifício: zona de prostituição, venda de drogas, mau cheiro e medo, o qual tomava conta das dependências. Até assassinatos aconteceram no emblemático endereço.

Quando não parecia haver salvação para o Martinelli, na década de 1970 o prefeito Olavo Setúbal tomou uma decisão: despejar quem não tinha a escritura do espaço que ocupava e reformar o prédio. O Martinelli ganhava novos ares — e, hoje em dia, é ocupado fundamentalmente pela gestão pública.

No auge da construção, durante a Revolução Constitucionalista de 1932, baterias antiaéreas foram instaladas no terraço. Potentes metralhadoras foram içadas por guindastes ou subiram pelas escadas e até pelos elevadores. Caso um avião de Getúlio Vargas passasse por ali, a ordem seria atirar. Em 1933, o Zeppelin, tão associado ao nazismo, fez questão de se mostrar para o edifício — tudo, lógico, devidamente registrado. Depois da derrocada, Giuseppe Martinelli se mudou para o Rio de Janeiro — onde faleceria. Quando estava em São Paulo para negócios, só exigia que o motorista não passasse em frente ao seu maior sonho.

TOURADA NA PRAÇA DA REPÚBLICA

Influenciados pelas culturas espanhola e portuguesa, os brasileiros adoravam as touradas, especialmente a partir da chegada da Família Real, em 1808. No Rio de Janeiro, era possível ver algumas arenas pelas regiões do hoje Centro e da Zona Sul da cidade. As arquibancadas estavam sempre lotadas.

Não raramente, havia de seis a dez apresentações de toureiros por dia. Com tanto sucesso e os organizadores ganhando muito dinheiro, não demorou para que as touradas alcançassem outros municípios. Em São Paulo, o lugar escolhido foi o então largo dos Curros, onde atualmente encontramos a praça da República, no Centro.

Na primeira tourada paulistana, em 1832, a população compareceu em peso. A elite se divertia com os touros sendo atingidos e com os gritos das moças, que ficavam aflitas com os perigosos embates. Romances aconteciam entre uma tourada e outra.

No entanto, uma tragédia marcou os primeiros passos desse espetáculo em São Paulo: instigado pelo público a se superar na ousadia, um toureiro acabou ferido mortalmente pelo animal. Em 16 de dezembro de 1877, a atração principal do "Grande Circo dos Touros" era o dificílimo "boi amarelo de Jacarehy". Não era incomum também haver animais para toureiros amadores. O sucesso propiciou avanços nas estruturas. A chegada da República, em 1889, não diminuiu a força dos eventos.

O jornal *Correio Paulistano*, no dia 19 de janeiro de 1902, convocava os leitores a presenciarem a inauguração da nova arena para touradas na já renomeada praça da República. "Haverá duas corridas, uma de dia, a começar às três horas da tarde, e outra à noite, a partir das oito horas. A praça será, à noite, iluminada à luz *electrica*", publicou o veículo de comunicação. Ao mesmo tempo em que as touradas atraíam curiosos, os críticos se multiplicavam. A agressividade delas gerava comentários negativos até do escritor Machado de Assis.

Após muito debate, em 1906 a Câmara Municipal de São Paulo apresentou uma emenda proibindo os circos de touros. A Prefeitura acatou. Não desistindo do negócio, empresários, seis anos depois, tentaram derrubar essa medida argumentando que mudariam o formato da atração de modo a não haver nenhum tipo de agressão aos bichos. Para isso, foi criado um pequeno espeto que se retraía ao encostar no touro, dando a impressão ao público de estar furando o animal, mas, na realidade, era apenas um truque. Não convenceu.

Tentando mostrar o poder econômico do setor, foi prometida a construção de um grande espaço na Vila Mariana. A ideia deu com os burros n'água. Entre idas e vindas, argumentos e contra-argumentos, em 1921 colocou-se um ponto-final na realização desse tipo de espetáculo em São Paulo. O Brasil só proibiria de vez as touradas em 1934, no governo de Getúlio Vargas.

Ouro para o bem de São Paulo

Apertado entre grandes construções, o prédio mais bairrista do país é meio difícil de se observar. Mas, em pleno largo da Misericórdia, na região onde estava o conhecido chafariz produzido por Tebas, no Centro de São Paulo, encontra-se hoje um colosso arquitetônico. Nenhum outro edifício no Brasil exibe na fachada a bandeira do estado.

Quem observa a alguns passos da entrada do prédio enxerga as treze listras representadas pelos andares, com o mapa brasileiro em destaque no alto, e uma longa coluna na esquerda, formada pelo que parecem ser diversos anéis, faz o papel de mastro. Para ter contato com a imagem completa, só usando um drone, pegando carona em um helicóptero ou vendo de algum edifício com vista panorâmica. Dessa maneira, enxergamos um capacete no topo. A frase "Ouro para o Bem de São Paulo" está gravada no acesso à portaria.

Em 1932, São Paulo pegou em armas contra o governo de Getúlio Vargas. A Revolução Constitucionalista, de maneira geral, buscava derrubar a administração provisória federal e convocar uma Assembleia Constituinte para a criação de uma nova Constituição. Alguns líderes paulistanos defendiam, até mesmo, a separação do estado do resto do país. Para entrar nessa missão, o governo de São Paulo precisava de muito dinheiro.

A indústria entrou de cabeça, mas não seria o suficiente. A população precisaria dar sua contribuição. Foi assim que a Associação Comercial de São Paulo criou uma campanha para angariar fundos. A "Ouro para o Bem de São Paulo" estimulava as pessoas a doarem, especialmente as alianças de casamento. Em troca, ganhavam uma de latão, que exaltava o gesto.

Após cerca de três meses de intensas lutas, a bandeira branca foi levantada. São Paulo se rendeu. Mas e aí? O que fazer com aqueles bens que foram oferecidos, mas não convertidos em armas, munições, objetos ou ações fundamentais de guerra? A Santa Casa de Misericórdia, instituição importante no período que treinava médicos e enfermeiros e cuidava de feridos, recebeu a grana. Logo em seguida, investiu na construção de um prédio que exaltava o povo paulista. Os anéis, portanto, são as alianças, e o capacete remete aos soldados que empunharam armas. Era um prédio para que ninguém se esquecesse do que São Paulo foi e é capaz — Vargas, inclusive, convocaria uma nova Assembleia Constituinte em 1934.

Visita faz saliências na escada do Copan e paga multa com "vaquinha" online

Os seguranças do icônico Copan pareciam não acreditar no que viam pelas câmeras em maio de 2013. Em vez de ir para o apartamento anunciado na portaria e autorizado por quem estava no conforto do lar, um casal do Rio de Janeiro decidiu subir até a escada externa que dá acesso ao terraço. Intrigado com a mudança de rumo, um segurança resolveu averiguar de perto o que estava acontecendo. A surpresa foi grande. Empolgados com a brisa paulistana, os assanhadinhos cariocas ultrapassaram, e muito, os beijos e abraços. Foram flagrados ajustando as roupas íntimas, ainda mostrando que o amor foi consumado em um dos cartões-postais de São Paulo.

Por mais que tentasse argumentar que a noite paulistana era irresistível, o casal foi expulso e acusado de atentado ao pudor. Para o jornal *Folha de S.Paulo* do dia 7 de junho, a moça tentou se defender: "Entrei numa área livre, não quebrei a porta, não incomodei ninguém. Quando o segurança chegou, parei o que estava fazendo e fui embora. É ridícula essa situação de moralismo, de patrulha da vida alheia. Quem nunca transou num local público? Tá bom, a diferença é que fui pega". A identidade do casal foi preservada.

Seguindo as regras do prédio, o síndico aplicou uma multa de 678 reais na inquilina do apartamento, que não tinha nada a ver com o negócio e só esperava as visitas. Buscando arrecadar dinheiro para arcar com a pena e não deixar que uma inocente fosse penalizada, a senhorita envolvida no sexo mais caro do Copan resolveu abrir um financiamento coletivo na internet. O nome da vaquinha? "Peripécias no Copan". Na descrição, ela argumentava: "Aprontei um pouco demais da conta e acabei recebendo uma multa de 678 reais por transar no último andar do Copan. Agora quero ver vocês pingarem e ajudarem uma amiga que foi penalizada pelo universo apenas pelo fato de ser 'transona'".

Na época do fechamento deste livro, a página não estava mais no ar. As matérias da época mostram que a moça não teve muito apoio, recebendo somente 20 reais de colaboração.

Projetado na década de 1950 pelo arquiteto Oscar Niemeyer e inaugurado em 1966, o Copan tem mais de mil apartamentos de diferentes tamanhos. É um complexo onde diariamente milhares de pessoas vão para casa, para o farto comércio ou para o trabalho. A fachada ondulada, que para muitos parece um "til" ou um "S", chama a atenção a distância. É um dos prédios mais fotografados e conhecidos do país.

Nas décadas de 1980 e 1990, enfrentou enormes dificuldades envolvendo prostituição e tráfico de drogas em seus corredores. A partir dos anos 2000, floresceu sob a gestão do síndico Affonso Prazeres, o mesmo que aplicou a multa e teve que expulsar um proprietário de imóvel por também... transar nas escadas.

Sergipe

MUDANÇA DA CAPITAL SOFREU COM UMA MALDIÇÃO

Centenas de homens fortemente armados decidem defender o município de São Cristóvão, a cerca de trinta minutos do Centro de Aracaju. Será que era esperada uma invasão? Não. Uma guerra? Também não. O motivo era que, em 1855, a então capital do hoje estado do Sergipe, um local repleto de mangues e areais, estava sendo trocada por Aracaju. Essa mudança enfraquecia os políticos locais, como João Nepomuceno Borges, conhecido como João Bebe-Água. Esse apelido teria vindo da fama de ele vender e gostar muito de beber cachaça.

Ligado ao Partido Liberal, João Bebe-Água teria subido nas tamancas com a notícia da alteração do centro do poder. Possesso, primeiro pegou em armas. Lideranças religiosas conseguiram apaziguar a doideira de atirar em quem estava promovendo a mudança. Depois, ele jogou uma praga: defendeu que a capital voltaria para São Cristóvão, que Aracaju seria passageira. Em sua casa, chegou a guardar foguetes para a comemoração.

A festa, porém, não foi nesta vida. João morreu sem ver um fato curioso que aconteceu em 1972. Para a abertura do I Festival de Arte de São Cristóvão, o governador decretou a transferência momentânea da capital. Há quem defenda que, nesse dia, os sinos das igrejas badalaram sem ter nenhuma intervenção humana.

Em uma das praças principais de Aracaju, em um imponente obelisco, está enterrado o político que se tornou o inimigo número um do Bebe-Água. Nomeado presidente da província de Sergipe, Inácio Barbosa argumentava que o centro administrativo precisava ter contato com o mar. Esse seria um método de crescimento econômico. Apesar de toda a resistência, construiu a primeira capital planejada de um estado brasileiro. Olhando o mapa de cima, é como se estivéssemos encarando um tabuleiro de xadrez. Todas as ruas nasceram para desembocar no rio Sergipe.

Barbosa viu por pouco tempo a cidade prosperar. Ainda em 1855, pegou malária e faleceu, com apenas 33 anos e menos de doze meses de gestão.

ARACAJU EXPLODIU EM 1980

Onde fica a avenida Edézio Vieira de Melo? Caso você pergunte, é capaz de poucas pessoas em Aracaju conhecerem ou chamarem a via por esse nome. Até no Google Maps só se encontra o logradouro como avenida da Explosão.

Era quase meia-noite do dia 13 de abril de 1980. O silêncio da vizinhança foi abalado por um barulho ensurdecedor de explosivos. Em seguida, ouviram-se vidros quebrados e construções indo ao chão. Parecia ataque de guerra. Foi especulado que quase cem casas foram atingidas. Os danos alcançaram cerca de dez quilômetros de distância de onde tudo aconteceu.

Sem chamar a atenção e se aproveitando do distintivo do Corpo de Bombeiros, o subtenente José Pedro tinha um segundo ofício: vendia fogos de artifícios e dinamites para pedreiras. O depósito clandestino ficava no porão de casa. Naquela noite, a falta de cuidado custou a vida de doze pessoas, inclusive de familiares do militar, e centenas de feridos.

Com a força, o colégio municipal Freitas Brandão, que fica próximo, foi seriamente atingido, o que atrapalhou por semanas as aulas. Algumas versões afirmam que o subtenente estava em casa e milagrosamente sobreviveu. Em outras, ele estava de serviço e só soube do ocorrido bem depois.

O ex-combatente da Guerra do Paraguai
que virou símbolo da Abolição

A polícia vivia batendo na porta da casa do ex-tenente da Guarda Nacional Francisco José Alves. As alegações eram as mesmas: ele estava escondendo pessoas escravizadas. Foi assim, por exemplo, com Rufina, que foi vista lavando roupa. O procedimento policial era prender a fugitiva e depois devolver ao dono. Dos 71 anos vividos, Francisco dedicou dezesseis à luta pela libertação dos negros. Apesar de pouco conhecido, foi um dos mais importantes nomes por trás do movimento abolicionista, que marcou o Brasil, especialmente na década de 1880.

Veterano da Guerra do Paraguai (1864–1870), Francisco fundou, em sua própria casa, a Sociedade Libertadora Cabana do Pai Thomaz. A instituição oferecia gratuitamente auxilio jurídico aos escravizados. Além disso, promovia leilões para arrecadar fundos a fim de comprar alforrias. A família participava do projeto: a filha Maria dos Prazeres Alves era professora na escola fundada pelo pai, e a sobrinha Etelvina de Siqueira contribuía nos eventos para a arrecadação de recursos. O jornal *O Libertador*, criado também por Francisco, serviu para propagar as ideias abolicionistas, tornando-se um espaço de denúncias e críticas ao sistema escravagista.

Com todo esse empenho, dois fenômenos aconteceram na vida de Francisco: a chegada de inúmeros escravizados em busca de solução para o fim do cárcere e o aumento de inimigos escravocratas. Vindos de diferentes lugares do hoje estado de Sergipe, centenas de escravizados batiam em sua porta. É estimado que ele tenha conseguido a libertação de centenas deles. Foi o caso de Olegário. Francisco Alves teve que ir ao Rio de Janeiro para comprovar que o homem era livre.

Os casos, não raramente, consumiam meses de esforço e gastos. As acusações de quem discordava do movimento vinham também de todos os cantos. Várias vezes foi dito que Francisco se beneficiava com as solturas e até que era um "sedutor de escravos". Logo, as sementes plantadas pelo abolicionista chegaram à capital do Império. Em 1883, estudantes sergipanos da Escola Militar criaram a Sociedade Libertadora Sergipana, que também teve o papel de brigar pelo fim da escravidão.

Vaticano em Aracaju era reduto da saliência

Tirem as crianças da sala. Esqueça aquela ideia de santos, papa e reza. A missa no Vaticano do prazer sergipano envolvia moradias populares e prostituição nos 1940. Pertinho do porto, o prédio Vaticano ganhou este nome porque, para algumas pessoas, parecia com o epicentro do poder da Igreja Católica. Adianto: sóbrio, nem o mais romântico faria tal comparação arquitetônica.

No térreo, havia algumas lojas e pequenas fabriquetas, em especial de bebidas. Por causa de sua fama, atraiu diferentes públicos, inclusive o escritor baiano Jorge Amado, que retratou o cenário no livro *Tereza Batista cansada de guerra*, que conta a saga trágica da protagonista, a qual, em certo momento, foi prostituta na região do Vaticano.

"A badalada estreia de Tereza Batista no cabaré Paris Alegre, situado no Vaticano, na área do cais de Aracaju, no país de Sergipe del-Rei, teve de ser adiada por alguns dias devido a trabalhos de prótese dentária efetuados na própria estrela do espetáculo, com evidente prejuízo para Floriano Pereira, em geral conhecido como Flori Pachola, o dono do negócio, maranhense de fibra. Flori aguentou firme, não se queixando nem pondo culpa levianamente em fulano ou beltrano, como de hábito acontece em tais casos", escreveu Amado no primeiro capítulo da obra.

No triste romance, Tereza Batista enlouquece a juventude sergipana. Na vida real, o bordel que mais atraía interessados era o da Marieta. Os programas mais caros eram realizados ali. Há quem garanta que até magnatas visitavam o estabelecimento com frequência, afinal os cabarés, além do sexo, também eram conhecidos pelos encontros sociais e pelas reuniões de trabalho. Outras casas com esse estilo compunham o conhecido beco dos Cocos, onde o Vaticano também estava. O cassino Bela Vista oferecia jogos de azar. O sugestivo Luz Vermelha era a meca dos intelectuais.

A partir da década de 1970, esse espaço do Centro de Aracaju já começava a mostrar outras facetas. Atualmente, quem caminha pela região encontra o Vaticano de pé, mas precisando urgentemente de reformas e com propósitos distintos ao de outrora. Não virou uma igreja, porém deixou de ser procurado para satisfações carnais — pelo menos é o que contam na vizinhança. Os cabarés desapareceram, dando lugar a lojas de ferragens, pequenas docerias, bares, comércio de itens para pescaria e saldões de roupas. Da época, restaram as lembranças.

O barco de fogo que voa

Francisco da Silva Cardoso tinha um sonho: ser marinheiro. O desafio é que ele enfrentava problemas auditivos, o que o impedia de seguir a carreira militar. Apaixonado por barcos e pescador quando não trabalhava como funcionário público, o conhecido Chico Surdo criou (ou, para algumas vertentes históricas, popularizou), na década de 1930, um Patrimônio Cultural Imemorial de Sergipe.

Aproveitando o período de São João e depois de experimentar diferentes modelos, Chico construiu um barco que era movido a pólvora. Mas, em vez de ganhar os mares, a embarcação atravessaria com velocidade um cabo de aço suspenso, dando a impressão de estar voando. Os mais distintos fogos acoplados à traquitana ofereciam um show de luzes e sons.

Os barcos de fogo mobilizam até hoje a cidade de Estância, a cerca de uma hora de carro de Aracaju. Na arquibancada ou mesmo de pé, há idosos, crianças e jovens. Pessoas vindas de diversos cantos do Sergipe ou de fora presenciam um torneio entre grupos fazedores de barcos. É uma tradição que envolve todo o município, conhecido como Capital Sergipana do Barco de Fogo.

A produção não é nada fácil: além de confeccionar o barco de madeira de aproximadamente um metro, é preciso produzir a pólvora, o que acontece em um lugar chamado pisa-pólvora, abastecer precisamente as tabocas, que são as turbinas da embarcação, embelezá-las com bandeirinhas e estrategicamente alinhar tudo isso ao pavio. Quando essa engenharia funciona, o barco chega a alcançar quarenta quilômetros por hora, precisando completar uma volta na praça Barão do Rio Branco. Para levantar o troféu, os competidores precisam atender aos quesitos dos jurados, que valorizam a beleza, a luminosidade e, claro, a velocidade. Convenhamos que não dá para ficar parado no meio do trajeto.

Sem igual: prático buscava navios a nado

Quando um navio chega ou sai de um porto, necessita-se de um manobrista local para conduzir a embarcação. Cheio de conhecimentos técnicos e depois de passar em difíceis provas, esse profissional é conhecido como prático. Atualmente, mostra-se uma profissão muito bem remunerada. Para embarcar ou desembarcar, há à disposição um barco de apoio. É e era assim em qualquer lugar do mundo, menos em Aracaju.

Nascido às margens do rio Sergipe, José Martins Ribeiro Nunes entrou para o ramo aos vinte anos, no fim da década de 1940. Ao contrário da maioria de seus colegas, gostava de ir nadando buscar o navio que precisava alcançar o porto da capital sergipana. Quando precisava levar a embarcação para o alto-mar, fazia o mesmo. Após a manobra concluída, amarrava um saco com roupas e documentos na bermuda e saltava do parapeito, uma queda livre que chegava ao equivalente a cinco andares. Rumo à praia, nadava por duas a três horas. Mesmo depois dos setenta anos, não deixou a prática de lado. Não à toa, ficou conhecido como Zé Peixe.

Nos 85 anos de vida, Zé Peixe fez salvamentos importantes, como os de um navio da Petrobras em chamas e de centenas de afogados. Raramente usava sapatos. As roupas eram batidas. Comia pão com café pela manhã e o resto do dia passava à base de frutas. Banho, só tomava de água salgada. Ajudou com o que podia antigos pescadores. Só parou de trabalhar aos 82 anos por causa do Alzheimer. Tornou-se uma lenda no Sergipe, com direito a estátua em frente ao rio que tanto amava e conhecia.

Angicos: o fim de Lampião

As cabeças de onze cangaceiros, entre eles Virgulino Ferreira, o Lampião, e Maria Gomes de Oliveira, a Maria Bonita, foram expostas na escadaria da prefeitura de Piranhas, em Alagoas. Dessa maneira, as trajetórias do Rei e da Rainha do Cangaço, após quase vinte anos de dedicação ao movimento, ganhavam um ponto-final. O registro fotográfico dessa tétrica cena impressiona até hoje, ressaltando, além dos membros decapitados, armas e munições usadas pelo bando do mais famoso cangaceiro da história. Os chapéus, tão característicos, também estão presentes. Uma placa mostra o dia derradeiro dessas pessoas: 28 de julho de 1938. É dessa maneira que vamos para a fazenda de Angicos, no sertão sergipano, às margens do rio São Francisco.

Virgulino era o símbolo do Cangaço. Por muitos, era venerado, como se fosse um Robin Hood dos Trópicos, um homem que, junto de seu bando, enfrentava as oligarquias locais, tirava dos ricos para dar aos pobres e representava a luta contra a desigualdade. Para muitos outros, era um assassino impiedoso, invasor de propriedades privadas e um estimulador de estupros. Com essa polarização em jogo, era natural que houvesse quem protegesse Lampião e também quem quisesse de todas as maneiras matá-lo.

Em seus quarenta anos de vida, Virgulino conseguiu fugir de inúmeras tentativas de assassinato. Experiente, procurava se esconder em lugares com menos chances de ser surpreendido.

Mas um dia começou cedo para o coronel João Bezerra. Acompanhado de dezenas de policiais, saiu da cidadezinha de Piranhas, distante cerca de uma hora de onde Lampião estava. Por volta das cinco horas da manhã do dia 28 de julho, a tropa se dividiu em alguns grupos. Dessa vez, a emboscada precisava dar certo. A chuva tinha castigado a região da Grota de Angicos, a ponto de os animais terem se recolhido. Munidos de metralhadoras modernas, os militares tiveram sorte: misteriosamente, os cães que ajudavam na guarda do bando não latiram. O alvo não demorou a ser encontrado e surpreendido.

Foram cerca de vinte minutos de trocas de tiros. Famoso pela destreza no gatilho, Lampião foi alvejado sem grandes problemas. Até hoje, há dúvidas se o derradeiro disparo foi dado pelo oficial Antônio Honorato ou por Sebastião Sanders, um ex-amigo do cangaceiro. Vendo que perderiam a batalha, algumas pessoas do bando bateram em retirada. Um militar foi morto. Maria Bonita, primeira mulher a se tornar cangaceira, teve a cabeça decapitada quando ainda estava viva. Como sabemos, Lampião e nove de seus companheiros também foram mortos.

Mesmo com o Rei do Cangaço sem vida, os policiais davam coronhadas em seus cadáveres, em sinal de extremo repúdio. Inicialmente, o que sobrou dos corpos foi deixado para que os urubus fizessem a parte deles — depois, jogou-se creolina sobre os cadáveres para evitar a propagação de doenças. As cabeças, verdadeiros troféus de guerra, foram salgadas e colocadas em caixas com querosene.

Após serem expostas na escadaria da Prefeitura de Piranhas, as cabeças foram levadas para diferentes cantos do país, entre eles Maceió e Salvador. Na capital baiana, ficaram por um bom tempo no Instituto Médico Legal Nina Rodrigues, onde, inclusive, curiosos faziam fila para darem uma olhada no que havia sobrado dos cangaceiros. Em 1969, as cabeças foram finalmente enterradas no cemitério Quinta dos Lázaros, também em Salvador. A partir desse instante, a família teve controle da situação. Em Angicos, todo dia 28 de julho é marcado pela tradicional Missa do Cangaço, seguida por xaxado e quadrilhas juninas.

Tocantins

PABLO ESCOBAR TEVE FAZENDA NO JALAPÃO?

O colombiano Pablo Escobar era o rei da cocaína na década de 1980. Movimentando bilhões de dólares, figurou entre os homens mais ricos do mundo. Mandava e desmandava na Colômbia. Enfrentou outros traficantes e venceu. Ajudou na criação e na popularização de um dos cartéis de drogas mais famosos da história, o de Medellín. Impiedoso, matava quem, porventura, atravessasse o caminho. Foi assim que um candidato à presidência colombiana foi assassinado. Violento, chegou a explodir um avião por rusgas com outro político em 1989 — César Gaviria, no fim das contas, não embarcou e mais de cem inocentes morreram.

Com tanto poder e ganância, não fazia sentido se contentar com os limites geográficos do país de nascimento. Miami, por exemplo, se tornou um centro de distribuição do "pó" nos Estados Unidos. Fazendas para a plantação de maconha e refinarias de cocaína foram instaladas em diferentes cantos da América do Sul. É dessa maneira que chegamos ao Jalapão, no Tocantins, distante quase cinco horas da atual cidade de Palmas por uma estrada que só permite o tráfego de automóveis com tração 4×4.

Na pequena cidadezinha, encravada no meio do estado do Tocantins, todo mundo relaciona a portaria 2 do Parque Estadual do Jalapão a uma antiga sede de fazenda do cartel de Pablo Escobar. Apesar de estar em ruínas, o local dá a entender que o luxo reinou outrora. Há piscina, churrasqueira, grandes áreas verdes e um casarão com diversos quartos.

Na década de 1980, poucas pessoas visitavam o Jalapão, o que impulsiona ainda mais a lenda. Não é incomum ouvir de moradores antigos que o próprio Escobar esteve na região. Não há confirmação nem mesmo de que a fazenda fosse de alguém ligado ao colombiano. A suposição, porém, é tão forte que o local se tornou ponto turístico, com visitantes se aboletando para registrarem as melhores *selfies*.

Comprovadamente, Pablo Escobar só esteve no Rio de Janeiro e ainda pousou para fotos com a família no Cristo Redentor em 1993. Sob a proteção divina e com ajuda de muito dinheiro de propina, tornou-se um fantasma em terras fluminenses.

Ainda em 1993, um burburinho, porém, tomou conta das redações dos jornais. Pablo Escobar teria esticado as férias em Cabo Frio, na Região dos Lagos. Um dos homens mais procurados no mundo foi visto em um condomínio na então remotíssima estrada que liga Cabo Frio a Búzios. Reconhecido por policiais, teria vivido na pele a realidade carioca: ou pagaria 10 milhões de dólares ou seria entregue às autoridades, ou, melhor, a outras autoridades. Um advogado importante, que havia defendido o bicheiro Castor de Andrade, foi acusado de ser o responsável por levar o dinheiro para os guardas.

Apesar do registro aos pés do Criador, o fato é que Escobar não terminou o ano vivo. Em dezembro, após intensas buscas, ele foi morto. Ou teria se suicidado? Essa é mais uma dúvida que atravessa a existência do homem que construiu a própria cadeia e fez uma fogueira com notas de dinheiro para que a filha não passasse frio.

Nem tudo que reluz é ouro — pode ser capim

Na pequena comunidade quilombola de Mumbuca, no Jalapão, uma lojinha chama a atenção a distância. Tudo parece feito de ouro. Brincos, chapéus, bolsas, vasos, porta-copos e anéis são alguns dos objetos em exibição. Mesmo ao se aproximar da entrada, o visitante costuma sentir dificuldade em ter certeza se eles são, de fato, objetos de ouro. O mais comum é seguirmos o instinto infantil e tocarmos.

O provérbio antigo ensina que nem tudo que reluz é ouro, e, neste caso, é capim dourado, fonte de renda de centenas de pessoas e o que nos leva a uma sabedoria ancestral. Tecer o capim e produzir verdadeiras obras de arte são técnicas que passam de geração para geração.

Ao lado do comércio, há uma sala de convivência, onde os moradores ensinam aos turistas o legado histórico. Estima-se que o quilombo tenha surgido no século XIX, com negros fugidos da Bahia. No centro, erguido em cima de um palco improvisado, há um retrato de dona Miúda, artesã que aprendeu com os pais a trançar o artesanato e foi peça importante para que mais e mais pessoas conhecessem a arte. Perto dela, há registros da sua mãe, dona Laurina, outra figura essencial para o povo de Mumbuca.

Não demora para que cantos tomem espaço. "Sua presença é um prazer. Nós estamos com alegria, o Jalapão ama vocês", diz uma das músicas. Para evitar a extinção, o capim dourado só pode ser colhido em setembro. A festa da colheita é um espetáculo à parte.

Um dos principais pontos onde nasce o capim dourado é o Brejo do Gavião. São longas veredas. A vegetação rasteira se mistura a árvores. Crianças e adultos da comunidade se reúnem ali para o momento mais mágico do ano. Mais cânticos são entoados. "Meu capim, meu capim dourado, que nasceu no campo sem ser semeado" é um deles.

O trabalho é árduo, fazendo com que até as pessoas mais experientes precisem passar a noite acampadas na plantação para dar conta do trabalho. Os fios são retirados com todo o cuidado, de modo que sementes não sejam desperdiçadas. Após um período de captura do material do sustento, voltam todos para a vila quilombola. É o momento de produzir um artesanato que é confundido com ouro e deveria valer tanto quanto.

Capitão Abelha

Quando foi chamada pela secretária à recepção, a jornalista Adriana Borges, da hoje TV Palmas, não imaginava o que estava prestes a acontecer. O ano era 1991. Um homem vestido com calça *à la* aventureiro, óculos com armação pesada e grande, chapéu, botas e mochila esperava ansiosamente. Foram trocadas poucas palavras até o misterioso cidadão apontar o motivo de estar ali.

Ele queria que a repórter fizesse uma matéria contando a vida das abelhas em detalhes jamais registrados. A garantia da exclusividade das informações era o próprio, afinal dava a entender que tinha vivido dentro de colmeias. Ao perguntar o nome do rapaz, que parecia ter quarenta anos, a resposta foi lacônica: "Capitão Abelha".

Com a aprovação da chefia, Adriana e uma equipe de reportagem partiram para o lugar indicado como o melhor para a realização da matéria. Só então a jornalista percebeu que o entrevistado tinha características bem distintas do usual, como olhos pequenos e de uma cor que não era nem amarelo nem verde. Apesar de tanta experiência e de transmitir imensa expectativa, o tal capitão não trouxe informações que mudariam o curso de tudo o que foi estudado sobre essas bichinhas.

"Aprendi muito, nesse dia, sobre vegetação predominante e os tipos de flores que as abelhas gostam por aqui", relatou Adriana em uma rede social mais de duas décadas depois do ocorrido. Após a conversa e de se despedirem, ele foi embora para um monte na região do famoso Morro do Chapéu.

Alguns dias depois, Capitão Abelha visitou novamente a redação. Na primeira oportunidade, entregou uma flor à jornalista. Romântico? Talvez, mas indicou que guardasse aquele raro exemplar em um lugar seguro. Na segunda vez, o presente foi literário: uma obra sobre a população intraterrena. A jornalista garante que não se lembra do nome do livro, apesar de ter gostado da história.

Em um encontro, o enigmático rapaz disse que sabia que Adriana havia visto uma luz muito forte no céu quando era criança. Ao acompanharem uma gravação da equipe para registrar artes rupestres, os dois tiveram o último contato. Após também ajudar com informações sobre a pré-história, Capitão Abelha avisou que iria embora para nunca mais voltar. Caso ela quisesse ter contato, bastaria olhar para o céu que luzes poderiam aparecer.

Quando publicado em 2022, o caso do Capitão Abelha logo viralizou. Nos inúmeros comentários, havia aqueles que defendiam ter encontrado o extraterrestre na região, os que juravam ver luzes por tudo que é canto e até os que duvidassem da história. De qualquer maneira, ninguém olhou as abelhas da mesma forma.

A Festa dos Caretas

Quando chega a Semana Santa, a cidade de Lizarda, a trezentos quilômetros de Palmas, muda radicalmente. Muitas pessoas ainda seguem a tradição de jejuar, cânticos religiosos são ouvidos nos quatro cantos, rezas são feitas nas frentes das casas, homens costumam cortar o cabelo e começa a preparação para um festejo que teve os primeiros passos no começo da década de 1930. Na madrugada do Sábado de Aleluia, quem entra em cena são homens mascarados que precisam exaltar a cana-de-açúcar, uma brincadeira que passa de geração a geração.

A chamada Festa dos Caretas é um grande espetáculo teatral. Logo cedo, na Sexta-feira da Paixão, os homens vão ao campo colher os materiais para a produção da fantasia. As máscaras dos Caretas costumam ser feitas com pelo de gado, cabaça e buriti — algumas podem, ainda, levar couro. Chamados de pinholas, os chicotes, que ajudam na proteção contra quem se atreva a chegar perto da cana-de-açúcar, são trançados com as palhas do buriti. As roupas tendem a ser feitas também com palhas. Antes da chegada dos misteriosos rapazes, que por alguns são encarados como entidades, o povo continua rezando e se divertindo com atrações bem populares do interior do país, como o pau de sebo. Quando a meia-noite se aproxima, um som de cuíca avisa que a atração principal está prestes a entrar em cena.

Munidos com chicotes, os mascarados entram fazendo barulho. Os menos corajosos correm rápido. Lógico que a graça está naqueles que tentam capturar as canas, que são protegidas. Quando alguém leva uma chicotada, a plateia se diverte. Não se engane: dói mesmo. Catita, que é a mulher dos Caretas, ganha destaque também. Se ela abraça um cidadão, o ciúme toma conta dos mascarados e mais chicotadas são dadas. Tem até um fantasma, mas que não assusta. Ao contrário, é extremamente carinhoso com as crianças. Família inteiras se envolvem nesse momento: do Careta a quem tenta furar o bloqueio, passando pelas senhoras que ensinam as rezas.

No sábado pela manhã, Lizarda, que fica no encontro dos estados de Tocantins, Piauí e Maranhão, volta ao normal. A única exceção mais evidente fica por conta da criançada, que, não raro, brinca exatamente daquilo que rolou horas atrás.

O PEQUI É COISA NOSSA

Nos mais diferentes cantinhos do Tocantins, o leitor encontrará um apaixonado pelo pequi. A fruta, rica em óleo, vitamina A e antioxidantes, é uma paixão regional — e também de Goiás e Minas Gerais. Os três estados, inclusive, estão sempre em debates acalorados na defesa de quem é a capital do fruto que tem casca verde e, em seu interior, um caroço amarelo. Sugestão de amigo: jamais pergunte isso para qualquer habitante dessas localidades. As reações podem ser as mais distintas, afinal chegamos a um estágio em que veículos de imprensa locais utilizam termos como "pequi mineiro", "pequi goiano" e "pequi de Tocantins".

Em Tocantins, há a cidade de Pequizeiro, distante cerca de três horas de Palmas. O motivo do nome é óbvio: havia uma enorme quantidade dessas árvores, portanto nada mais natural. Não sem razão também, todo ano acontece o Festival de Pequizeiro, que reúne pratos típicos, música e até desfile. Bem mais perto da capital, o município de Nova Rosalândia se orgulha de atrair turistas de vários estados por conta de seu festival, que costuma contar até com shows de músicos famosos. Em Gurupi, no sul do estado, quase chegando a Goiás, é comemorado em 23 de outubro o Dia do Pequi. O mês de outubro, por sinal, é o da colheita e da venda do fruto. Nessa cidadezinha, um eletrizante torneio envolve mulheres e homens. A disputa para ver quem rói a maior quantidade de caroços de pequi é levada a sério. Teve uma edição em que o vitorioso conseguiu roer mais de cem caroços em dez minutos. Um feito tão grande que o homem virou celebridade no estado.

Agradecimentos

Tive um privilégio desde muito jovem: viajar para diversos lugares do Brasil. E diversos lugares do Brasil conviveram comigo. No prédio no Flamengo, no Rio de Janeiro, aprendi sobre Minas Gerais e Amazonas com Fabiano Saul e Lucinha Tupinambá. Na estante de minha avó Yolanda, em Petrópolis, tinha a bandeira de São Paulo — "dê um abraço na cidade quando chegar ao Tietê, Thiago", ela pedia. Meu avô Paulinho, mineiro, me apresentou Viçosa. Muitas vezes eu e meus primos recebemos os presentes que nosso avô Walter trazia da 25 de Março, rua que conhecia desde garoto. Minha avó Victória ia comigo para tudo que era canto. Dançamos forró em Pernambuco, jogamos carteado em Foz do Iguaçu e ficamos encantados com as cores do Ceará. Meu pai defendia que o melhor jeito de conhecer algum lugar é indo. Dessa maneira, atravessei o país — que saudade dele tentando acompanhar os sotaques. Todos esses não estão mais entre nós. Minha mãe, companheira de desbravamentos, nunca recusou a ida a um novo cantinho brasileiro. Ao contrário, sempre estimulou. Essas andanças ganharam mais força com a chegada de minha esposa, Fernanda, à família — e vice-versa. Neta da acreana Silene Farias e filha da rondoniense Carla Arouca, seguimos juntos nessa de amar o Brasil. Certa vez, quando morávamos no Acre, eu caminhava mirando o rio. Batia a saudade de minha vidinha em Laranjeiras. Ao meu lado, a amiga Camila Cabeça sentenciou: "Você veio aqui para se recarregar. Vai voltar e contar a história". E estou aqui. O Brasil está em mim. Que este livro inspire o meu afilhado Gabriel Simão, curitibano, e os meus sobrinhos paulistas, Pedrinho e Ana Escaleira, e a já carioquíssima Marina Xavier a também amarem este país tão nosso.

Um agradecimento especial vai para Mauro Palermo, Luiz Antônio de Souza, Amanda Orlando e suas equipes pela fundamental parceria na realização dessa obra. Agradeço também ao Tiago Bandeira, pela ajuda intelectual nesta obra. E a Gustavo Xavier, Rodrigo Simão, Raphael Simão, Mariana Simão, Fernanda Escaleira e Felipe Escaleira por tudo.

Referências bibliográficas

Queridas e queridos leitores, foram inúmeros livros, reportagens, teses e dissertações pesquisadas. Impossível especificar todas referências nestas páginas. Aumentaria — e muito — o número de páginas, encarecendo o produto final, um dilema que sempre enfrento. Destaco aqui, então, algumas leituras para conhecer mais profundamente a história dos estados e do Distrito Federal.

ABREU, Luciano Aronne de. *Rio Grande do Sul ontem e hoje: uma visão histórica*. Porto Alegre: Editora Fi, 2019.

ABREU, Maurício de Almeida. *Geografia Histórica do Rio de Janeiro (1502–1700)*. Garamond.

ALMEIDA, A. *Vultos. In*: CÂMARA DOS DEPUTADOS. *Anais*, 1958-2.

ALMEIDA, Aryon S. de *et al. Olinda: uma história por trás das histórias*. Recife: Cepe Editora, 2014.

ALMEIDA, Horácio de. *História da Paraíba*. Tomo I. João Pessoa: Imprensa Universitária, 1965.

ANJOS, Marcos Vinicius Melo dos; CORRÊA, Antônio Wanderley de Melo. *História de Sergipe*. Aracaju: Editora Sergipecultura, [s.d.].

ANTON, Betina. *Baviera tropical*. São Paulo: Todavia, 2022.

ARAUJO, Camilo Buss. *Marmiteiros, agitadores e subversivos: política e participação popular em Florianópolis (1945-1964)*. 2014. Tese (Doutorado em História) — Universidade Estadual de Campinas, Campinas.

ARAÚJO, Marcelo. *Luís Galvez — o imperador do Acre*. Rio de Janeiro: Paz e Terra, 2005.

ARAÚJO, Ulysses Pernambucano de. *O cemitério como espaço de memória cultural. Revista do Patrimônio Histórico e Artístico Nacional*, n. 33, 2005.

ASSIS, Wilson Rocha Fernandes. *Estudos de História de Goiás*. 3. ed. Goiânia: Editora da UFG, [s.d.].

ASSUNÇÃO, Moacir. *São Paulo deve ser destruída: a história do bombardeio à capital de 1924*. São Paulo: Contexto, 2014.

AZEVEDO, Moreira de. *O Rio de Janeiro: sua história, monumentos, homens notáveis, usos e curiosidades*.

BAERS, João (Padre). *Olinda Conquistada*. Rio de Janeiro: Ibrasa/MEC, [s.d.].

BARREIRA, Wagner G. *Lampião & Maria Bonita: uma história de amor e balas*. São Paulo: Máquina de Livros, 2021.

BARREIROS SILVA, Ana Cristina. *O prédio do relógio em Porto Velho-Rondônia: inventário do prédio da administração da Estrada de Ferro Madeira-Mamoré*. Niterói: PPGG/UFF, [s.d.].

BENTO, Francisco. *Acre, a Sibéria tropical*. Manaus: UEA Edições, [s.d.].

BESSE, Amelia. *A História do Rio de Janeiro*. Rio de Janeiro: Editora Record.

BOITEUX, Lucas Alexandre. *História de Santa Catharina: resumo didáctico (adoptada oficialmente)*. Florianópolis: Imprensa Oficial, 1922.

BONELLI, Maria Efigênia Lage de; VILALTA, Luiz Carlos (org.). *História de Minas Gerais: a província de Minas*. Belo Horizonte: Autêntica, 2007. 2 v.

BORGES, Ana Maria; PALACIN, Luiz. *Patrimônio histórico de Goiás*. Goiânia: Editora da UFG, 1980.

BRANDÃO, Moreno. *História de Alagoas*. Maceió: Artes Graphicas, 1909.

CANTO, Fernando. *Fortaleza de São José de Macapá: vertentes discursivas e as cartas dos construtores*. Brasília: Senado Federal, 2021. (Edições do Senado Federal; v. 293).

CARVALHO, Agnaldo Teixeira de. *Canaimé, a personificação do mal*. 2016. Dissertação (Mestrado em Letras) — Universidade Federal de Roraima.

CARVALHO, José Murilo de. *Cidadania no Brasil: o longo caminho*. Rio de Janeiro: Civilização Brasileira, 2001.

CASTELO BRANCO, Anne Kareninne Souza. *Batalha do Jenipapo: um patrimônio esquecido*. *FUMDHAMentos*, v. 20, n. 1, 2023. Disponível em: https://fumdham.org.br/wp-content/uploads/2024/08/fumdham-fumdhamentos-xx-2023-n-1-378821.pdf. Acesso em: 05 maio 2025.

CAVALCANTE, Else; RODRIGUES, Maurim. *Mato Grosso e sua história*. Cuiabá: EDUFMT, 1996.

COARACY, Vivaldo. *Memórias da Cidade do Rio de Janeiro*. Rio de Janeiro: José Olympio, 1965.

CRUZ, Ernesto. *História de Belém*. Belém: Universidade Federal do Pará, [s.d.]. (Coleção Amazônica. Séric José Veríssimo).

CRUZ, Ernesto. *Noções de história do Pará*. Belém: Instituto de Estudos Genealógicos de São Paulo, 1957.

CUNHA, Euclides da. *Os Sertões*. Porto Alegre: L&PM Pocket, [várias edições].

CURY, João Antônio de Paula (org.). *História de Minas Gerais: estrutura e dinâmica de Minas Gerais: do século XVIII ao século XX*. Belo Horizonte: Companhia Editora Nacional; Instituto Estadual do Patrimônio Histórico e Artístico de Minas Gerais, 1992. 5 v.

DAOU, Ana Maria. *A belle époque amazônica*. Rio de Janeiro: Jorge Zahar, 1999.

DIAS, Joseli. *Mitos e lendas no Amapá*. 4. ed. Brasília: Senado Federal, 2020. (Edições do Senado Federal; v. 281).

DOMINGO ÁLVARO, Alfonso. *La estrella solitária*. Sevilla: Algaida Eco, [s.d.].

DORATIOTO, Francisco. *Maldita guerra: nova história da Guerra do Paraguai*. São Paulo: Companhia das Letras, 2022.

DUARTE, Marcia Saavedra Dias; MELO, Roxane Barros de. *A história do livro no Pará: gramáticas e livros de leitura (1850 a 1920)*. Belém: Editora Kuanã, 2022.

FERNANDES, Rogéria (org.). *História do Rio de Janeiro em 45 Objetos*. Rio de Janeiro: Editora FGV, 2019.

FERRAZ, Leidson. *O teatro no Recife da década de 1930: outros significados à sua história*. Recife: Sesc, 2012.

FERREIRA, Lígia Fonseca. *Com a palavra, Luiz Gama*. São Paulo: Imprensa Oficial, 2011.

FIGUEIREDO, Lucas. *Boa Ventura!: a corrida do ouro no Brasil (1697-1810)*. Rio de Janeiro: Record, 2022.

FIGUEIREDO, Lucas. *O Tiradentes: uma biografia de Joaquim José da Silva Xavier*. São Paulo: Companhia das Letras, 2018.

FILBO, Adolfo Morales de los Rios. *O Rio de Janeiro Imperial*. 2 ed. Rio de Janeiro: Topbooks, 2000.

FONSECA, Roberto. *A bela história do Rio Grande do Sul: para crianças e adolescentes*. 3. ed. Porto Alegre: AGE, 2012.

FONSECA, Roberto. *História do Rio Grande do Sul para jovens*. Porto Alegre: AGE, 2015.

FRANÇA, Jean Marcel Carvalho; HUE, Sheila Moura. *Piratas no Brasil*. São Paulo: Globo Livros, 2014.

FREITAS, Lázara Alzira de. *História de Goiás: do povoamento aos trilhos do progresso*. Goiânia: Oriente, 2004.

FRIAÇA, Guilherme José Roeder. *Mulheres diplomatas no Itamaraty (1918-2011)*. Brasília: Funag, 2018.

FRIAÇA, Guilherme José Roeder; MESQUITA, Thais (org.). *Diplomatas: sete trajetórias inspiradoras de mulheres diplomatas*. Brasília: Funag, 2023.

GERSON, Brasil. *História das Ruas do Rio*. Rio de Janeiro: Lacerda Editores, 2000.

GODOIS, Antônio Batista Barbosa de. *História do Maranhão*. vols. I, II e III. São Luís: Uema, [s.d.].

GRESSLER, Lori Alice; VASCONCELOS, Luiza Mello; SOUZA, Zélia Peres de. *História do Mato Grosso do Sul*. São Paulo: FTD, 1997.

INSTITUTO ARNON DE MELO. *Alagoas, 200 anos*. Maceió: IAM, [s.d.].

INSTITUTO HISTÓRICO E GEOGRÁFICO DE MINAS GERAIS. *Minas Gerais: 300 anos*. Belo Horizonte: Idea, 2022.

LEMOS, Carlos A. C. *A história do Edifício Copan*. São Paulo: Imprensa Oficial do Estado de São Paulo, 2012. (Trilogia do Copan, vol. 3).

LIMA, Luiz Octavio de. *A guerra do Paraguai*. São Paulo: Planeta, 2016.

LIRA, Augusto Tavares de. *História do Rio Grande do Norte*. Brasília: Senado Federal, Conselho Editorial, 2020. (Edições do Senado Federal; v. 167).

LOURDEAU, Antoine. *A Serra da Capivara e os primeiros povoamentos sul-americanos*. *Boletim do Museu Paraense Emílio Goeldi. Ciências Humanas*, v. 14, n. 2, p. 367-398, maio-ago. 2019.

MAESTRI, Mário. *Breve história do Rio Grande do Sul: da pré-história aos dias atuais*. 2. ed. Passo Fundo: FCM Editora, 2021.

MALLMANN, Marcela Cockell. *Manoel Bomfim: um intelectual polêmico e engajado na Belle Époque tropical (1898-1914)*. Rio de Janeiro: Uerj, [s.d.].

MEIRA FILHO, Augusto. *Evolução histórica de Belém do Grão-Pará: fundação e história (1616–1823)*. Belém: Impressões Gráficas, 2018.

MELLO, Frederico Pernambucano de. *Apagando o Lampião: vida e morte do rei do cangaço*. São Paulo: Global Editora, 2018.

MILANI, Martinho Camargo. *Percival Farquhar: um homem quase sem nenhum caráter entre oligarcas e nacionalistas de muita saúde (1898-1952)*. 2017. Tese (Doutorado) — Universidade de São Paulo.

MOREIRA, Ildeu de Castro. *O eclipse solar de 1919, Einstein e a mídia brasileira*. [s.l.]: [s.n.], [s.d.].

MOUTINHO, Marcelo. *Memórias de Rondônia*. Rio de Janeiro: Arte Ensaio, 2010.

NASCIMENTO, Bruno César. *Viagens à Capitania do Espírito Santo*. 2. ed. Vitória: Arquivo Público do Estado do Espírito Santo, 2018.

NASCIMENTO, Francisco Alcides do. *Teresina: a capital que nasceu sob o signo do moderno e da pobreza*. Teresina: UFPI, [s.d.].

NASCIMENTO, Júnio Batista do. *Palmas: sua história, trajetória e conquistas*. 2. ed. Palmas: edição do autor, 2021.

NUNES, F. F. *et al*. *Dona Dominga: para além das escadarias do poder*. Farol, v. 19, n. 28, 2024.

NUNES, Maria Thetis. *Sergipe Provincial II (1840–1889)*. Rio de Janeiro: Tempo Brasileiro, 1983.

OLIVEIRA, José Teixeira de. *História do Estado do Espírito Santo*. 3. ed. Vitória: Arquivo Público do Estado do Espírito Santo, 2008.

OLIVEIRA, Waldir Freitas. *Antonio de Lacerda (1834-1885)*. Salvador: Fundação Gregório de Mattos, 2002.

PALACIN, Luis; MORAES, Maria Augusta de Sant'Anna. *História de Goiás*. Goiânia: UFG, 1971.

PEREIRA DA COSTA, F. A. *Os bispos de Olinda: 1676–1910*. Organização e notas de Bruno Almeida de Melo. Recife: Cepe Editora, 2019.

PIAZZA, Walter. *Santa Catarina: sua história*. Florianópolis: Editora Lunardelli, 1983.

PIMBO, Rocha. *História do Paraná: resumo didático*. São Paulo: Melhoramentos, 1936.

PINTO, Manoel de Jesus de Souza. *Conhecendo o Amapá*. Belém: Cultural Brasil, 2016.

POSNER, Gerald L.; WARE, John. *Mengele: a história completa do Anjo da Morte de Auschwitz*. Tradução de Clóvis Marques. São Paulo: Cultrix, 2020.

QUADROS, Júlio (org.). *Rio Grande do Sul: quatro séculos de história*. Porto Alegre: Editora da UFRGS, 2000.

RAIOL JUNIOR, Leonardo. *O mundo do trabalho colonial e a construção da Fortaleza de São José de Macapá*. Brasília: Senado Federal, 2024. (Edições do Senado Federal; v. 317).

RAMALHO, Paulina Onofre. *Lugar de memória: o plano urbanístico de Boa Vista – RR*. Boa Vista: Iphan, 2012.

REIS JUNIOR, Pereira. *Maria Quitéria*. Salvador: [s.n.], 1953.

REZENDE, Antonio Paulo. *O Recife: histórias de uma cidade*. Recife: Fundação de Cultura Cidade do Recife; Edições Bagaço, 2003.

RIBEIRO, Hélio; PESSOA, Tércio (org.). *Rio de Janeiro: cinco séculos de história e transformações urbanas*. Rio450.

RIBEIRO, Maria do Espírito Santo Rosa Cavalcante. *Tocantins: o movimento separatista do norte de Goiás (1821–1988)*. 2. ed. Curitiba: CRV, 2021.

ROHTER, Larry. *Rondon: uma biografia*. Rio de Janeiro: Objetiva, 2019.

ROLIM, Tácito Thadeu Leite. *Testes nucleares no Ceará?*. ANPUH — XXIII Simpósio Nacional de História, Londrina, 2005.

ROQUETTE-PINTO, Edgard. *Rondônia: anthropologia – ethnografia*. Rio de Janeiro: Fiocruz, 2018.

SANDRONI, Luciana. *História do Rio de Janeiro através da Arte*. Rio de Janeiero: Edições Pinakotheke, 2010.

SANT'ANNA, Ivan. *Caixa-preta*. Rio de Janeiro: Objetiva, 2011.

SANT'ANNA, Sonia. *Barões e escravos do café: uma história privada do Vale do Paraíba*. Rio de Janeiro: Intrínseca, 2022.

SANTIAGO, Diogo Lopes. *História da guerra de Pernambuco*. Edição integral. Recife: [s.n.], [s.d.].

SANTOS, Evande dos. *História sucinta de Sergipe*. Aracaju: Editora Fontenele, [s.d.].

SANTOS, Nilo Odalia dos; CALDEIRA, João Ricardo de Castro (org.). *História do Estado de São Paulo: a formação da unidade paulista. Vol. 1 — Colônia e Império*. São Paulo: Imprensa Oficial do Estado, 2009.

SANTOS, Nilo Odalia dos; CALDEIRA, João Ricardo de Castro (org.). *História do Estado de São Paulo: a formação da unidade paulista. Vol. 3 — Governo e municipalidade*. São Paulo: Imprensa Oficial do Estado, 2011.

SANTOS, Raimundo Nonato Lima dos. *Espaços culturais de Teresina-PI. Revista História Oral*. Disponível em: https://revista.historiaoral.org.br/index.php/rho/article/view/939/pdf. Acesso em: 05 maio 2025.

SANTOS, Silvana Andrade dos. *Escravidão, tráfico e indústria na Bahia oitocentista*. 2020. Tese (Doutorado em História) — Universidade Federal Fluminense.

SCHWARCZ, Lilia Moritz; STARLING, Heloisa M. *Brasil: uma biografia*. São Paulo: Companhia das Letras, 2015.

SILVA, Valéria Cristina Pereira da. *Palmas, a última capital projetada do século XX*. São Paulo: Cultura Acadêmica, 2010.

SILVA, Wellington Barbosa da (org.). *O Recife no século XIX: outras histórias (1830–1899)*. Recife: Paco Editorial, 2017.

SIQUEIRA, Elizabeth Madureira. *História de Mato Grosso: da ancestralidade aos dias atuais*. 2. ed. Cuiabá: EDUFMT; Entrelinhas, 2018.

SUASSUNA, Luiz Eduardo B.; MARIZ, Marlene da Silva. *História do Rio Grande do Norte*. Natal: EDUFRN, 2008.

TAUNAY, Affonso de E. *História da cidade de São Paulo*. Brasília: Senado Federal, 2005. (Edições do Senado Federal; v. 135).

TAVARES, Francisco Muniz. *História da Revolução de Pernambuco em 1817*. Notas de Manuel de Oliveira Lima. 5. ed. Recife: Cepe Editora, 2022.

TOLEDO, Luiz Roberto; BRUNO, Maria Beatriz Nizza da Silva *et al*. *História da cidade de São Paulo. Volume 1: A cidade colonial (1554–1822)*. São Paulo: Paz e Terra; Imprensa Oficial do Estado, 2004.

TOLEDO, Luiz Roberto; BRUNO, Maria Beatriz Nizza da Silva *et al*. *História da cidade de São Paulo. Volume 2: A cidade no Império (1823–1889)*. São Paulo: Paz e Terra; Imprensa Oficial do Estado, 2004.

TOLEDO, Roberto Pompeu de. *A capital da solidão: uma história de São Paulo das origens a 1900*. São Paulo: Companhia das Letras, 2003.

VASCONCELOS, Lúcio Flávio. *Paraíba Colonial: guerras, resistência indígena e domínio imperial*. João Pessoa: Arribaçã, 2021.

VEIGA, Eliane Veras da. *Florianópolis: memória urbana*. 3. ed. Florianópolis: Insular, 2006.

WACHOWICZ, Ruy Christovam. *História do Paraná*. 5. reimp. Ponta Grossa: Editora UEPG, 2012.

ZETTIRY, Arrigo De. *Viagem às colônias italianas do Espírito Santo: onde estão e como vivem os camponeses italianos no Espírito Santo — 1902*. Vitória: Arquivo Público do Estado do Espírito Santo, 2021.

Acervos de jornais e portais visitados:

BBC Brasil (bbc.com/portuguese)

Diário do Nordeste (diariodonordeste.verdesmares.com.br)

Extra (extra.globo.com)

Folha de S.Paulo (folha.uol.com.br)

Folha de Vitória (folhavitoria.com.br)

G1 (globo.com)

Gazeta Online/A Gazeta (agazeta.com.br)

JC Online (jcce.com.br)

O Globo (oglobo.globo.com)

O Povo (especiais.opovo.com.br e www.opovo.com.br)

UOL (uol.com.br)

Jornais e revistas físicos:

A Imprensa (Sobral – CE)

Correio da Manhã

Diário Carioca

Diário da Noite

Gazeta do Norte

Jornal do Brasil (via Hemeroteca Digital da Biblioteca Nacional)

Jornal dos Sports

Jornal O Povo

O Cruzeiro (revista, via Hemeroteca Digital da Biblioteca Nacional)

O Povo (jornal)
Revista da Academia Cearense
Revista da Semana
Revista História
Revista Instituto do Ceará
Revista Manchete
Revista Nossa História
Revista O Malho
Tribuna da Imprensa

ESTE LIVRO, COMPOSTO NA FONTE FAIRFIELD,
FOI IMPRESSO EM PAPEL IVORY SLIM 65G/M² NA LEOGRAF.
SÃO PAULO, MAIO DE 2025.